C'est icy la bonne edition de ce livre estimable et rare. on a joint a la fin du second volume la replique de l'auteur a l'injuste et lourde critique de Dn Pernetti. cette replique est un chef d'oeuvre et digne de l'auteur du Discours preliminaire qui est a la tete du 1er volume. il me semble qu'on fit onde a dire que l'ouvrage entier est de Mr. & Pau membre de l'acad. de Berlin, et qui a donné deja plusieurs Mémoires a cette Societé celebre.

Ce Livre est à l'index de Rome et d'Espagne comme absolument mauvais, et avec raison.

RECHERCHES
PHILOSOPHIQUES
SUR
LES AMÉRICAINS,
OU
Mémoires intéressants pour servir à l'Histoire de l'Espèce humaine

PAR MR. DE P***.

Studio disposta fideli.
LUCRECE.

TOME I.

À BERLIN,
Chez GEORGE JACQUES DECKER, Imp. du Roi.
MDCCLXVIII.

Discours Préliminaire.

Comme les Américains forment le chapitre le plus curieux, & le moins connu de l'Histoire de l'Homme, nous nous sommes proposés d'en faire le principal objet de nos Recherches.

Nous considererons la singularité de leur constitution physique, & quelques fois la singularité de leurs idées morales.

Il n'y a pas d'événement plus mémorable parmi les hommes, que la Découverte de l'Amérique. En remontant des temps présents aux temps les plus réculés, il n'y a point d'evénement qu'on puisse comparer à celui là; & c'est sans doute, un spectacle grand & terrible de voir une moitié de ce globe, tellement disgraciée par la nature, que tout y étoit ou dégéneré, ou monstrueux.

Discours Préliminaire.

Quel Physicien de l'Antiquité eut jamais soupçonné qu'une même Planète avoit deux Hémisphères si différents, dont l'un seroit vaincu, subjugué & comme englouti par l'autre, dès qu'il en seroit connu, après un laps de siécles qui se perdent dans la nuit & l'abyme des temps?

Cette étonnante révolution qui changea la face de la terre & la fortune des Nations, fût absolument momentanée, parce que par une fatalité presqu'incroiable, il n'existoit aucun équilibre entre l'attaque & la défense. Toute la force & toute l'injustice étoient du côté des Européans: les Américains n'avoient que de la foiblesse: ils devoient donc être exterminés & exterminés dans un instant.

Soit que ce fût une combinaison funeste de nos destins, ou une suite nécessaire de tant de crimes & de tant de fautes, il est certain que la conquète du Nouveau

DISCOURS PRÉLIMINAIRE.

Monde, si fameuse & si injuste, a été le plus grand des malheurs que l'humanité ait essuié.

Après le prompt massacre de quelques millions de Sauvages, l'atroce vainqueur se sentit atteint d'un mal épidémique, qui, en attaquant à la fois les principes de la vie & les sources de la génération, devint bientôt le plus horrible fléau du monde habitable. L'homme déjà accablé du fardeau de son existence, trouva, pour comble d'infortune, les germes de la mort entre les bras du plaisir & au sein de la jouissance: il se crut perdu sans ressource: il crut que la nature irritée avoit juré sa ruine.

Les Annales de l'univers n'offrent pas, & n'offriront peut-être plus, une époque semblable. Si de tels desastres pouvoient arriver plus d'une fois, la Terre seroit un séjour dangereux, où notre Espèce succombant sous ses maux, ou fatiguée de combattre contre sa destinée, parviendroit

Discours Préliminaire.

à une extinction totale, & abandonneroit cette Planète à des êtres plus heureux ou moins perfécutés.

Cependant des Politiques à projets, ne cessent par leurs séditieux écrits, d'encourager les Princes à envahir les Terres Australes. Il est triste que quelques Philosophes aïent possédé le don de l'inconséquence jusqu'au point de former eux mêmes des voeux pour le succès de cette coupable entreprise: ils ont théoriquement tracé la route que devra tenir le premier vaisseau qui au sortir de nos ports, ira porter des chaines aux paisibles habitants d'un pays ignoré. Irriter la cupidité des hommes par de faux besoins & des richesses imaginaires, c'est agacer des Tigres qu'on devroit craindre & enchainer. Les peuples lointains n'ont déjà que trop à se plaindre de l'Europe: elle a à leur égard, étrangement abusé de sa supériorité.

Discours Préliminaire.

Maintenant la prudence au défaut de l'équité, lui dit de laisser les Terres Australes en repos, & de mieux cultiver les siennes.

Si le génie de la desolation & des torrents de sang, précédent toujours nos Conquérants, n'achetons pas l'éclaircissement de quelques points de Géographie, par la destruction d'une partie du globe, ne massacrons pas les Papous, pour connoître au Thermomètre de Réaumur, le climat de la Nouvelle Guinée.

Après avoir tant osé, il ne reste plus de gloire à acquérir, que par la moderation qui nous manque. Mettons des bornes à la fureur de tout envahir, pour tout connoître.

Il est beau, il est grand de tirer de l'obscurité des forêts, des hordes barbares & d'en faire des Hommes; mais les Moralistes qui dévroient se charger de cette tâche, trouvent trop de plaisir à nous ennuyer par leurs écrits, pour se résoudre à voyager à la Terre de Diemen. Si ceux qui prèchent la vertu chez les nations policées, sont trop vicieux eux mêmes, pour instruire des Sauvages sans les tyranniser, laissons végeter ces Sauvages en paix, plaignons les, si leurs maux surpassent les nôtres, & si nous ne pouvons contribuer à leur bonheur, n'augmentons pas leurs miseres.

On a suivi autant qu'il a été possible dans la partie historique de cet Ouvrage, les Auteurs contemporains de la découverte du Nouveau Monde, & qui ont pû le voir avant qu'il n'eût été entiérement bouleversé par la cruauté, l'avarice, l'insatiabilité des Européans. Il n'est presque rien resté de l'ancienne Amérique que le ciel, la terre & le souvenir de ses épouvantables malheurs.

Oviedo se plaignoit déjà de son temps, qu'on avoit été si pressé d'égorger les Amé-

DISCOURS PRÉLIMINAIRE.

ricains, qu'à peine les Naturalistes avoient eu le loisir de les étudier: aussi en nous livrant à ce travail, avions-nous désespéré d'abord, de pouvoir tirer quelque lumiere de tant de ténèbres. Il a fallu enfin s'armer d'opiniâtreté pour se frayer une route au travers des contradictions & des observations vicieuses des Voyageurs, à qui les extravagances ont moins couté qu'au reste des hommes, & elles ont été sans comparaison, plus pernicieuses. Leurs préjugés qui ont voyagé avec eux, ont acquis une espèce d'autorité en passant la Ligne Equinoctiale, ou les Tropiques. De quelque sévérité qu'on use à l'égard de tant de témoins, il faut encore du bonheur, pour réconnoître & saisir la vérité, tant de fois travestie par leur imbécillité, ou violée par leur malice.

C'est sur tout en lisant les Lettres Edifiantes des Missionnaires, qu'on se croit transporté au centre des abſurdités & des prodiges. Il eſt étonnant qu'on ait tant de fauſſetés à objecter à ceux qui ont été, à ce qu'ils diſent, prècher la vérité au bout du monde. Si ces Hommes Apoſtoliques étourdis par le vertige de leur enthouſi-aſme, ont ſi mal vû les choſes, ils auroient dû par reſpect pour la raiſon, s'abſtenir de les décrire : on n'a pas exigé d'eux des Rélations où les miracles ſont répandus avec tant de profuſion, qu'on y diſtingue à peine deux ou trois faits, qui peuvent être plus ou moins vraiſemblables.

Quand après des Recherches laborieuſes & ingrates, on veut fixer les réſultats, on voit les exceptions arriver de toute part : on en eſt accablé, & ce qui étoit vrai dans un ſens, ceſſe de l'être dans un autre ; parce que nos ſiſtèmes les plus raiſonnables, ne peuvent jamais s'enchainer aſſez exactement entr'eux pour former un cercle parfait, qui embraſſe l'immenſité des phénomènes : il reſte toujours des vuides par où les erreurs & les plus grandes erreurs s'échappent, afin d'avertir ſans ceſſe l'eſprit humain de ſon impuiſſance & d'accoutumer le Philoſophe à douter malgré lui, malgré le penchant qui l'entraine à décider.

L'Amérique plus que tout autre pays, offre des phénomènes ſinguliers & nombreux ; mais ils ont été juſqu'à préſent, ſi mal obſervés, plus mal décrits & ſi confuſément aſſemblés, qu'ils ne forment qu'un cahos effroyable.

Les Eſpagnols, ces poſſeſſeurs indolents & fanatiques d'une contrée qu'ils ont dévaſtée en brigands & en barbares, n'ont jamais montré la moindre curioſité à réunir les debris de cet édifice prodigieux : contents de l'avoir démoli de leurs mains avares, ils en ont négligé les ruines en partie cachées ſous des ronces, en partie diſper-

Discours Préliminaire.

sées sur une surface immense. Nous ne nous flattons point d'avoir marché d'un pas toujours sûr, par des chemins si hérissés: ce seroit un excès de témérité, lorsque nous avons besoin d'un excès d'indulgence, auquel nous ne nous attendons cependant pas.

Si nous avons depeint les Américains comme une race d'hommes qui ont tous les defauts des enfants, comme une espèce dégénerée du genre humain, lâche, impuissante, sans force physique, sans vigeur, sans élevation dans l'esprit, nous n'avons rien donné à l'imagination en faisant ce portrait, qui surprendra par sa nouveauté, parce que l'Histoire de l'Homme Naturel, a été plus négligée qu'on ne le pense. Cet Essai prouvera au moins, ce que l'on pourroit faire dans cette carriere, si de grands maîtres y excitoient l'émulation.

Discours Préliminaire.

Comme on a eu à parcourir des objets isolés & très-différents entr'eux, on n'a point tenté de les réunir par le fil de la narration, de peur de rendre l'étude du discours plus difficile que l'étude des faits. On peut à cette occasion, reprocher aux Naturalistes modernes d'avoir montré trop de prédilection pour le stile pompeux & maniéré : en semant tant de fleurs sur leurs Ouvrages, ils en ont trahi & décelé les endroits foibles. On s'est apperçu qu'ils vouloient enchanter le Lecteur, pour le dédommager de n'être ni instruit, ni convaincu. Cette perte d'éloquence, ou ce jeu de déclamation si inutile, quand on a raison, est plus que ridicule, quand on se trompe.

Celui qui a épuisé son sujet & récueilli des observations neuves, vraies & intéressantes, peut sans danger, méprifer ce stile enflé, excessif & accommodé aux oreilles des Lecteurs de nos jours, trop corrompus par les futiles & les innombrables productions des beaux Esprits, pour juger équitablement des travaux de quelques Gens de lettres, qui ont assez estimé leurs contemporains, pour ne rien sacrifier au mauvais goût de leur siécle.

La connoissance de l'Homme Physique ayant été le premier objet de ces Recherches, ce seroit une bisarrerie extrème, de ne pas nous pardonner de certains détails qu'on pardonne tous les jours à ceux qui decrivent des insectes & qui composent des volumes entiers sur la façon dont les Limaçons s'accouplent.

Egalement éloignés d'une liberté cynique & d'une rétenue trop scrupuleuse, nous avons donc porté nos regards sur tous les misteres & tous les écarts de la nature animale; mais dans l'exposition qui en a été faite, on n'a attaché aux mots que des

Discours Préliminaire.

idées philosophiques, & dès lors tous les mots sont, ou doivent être égaux aux oreilles de la pudeur.

Comme on n'a eu jusqu'a préfent que des notions fausses sur les peuples les plus septentrionaux de l'Amérique, nous nous sommes vus à portée de répandre quelque jour sur leur histoire, sur leurs moeurs, sur leur séjour dans le voisinage du Pole, en nous servant de Manuscrits que des personnes respectables nous ont communiqués, & en consultant les dernieres Rélations que les Danois ont publiées touchant le Grœnland en 1765, en une langue peu connue de l'Europe savante. Il étoit impossible d'avoir des avis plus récents, plus authentiques & de puiser dans de meilleures sources.

En décrivant ces hommes blêmes ou blafards qu'on rencontre à l'isthme Darien, on a fourni toutes les lumieres nécessaires

Discours Préliminaire.

pour développer l'origine des *Nègres blancs*, & pour résoudre enfin, à force de recherches, ce grand problème qui a jusqu'à nos jours, divisé les Naturalistes, moins occupés à s'instruire des faits & à examiner la nature, qu'à imaginer des hypothèses ingénieuses que les faits & la nature contredisent. Dans cette question le génie ne pouvoit rien ; tout dépendoit de la connoissance exacte du sujet : s'ils avoient rassemblé plus de preuves avant de prononcer, s'ils avoient allégué des observations décisives, pour appuier leurs sentiments, ils n'auroient raisonné ni si long-temps, ni si subtilement ; ce qui prouve presque toujours qu'on hésite, qu'on se trompe, ou qu'on est environné de l'erreur. Aussi a-t-on hérité cette méthode des siécles ignorants où l'on abondoit en arguments & où l'on manquoit de démonstrations : on avoit enseveli les sciences sous

tant

Discours Préliminaire.

tant de délires scientifiques qu'on n'auroit pas dû s'attendre à les voir renaître de si-tôt d'une nuit qui paroissoit impénétrable à la lumiere.

On a réduit en un Abrégé tout ce qui a été écrit de vrai, de vraisemblable, de faux & de ridicule sur les Patagons, depuis l'an 1520 jusqu'en 1767. On a prétendu que ce peuple peu nombreux, & plus que misérable, qui erre dans les sables Magellaniques, étoit un peuple de Géants & que ces Géants avoient une taille de dix pieds.

Plusieurs voyageurs les ont vus, disent-ils, & ils demandent ce qu'on a à leur répliquer, ce qu'on peut objecter contre le témoignage de leurs yeux. Rien, sinon que l'amour du merveilleux éblouit les observateurs prévenus, & que l'amour propre leur fait défendre leurs illusions avec opiniâtreté. Si l'imagination n'avoit

b

Discours Préliminaire.

pas tant de fois féduit les yeux, la somme de nos connoissances seroit infiniment plus grande, ou celle de nos erreurs infiniment moindre.

Depuis le voyage de l'exagérateur Pigafetta, qui le premier crut voir des sauvages de stature colossale au Sud de l'Amérique, il s'est écoulé deux-cents quarante-sept ans, qu'on a employés à se contredire avec acharnement.

Sebald de Wert conduisit, en 1599, une fille Patagonne en Hollande, où cette créature n'atteignit pas quatre pieds & demi, après avoir achevé sa croissance : ceux qui se sont refusés à l'évidence, auroient dû amener, à leur tour, quelques Géants en Europe, & ne pas disputer davantage : ils auroient dû tout au moins rapporter des ossemens & des squelettes de ces hommes prodigieux ; mais on conçoit aisément pourquoi ils ne l'ont pas fait. Turner est

Discours Préliminaire.

le feul qui fe foit hazardé de montrer à Londres l'os de la cuiffe d'un Patagon: depuis qu'on a prouvé à Turner que ce débri avoit appartenu à un taureau du Bréfil, depuis que Mr Hans Sloane a publié fa Gigantologie, aucun charlatan n'a ofé reparoître avec des dépouilles fuppofées de Géants, qu'on employoit déjà pour tromper les Romains du temps d'Augufte, comme Suetone en convient, en parlant des fquelettes que cet Empereur confervoit dans fon cabinet.

Les articles de cet ouvrage qui concernent le tempérament & le génie des Américains, les Anthropophages, les Hermaphrodites, la Circoncifion, & l'Infibulation, font autant de morceaux qu'on s'eft efforcé de rendre intéreffants.

Comme les fuperftitions religieufes des peuples de l'Amérique ont eu un rapport fenfible avec celles qu'ont pratiqué les na-

Discours Préliminaire.

tions de l'ancien Continent, on n'a parlé de ces abſurdités que pour en faire la comparaiſon & pour démontrer que malgré la diverſité des climats, l'imbécillité de l'eſprit humain a été conſtante & immuable.

Je n'ai qu'un mot à dire des Notes répandues dans mon ouvrage: ſi je m'étois apperçu après coup qu'elles ne ſont pas toujours inſtructives, & qu'elles n'occupent que de la place, je les aurois retranchées ſans héſiter, & me ſerois applaudi de ce ſacrifice; mais comme dans une ſi grande diverſité de matieres importantes, on a dû quelque-fois ſe commenter ſoi-même, il eſt arrivé que les Notes renferment autant d'intérêt que le Texte; & ſi on les en détachoit, elles formeroient ſeules un recueil qui ne ſeroit rien moins que vuide de choſes.

TABLE

TABLE GÉNÉRALE

DU PREMIER TOME.

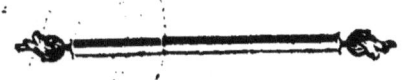

PREMIERE PARTIE.

Du climat de l'Amérique, de la complexion altérée de ses habitans, de la découverte du nouveau Monde &c. p. 3.

SECONDE PARTIE

SECTION I.

De la variété de l'espèce humaine en Amérique. p. 131.

SECTION II.

De la couleur des Américains. p. 175.

SECTION III.

Des Anthropophages. p. 207.

TROISIEME PARTIE.

SECTION I.
Des Eskimaux. p. 241.

SECTION II.
Des Patagons. p. 281.

Table des Matieres.

RECHERCHES
PHILOSOPHIQUES
SUR
LES AMÉRICAINS.

PREMIERE PARTIE.

PREMIÈRE PARTIE.

Du climat de l'Amérique, de la complexion altérée de ses habitants, de la découverte du nouveau Monde &c.

Je placerai, à la tête de cet Ouvrage, quelques observations frappantes & décisives, afin de donner d'abord une notion précise du Climat du Nouveau Monde : je décrirai ensuite ses habitants, leur constitution & leur tempérament avec toute l'exactitude dont je suis capable. Quelle que soit la circonférence & l'étendue de mon plan, j'ai ce témoignage à me rendre, de n'avoir rien accordé à

A 2

mes préjugés ou à mes conjectures, aux dépens de la vérité des faits dont j'ai crû entrevoir les causes & les principes dans la nature même, & non dans mes idées.

Les matières qu'on discutera, quoiqu'également intéressantes, seront néanmoins fort disparates & plus attraiantes les unes que les autres. Il faut se figurer qu'on va traverser successivement des terreins incultes & dépeuplés, & des paysages riants & pitoresques.

Cette varieté n'est pas une confusion qui puisse brouiller les objets, ou troubler la composition du tableau, c'est une conséquence qui résulte bien plus du sujet, que de l'arrangement arbitraire de l'Auteur.

Le Climat de l'Amérique étoit au moment de la découverte, très-contraire à la plûpart des animaux quadrupèdes, qui s'y sont trouvés plus petits d'un sixième que leurs analogues de l'ancien continent.

Ce Climat étoit sur tout pernicieux aux hommes abrutis, énervés & viciés dans toutes les parties de leur organisme d'une façon étonnante.

La terre, ou hérissée de montagnes en pic, ou couverte de forêts & de marécages, offroit l'aspect d'un desert stérile & immense. Les prémiers Avanturiers qui y firent des Etablissemnts eurent tous à essuier les horreurs de la famine ou les derniers maux de la disette.

Les Espagnols furent de temps en temps contraints de manger des Américains & même des Espagnols, faute d'autre nourriture. Les Florides, en voyant ces abominables repas, jugerent dès lors, quelle seroit un jour, la férocité de leur vainqueur si acharné à sa conquête, que la faim ne l'effrayoit plus.

SUR LES AMERICAINS.

Les premiers colons Français envoyés dans ce monde infortuné, finirent par se dévorer entr'eux. Les Anglais qui firent la conquête de la Virginie, en revinrent affamés sur les vaisseaux du Commodor Drack; on les prit à Londres pour des spectres, & on ne trouva plus personne dans toute la Grande Bretagne, qui voulut de long temps s'embarquer pour un tel pays; mais quand on eut appris que la terre y cachoit dans ses abimes d'inépuisables tréfors, la foif de l'or affronta tous les dangers, furmonta tous les obstacles, & vainquit la nature même.

Quel qu'ait été jusqu'à présent le progrès du travail & de l'industrie des Commerçants & des Planteurs, il y a encore, aux Indes Occidentales, plusieurs Colonies secondaires absolument hors d'état de se nourrir de leurs propres productions: elles se dissiperoient, si les Métropoles Européanes n'avoient soin de les pourvoir de vivres.

Dans les parties méridionales & dans la plûpart des Isles de l'Amérique, la terre étoit couverte d'eaux corrompues, malfaisantes & même mortelles, lorsque l'ardeur du soleil y occasionnoit une espèce de fermentation: il s'y en élevoit des brouillards épais & chargés de sel marin, auquel les Physiciens de l'ancien monde avoient refusé la faculté de s'exalter. Le fait a prouvé le contraire: on y recueille encore de nos jours, sur les Mangliers & d'autres végetaux, un sel qui rénait sans cesse, parce qu'il s'éleve sous la forme de vapeur, & se cristallise ensuite sur chaque feuille trempée de cette saumure.

Ce terrein fétide & marécageux faisoit végéter plus d'arbres vénimeux qu'il n'en croît dans les trois parties du reste de l'univers connu: on en exprimoit ce suc si redoutable dont les sauvages armoient la pointe de leurs flêches, qui en effleurant seulement l'épiderme des hommes & des animaux, donnoient la mort la plus prompte possible.

La principale nourriture des Américains établis à la Côte Orientale, étoit une Plante empoisonnée qu'on ne rendoit comestible que par adresse. Je parle de tant d'espèces de *Jucas* & de *Manihots*, qui sont presque toutes mortelles, lorsqu'on les mange crûes, & comme elles sortent du sein de la terre. (*) C'étoit néanmoins ce *Manihot* qui tenoit lieu aux Indiens du seigle & du froment qu'ils ne connoissoient point. Il faut avouer que l'histoire de l'ancien continent ne nous offre pas d'exemple pareil, & quelle qu'y soit la somme des malheurs, on n'y voit point de peuple entier, qui ait été contraint de tirer son premier aliment d'un végétal vénéneux; hormis peut-être, dans des temps d'une disette momentanée & extraordinaire, où l'on a eu recours à la racine de l'*Arum*, qui est de toutes les plantes Européanes la plus approchante du *Manihot*, par sa qualité caustique, & nutritive quand on la prépare.

La plûpart des végétaux qui ne sont que tendres & herbacés dans nos climats, ont été retrouvés en

---

(*) Le véritable contrepoison du suc de Manihot, est le sel d'Absynthe delaié dans de l'eau de Menthe. On se sert aussi, dans quelques Isles, de la lie du Rocou, mais avec un moindre succès.

Amérique, sous la forme ligneuse des sous-arbustes; ce qui provénoit du Nître terrestre qu'ils ébiboient en trop grande abondance. Quand on voulut, pour la premiere fois, dans la Nouvelle France, employer les cendres de bois pour blanchir le linge, on fut bien étonné de voir cette lessive découper en un instant toute la toile en lambeaux & la reduire ensuite en parenchyme, ce qu'on attribua, avec raison, à la violence du sel âcre & copieux que cette cendre receloit.

La surface de la terre, frappée de putréfaction, y étoit inondée de Lésards, de Couleuvres, de Serpents, de Reptiles & d'Insectes monstrueux par leur grandeur & l'activité de leur poison, qu'ils tiroient des sucs abondants de ce sol inculte, vicié, abandonné à lui même, & où la séve nourriciere s'aigrissoit, comme le lait dans le sein des animaux qui n'exercent pas la puissance de se propager.

Les Chenilles, les Papillons, les Mille-pieds, les Scarabées, les Araignées, les Grenouilles & les Crapauds y étoient pour la plûpart d'une taille gigantesque dans leur espèce, & multipliés au de là de l'imagination. En jettant les yeux sur les excellentes figures dessinées à Surinam, par Mademoiselle Merian, (*) on est frappé de la grosseur prodigieuse des Papillons qui égalent le volume de nos Oiseaux.

Les plus anciens Etablissements des Européans en Amérique ne sont pas encore de nos jours, exactement nettoiés de bêtes immondes ou vénimeuses, dont l'humidité de l'Atmosphère facilite la population.

(*) Edition in folio d'Oosterwyck 1719. Amsterdam. Voyez aussi les quatre Volumes *du Trésor de Seba*.

Panama est affligé par des Serpents, Carthagène par des nuées d'énormes Chauve-souris, Portobelo par des Crapauds, Surinam par des Kakerlaques, la Guadeloupe & les autres Colonies des Isles, par des Ravets & des Scarabées-rongeurs, Quito par des Picques, Lima par des Pucerons & des Punaises. Les anciens Rois du Mexique & les Empereurs du Perou n'avoient trouvé d'autre moien pour délivrer leurs sujets de la Vermine qui les devoroit, qu'en leur imposant des tributs d'une certaine quantité de Pucerons, qu'ils étoient obligés d'aporter tous les ans; Fernand Cortez en trouva des sacs pleins dans le Palais de Montezuma. Garcilasso dit que les Peruviens étoient également contraints d'en livrer ar nuellement un cornet rempli aux Incas, ce qui revient à peu près à ce tribut de têtes de moineaux, qu'on exige des paysans au Palatinat.

Mr. Dumont dit dans ses Mémoires sur la Louisiane, qu'il y croît des Grenouilles qui pèsent jusqu'à trente sept livres, & dont le cri imite le beuglement des veaux: il n'existe pas de monstres semblables dans le reste du monde.

Les Fourmis ravageoient tellement les Contrées du Sud de l'Amérique, qu'on y surnommoit cet Insecte le Roi du Bresil: *il R y di Brasil.* (*) Du temps que par un contraste singulier, les Onces, les Tigres & les Lions Américains étoient entierement abatardis,

---

(*) Du temps que les Hollandais étoient en possession du Bresil, on présenta à la Compagnie des Indes un projet, pour delivrer cette Province de l'Amérique des fourmis qui la devastent. Ce projet n'a jamais été rendu public. Il paroît que le meilleur moien seroit d'encourager la multiplication du grand & du petit Fourmillier.

petits, pusillanimes & moins dangereux mille fois que ceux de l'Asie & de l'Afrique, qui ne connoissent ni les bornes de leur férocité, ni tout le pouvoir de leurs forces, le Canada nourrissoit une espèce de Tigre si peu vaillant, qu'on lui a donné le nom de *Tigre poltron*, c'est le Cougouar. Les Loups, les Gloutons, & les Ours avoient aussi dans ce pays la taille rapetissée, & moins de bravoure que ceux de leur espèce qui habitent dans l'ancien continent. Il paroit même, selon les observations de Mr. du Pratz & de quelques autres, que les Caïmans & les Crocodiles Américains n'ont ni l'impétuosité, ni la fureur de ceux de l'Afrique. Enfin une altération & un abatardissement général avoit atteint, dans cette partie du monde, tous les animaux quadrupèdes jusqu'aux premiers principes de l'existence & de la génération.

Dès qu'on y perçoit la terre à la profondeur de six à sept pouces, on la trouvoit très-froide, & même dans la Zone Torride. (*) Les graines tendres qu'on y semoit d'un doigt trop avant, se glaçoient & ne germoient pas: aussi a-t-on remarqué que la plûpart des arbres indigènes de l'Amérique, au lieu d'enfoncer leurs racines perpendiculairement, les faisoient tracer comme par instinct, sur la superficie horisontale, pour éviter le froid de l'interieur du sol. Pison, Margraff & Oviedo ont fait cette observation tant aux Isles qu'au continent. En même temps, les troncs & les touffes de ces arbres y nourrissoient une multitude de végétaux implantés & parasites, des Polypodes, des Guis,

_____
(*) Voyez *Pison*, *Introduction à l'Histoire Naturelle du Bresil*.

des Agarics, des Champignons, des Cuscutes, des Mousses & des Lichens provenus du sédiment d'un suc impur, que la végétation y pompoit de cette terre qui n'avoit jamais été emondée par l'industrie, & où la nature, faute d'être dirigée par la main de l'homme, succomboit sous ses propres efforts. Il s'y engendroit par tout un nombre inconcevable de vers, dont le corps humain & les productions des deux Regnes souffroient sans relâche. Toutes les playes & les blessures négligées pendant deux ou trois jours, y regorgoient d'animalcules.

Les vers rongeurs des digues & des vaisseaux, en ont été transportés (*) par une Escadre Française en Europe, où l'on ne les connoissoit pas, il y a soixante ans : leur multiplication a été si prodigieuse & si rapide dans nos Mers, qu'ils ont actuellement infecté tous les Ports, & ajouté de nouveaux dangers, aux dangers de la navigation, en criblant sous le pié du Matelot, la Carène des Navires. Ces Insectes qui ont fait trembler la Zélande, étoient aussi probablement originaires de l'Amérique, à laquelle les Européans ont rendu les Rats & les Souris qui n'y existoient pas avant la découverte, & qui ensuite ont tellement pullulé qu'ils sont devenus un véritable fléau pour les Colonies. Si dans de certaines Isles, les souris n'avoient trouvé des ennemis dangereux dans les serpents, elles auroient peuplé au point d'y commettre les mê-

---

(*) Voyez un *Mémoire de Mr. Des Landes Commissaire de la Marine*: il nomme les vaisseaux & les Officiers qui commandoient sur l'Escadre, qui rapporta des Isles de l'Amérique, les premiers vers Tarèts en France.

mes ravages, que les Lapins commirent jadis dans les Isles Baléares & en Espagne. (*)

En comparant les expériences qu'ont fait avec des Thermomètres, Mrs. de la Condamine & Juan d'Ulloa au Perou, & l'infatigable Mr. Adanson au Sénégal, on peut aisément s'appercevoir que l'air est moins chaud au Nouveau Monde, que dans l'ancien continent. En évaluant, le plus exactement possible, la différence de température, je pense qu'on la trouvera de douze degrés de latitude, c'est à dire, qu'il fait aussi chaud en Afrique à trente degrés de l'Equateur, qu'à dix huit degrés seulement de cette Ligne, en Amérique. Les Thermomètres n'ont gueres monté plus haut au Perou, au centre de la Zone Torride, qu'ils n'arrivent en France au fort de l'été. (**) Québec qui est à peu près à la même hauteur que Paris, a un Climat sans comparaison plus âpre & plus froid que Paris: la différence est également sensible, entre

---

(*) En 1524, un vaisseau de l'Escadre envoyée à la découverte des Terres Australes, par l'Evêque de Plaisance, ayant passé le Détroit de Magellan, arriva au Port de la ville de los Reis: dans ce navire se trouverent les premiers Rats qu'on eut jamais vus au Perou, & depuis ils ont furieusement multiplié. On juge qu'il faut qu'il s'en soit trouvé des petits dans les Caisses & Ballots de Marchandises. Les Indiens les appellent Ococha ce qui signifie une chose qui est venue de la Mer. *Zarate conq. du Perou pag.* 155.

(**) En 1736, le 31 Mai au matin, le Thermomètre marquoit à Quito, ville située à 13 minutes seulement de l'Equateur.... 1011. A midi.... 1014. Le premier Juin au matin.... 1011. & à midi 1013$\frac{1}{3}$. Quant aux expériences faites dans la Zone Torride de notre continent, voiez *l'Histoire naturelle de Senegal avec la relation abrégée d'un voyage fait en ces pays, en 1749. 50. 51. 52. & 53. par Mr. Adanson correspondant de l'Académie des Sciences.*

la Tamise & la Baye de Hudson qui ont la même latitude.

Il n'existoit au Nouveau Continent, entre les Tropiques, aucun grand Animal quadrupède. Les Naturalistes qui ont depuis long-tems fait attention à cette particularité, ont soupçonné que les grands germes ne pouvoient se développer dans ce climat desavantageux aux principales productions du regne animal, & favorable seulement aux Insectes & aux Serpents. Il paroît plutôt que la convulsion des Eléments, avoit jadis détruit en Amérique tous les grands animaux de la Zone Torride: les ossements prodigieux qu'on y déterre, rendent cette conjecture fort probable, & l'on s'y arrêtera davantage, lorsqu'on traitera de la nature de ces Os fossiles en particulier, dans la suite de cet Ouvrage.

Quant aux animaux indigènes du Nouveau Monde, ils étoient pour la plûpart d'une taille peu élégante, & quelques fois si mal tournée, que les prémiers dessinateurs ont eu de la peine à saisir leurs contours & à rendre leurs caracteres sensibles. On a observé que la queue manquoit au plus grand nombre des genres, & qu'il y avoit une certaine irrégularité dans la division des doigts des pieds antérieurs, comparés à ceux de derriere ; ce qui est fort frappant dans le Tapir, le Fourmillier, le Glama de Margraff, le Paresseux & le Cabiai.

Les Autruches qui n'ont que deux doigts unis par une membrane dans notre continent, avoient tous quatre doigts divisés en Amerique.

Les animaux d'origine Européane ou Asiatique, qu'on y a transplantés immédiatement après la découverte, se font rabougris : leur taille s'est dégradée, & ils ont perdu une partie de leur instinct ou de leur génie. Les cartilages & les fibres de leur chair sont devenus plus rigides & plus coriaces : la viande de bœuf est si pleine de silasses, qu'on a peine à la macher à St. Domingue.

Les Cochons seuls y ont acquis une corporance étonnante, parcequ'ils se plaisent dans des pays uligineux, abondants en fruits aquatiques, en insectes & en reptiles : la qualité de leur chair s'est beaucoup perfectionnée & les Médecins des Indes, l'ordonnent aux malades préférablement à toute autre. Herrera fait mention de l'Isle de Cubagua, où les Cochons amenés de la Castille changerent en peu de temps, de forme, au point de devenir méconoissables : leurs ongles pousserent tellement, que la corne en atteignit une demi-palme de longueur.

Les Moutons de l'Europe souffrent aussi une forte altération à la Barbade ; & on sait que les Chiens amenés de nos pays, perdent la voix, & cessent d'aboier dans la plûpart des contrées du Nouveau Continent.

Ceux d'entre les quadrupèdes transmigrés, qui y ont le moins réussi, ce sont certainement les Chameaux. Au commencement du seizieme siécle, on en apporta quelques uns de l'Afrique au Perou, où le froid dérangea leurs organes destinés à la réproduction, & ils ne laisserent aucune postérité.

Les Portugais ont eu plufieurs fois l'idée de transporter des Eléphants au Brefil, mais il y a toute apparence que ces animaux y effuieroient le même deftin que les Chameaux au Perou, & qu'ils ne procréeroient pas, quand même on les abandonneroit dans les Forêts à leur propre inclination; le changement de nourriture & de Climat étant infiniment plus fenfible aux Eléphants, qu'aux autres quadrupèdes de la premiere grandeur.

Entre les végétaux exotiques, importés en Amérique, les arbres à noyeaux, comme les Amandiers, les Pruniers, les Cerifiers, les Noyers y ont faiblement profpéré & presque pas du tout. Les Pêchers & les Abricotiers n'ont fructifié qu'à l'Isle de Juan Fernandès: ils ont dégeneré ailleurs. Les plantes aquatiques ou fucculentes qui exigent une terre humide & pâteufe, comme les Cannes à Sucre, les Melons, les Citrouilles, les Choux & les Raves ont furpaffé l'attente même des cultivateurs. Notre Seigle & notre froment n'ont pas pris, finon dans quelques quartiers du Nord. Le Ris qui aime à être fubmergé, & les Féveroles qui fe plaifent dans des marécages, ont donné des récoltes avantageufes.

On peut juger plus furement de la nature d'un Climat par fes productions végétales & animales, que par toutes les autres efpèces d'obfervations, & c'eft pourquoi nous nous fommes plutôt attachés à ces remarques, qu'à celles qui ont paru moins décifives ou plus vagues.

Les Léfards Iguans ou les Coqs de joute, dont tant d'Américains fe nourriffoient, y renforçoient, fans qu'on le fcût, le principe vérolique dont tous les hommes & beaucoup d'animaux étoient atteints depuis le Détroit de Magellan jufqu'à la Terre de Labrador, où finiffoit le mal vénérien pour faire place au Scorbut muriatique, qui n'en paroit être qu'une modification.

Il faut obferver que la même efpèce de Léfards Iguans eft fort nombreufe dans l'Afie Méridionale où l'on en a mangé la chair de tout temps, fans que jamais cet aliment y ait produit le moindre Symptôme du Mal d'Amérique; ainfi il développe & aigrit ce virus par tout où il le rencontre, fans le faire germer dans le fang de ceux qui en font exempts.

L'Iguan eft un vrai Léfard, de quatre à cinq pieds de long & de vingt pouces de circonférence: tout fon corps eft couvert d'écailles rigides, tuilées, brunâtres & mouchettées de grandes taches blanches. Il a le dos armé d'un peigne dont les dents très-aigües commencent au chignon du col, & vont en diminuant infenfiblement, jufqu'à l'extrémité de la queue: les pointes qui paffent fur la convexité du dos, font les plus longues. Comme il dreffe ou déprime cette denture à proportion qu'il eft en colere, les Hollandais & les Français lui ont donné le nom de Coq de joute. (*)

Cet étrange animal a fous la machoire inférieure, une poche, ou un fac pointu comme un capuchon, que les Naturaliftes nomment un *goître*. La texture de ce goître eft de la même fubftance que la pellicule & l'appendice qui ornent la gorge & la tête du Coq d'Inde; fa partie extérieure eft hériffée de quelques

---

(*) *Seba Thefaurus rerum naturalium* pag. 149. T. I. Tab. 95. & 96. &c.

dents affez petites : l'autre côté qui regarde la poitrine, eft entierément édenté. Des écailles très-menues d'un bleu-mourant, d'un jaune-brun & d'un rouge-obfcur tapiffent cette efpèce de fac au dehors.

L'Iguan a quatre pattes divifées en cinq doigts, garnis d'ongles crochus & effilés : fon régard eft horrible : il a les yeux grands, éteincelants, bordés d'un cercle rouge, & les oreilles environnées de cette même peau froncée qui forme fon goître. Sa langue eft fourchue, applatie, & fa gueule offeufe eft garnie de dents en faucille, fort tranchantes, mais courtes. Les écailles qu'il porte autour du col, font plus relevées que les autres, & les debordent.

Il n'attaque jamais les hommes, fi non quand il eft en chaleur & qu'on l'inquiéte : alors il s'élance avec force & mord opiniatrément ce qu'il faifit, fans quitter prife : fa morfure n'eft pas dangereufe, fa bave n'étant impregnée d'aucune qualité vénimeufe.

On le chaffe principalement au printems, parce qu'ayant brouté alors beaucoup de fleurs, & des fommités de végétaux, il eft plus gras qu'en d'autres temps. Sa queue & fes cuiffes font plus charnues, que le refte du corps-enfemble, & peuvent fervir à repaître quatre perfonnes. On préfére les femelles, parceque leur chair eft plus tendre, plus blanche & a le même goût que celle du poulet. (*) Ces femelles

---

(*) Quelques voyageurs paroiffent faire grand cas de la chair de l'Iguan, & n'en fauroient trop exalter la délicateffe & la tendreté, cependant Pifon le naturalifte, affure qu'elle eft fade & qu'il faut y être accoutumé pour ne pas la trouver déteftable : elle a le même goût que les cuiffes de Grenouilles en Europe.

pondent sur les rivages de la mer, depuis treize, jusqu'à vingt-cinq œufs, sans jaune, gros comme ceux de pigeons, & qui ont la même vertu que la chair.

On a découvert jusqu'à présent, quatre à cinq espèces de ces Lésards en Amérique, qui ne diffèrent que par la taille, l'arrangement & la marbrure des écailles: on en trouve au Bresil, à la Guiane, au Mexique, à la Nouvelle Espagne, dans différents autres endroits du Continent, & dans les Isles.

Tel est cet animal si funeste à ceux qui en mangent, lorsqu'ils sont infectés du mal vénérien: non seulement cet aliment irrite incroiablement cette indisposition, mais la ranime & la réveille lorsqu'elle paroît assoupie. Les Nègres, qui ont en général un penchant marqué à se nourrir de Serpents & de Lésards par préférence à toute autre viande, sont aussi extrèmement friands de la chair de l'Iguan, mais pour peu qu'ils soient viciés, leurs membres tombent en putréfaction, & pour les échapper de la mort, il faut leur administrer des remedes très-efficaces & surtout des bouillons de Tortues. Les Européans mangent aussi la chair & les œufs de cet animal, cependant avec plus de retenue & de précaution que dans les premieres années de la découverte de l'Amérique, où l'on en ignoroit la propriété malfaisante: on ne la soupçonnoit pas.

Quelques auteurs veulent que les Nègres ayent porté cette maladie de l'Afrique aux Indes Occidentales; mais cette opinion, cent fois réfutée, est d'autant plus risible, que ces prétendus auteurs n'ont jamais connu la véritable époque de l'arrivée des premiers

Nègres au nouveau monde : quoiqu'il soit difficile de la fixer, (*) on sait cependant avec certitude, qu'elle est posterieure aux temps où les compagnons de Christophe Colomb, & sur-tout un certain Margarita, & un moine nommé Buellio ramenerent le mal vénérien de St. Domingue. Dans l'histoire générale de Ferreras, ce fougueux Millionnaire est appellé Pierre Boil, Supérieur de l'Ordre de St. Benoit ; dès qu'il fut debarqué à St. Domingue, il y excommunia Christophe Colomb, qui a été par conséquent le premier Européan excommunié en Amérique : Buellio ne se contenta pas de cette basse méchanceté, il retourna en Espagne, où il infecta ses compatriotes &

(*) Il est constant que pendant les treize premieres années de la découverte de l'Amérique, les Espagnols n'y ont transporté aucun Nègre. Ce ne fut qu'en 1517, que se fit le premier transport régulier. Le plan de ce commerce, d'abord rejetté par le Cardinal Ximenés & approuvé par le Cardinal Adrien, avoit été conçu & rédigé par un Prêtre nommé Las Casas, qui par la derniere bisarrerie dont l'esprit humain soit capable, fit un grand nombre de Mémoires pour prouver que la conquête de l'Amérique étoit une injustice atroce, & imagina en même temps de réduire les Africains en servitude, pour les faire labourer ce pays si injustement conquis, dans lequel il consentit lui-même à posséder le riche Evêché de Chiapa.

Le Ministère Espagnol accorda, en 1516, un privilège exclusif pour l'achat & la vente des Nègres, au Sieur de Chièvres, qui ne se voyant pas en état d'en tirer parti, le revendit, pour 25 mille Ducats, à des Marchands Génois qui formerent une Compagnie qui porta longtemps le nom de la *Compagnie des Grilles :* elle devoit fournir, la premiere année, quatre mille Nègres des deux sexes, mais elle comprit trop bien ses intérêts, pour ne point éluder une partie de son contract, & n'amena que mille piéces d'Inde, 500 mâles, & 500 femelles, qui débarquerent au commencement de 1517, à l'Isle de St. Domingue : on en envoia sur le champ, la moitié, au Mexi-

intrigua tant à la cour, qu'il parvint à faire mettre Colomb aux fers. Ce grand homme se voyant en proie aux fureurs d'un si vil fanatique, se repentit d'avoir découvert un Monde nouveau.

Les habitants des Antilles, où le mal vénérien sévissoit plus qu'ailleurs, disoient qu'il leur étoit jadis venu du continent de l'Amérique: ceux du continent assuroient qu'il leur étoit venu des Antilles; personne ne vouloit l'avoir vu naître dans sa patrie; mais ils tomboient tous d'accord, qu'ils avoient été de temps immémorial affligés de ce fléau, que les Européans reçurent en échange de la petite Vérole, qu'ils porterent à leur tour au nouveau monde. Le pre-

---

que, où la dépopulation étoit extrême. Ces premiers Noirs revinrent à un prix exorbitant: en effet on ne voit pas trop pourquoi on permit à Chievres de revendre une commission qu'il ne pouvoit lui-même exécuter; ce qui accumula inutilement les frais de la traite. Les Génois, qui retinrent longtems entre leurs mains le trafic des Nègres pour les Indes Espagnoles, y gagnerent des sommes considérables.

Cet odieux commerce qui fait frémir l'humanité, avoit cependant été autorisé & accordé aux Portugais, par une Bulle du Pape, de l'an 1440. l'Infant Henriques de Portugal fut le premier Prince chrétien qui se servit d'esclaves Nègres. Ferdinand le Catholique en fit passer aussi quelques-uns en Amérique, pour son propre compte, dès l'an 1510, sans demander la permission au Pape. En 1539, on tenoit à Lisbonne un marché public de Nègres & de Basanés, & ce qu'il y eut de remarquable, c'est qu'on y vendit aussi des Brésiliens: on trouve dans une lettre du Chevalier Goes, qu'on négocioit, vers ce tems, 10 à 12 mille Nègres par an à Lisbonne, & qu'on les acheroit depuis 10, 12, 20, 30 jusqu'à 50 Ducats la pièce: dans une autre lettre à Paul Jove, il dit que les Africains méritoient bien d'être traités en bêtes, puisqu'ils parloient Arabe & qu'ils étoient circoncis. *Fragment d'un Discours sur l'Origine de la Traite des Nègres, que je composai il y a quelques années.*

premier Américain de distinction qui mourut de cette petite Vérole transplantée, fut le frere du timide & malheureux Montezuma, Empereur du Mexique: le premier Européan de distinction que le mal d'Amérique emporta, fut le Roi François I; mais jusqu'à cet événement arrivé en 1547, cette maladie avoit déjà fait d'immenses ravages dans notre continent; la rapidité de sa propagation fut étonnante: les Maures chassés d'Espagne en inoculerent les Asiatiques & les Africains. En moins de deux ans elle pénétra depuis Barcelone jusque dans la France Septentrionale. En 1496, le Parlement de Paris, toutes les chambres assemblées, porta le fameux Edit qui défendoit à tous les citoyens atteints du mal d'Amérique, de se montrer dans les rues, sous peine d'être pendus, ordonnant sous la même peine, aux étrangers infectés, de quitter la capitale en vingt-quatre heures. (*) Deux ans après, on voit déjà cette même contagion se manifester en Saxe; au moins les scholastiques de Leipsig soutinrent-ils des Theses sur la nature du mal vénérien qu'ils ne connoissoient point, des l'an 1498: ils

---

(*) Nous nous contenterons de rapporter le premier article de cet Edit qu'on trouve tout entier dans Fontanon.

„Pour pourvoir aux inconvénients qui adviennent chacun jour, par la fréquentation & communication des malades qui sont de présent en grand nombre en cette ville de Paris, de certaine maladie contagieuse nommée la *Grosse Vérole*, ont esté advisez, concluds, & délibérez par Révérend pere en Dieu, Monsieur l'Evêque de Paris, les Officiers du Roi, Prévots des Marchands & Eschevins, & le Conseil, & l'avis de plusieurs grants & notables personnages de tous Estats, les points & articles qui s'ensuivent.

„Sera fait cry publique de par le Roi, que tout malade de ceste maladie de *Grosse Vérole*, estrangiers tant hommes

SUR LES AMERICAINS. 21

se dirent à cette occasion, des injures effroyables en latin barbare, firent beaucoup d'arguments en forme & ne guérirent aucun malade.

Le premier Poëte, qui composa des vers sur un si grand malheur, fut un Flamand nommé le Maire: en lisant son Poëme, on s'apperçoit que les principaux symptomes qui accompagnoient alors cette épidémie du genre humain, ont entiérement disparu de nos jours: on ose presque croire qu'après s'être mitigée d'un siécle à l'autre, elle s'usera par sa propagation comme la lepre, dont les germes vénéneux se décomposerent & se détruisirent pour s'être, pour ainsi dire, trop étendus en superficie. Enfin, un des plus grands Médecins de l'Europe a prédit que le sang de notre dixième génération sera réellement purifié, & qu'on verra la nature & l'amour rentrer dans tous leurs droits. Il est à souhaiter, sans doute, que cette prédiction soit plus heureuse que celle de Maynard, qui annonça l'extinction du virus vénérien, pour l'an 1584, & jamais il n'occasionna une plus grande mortalité qu'en cette année là.

---

que femmes, qui n'étoient demourans & résidents en ceste ville de Paris, alorsque la dite maladie les a prins, vingt & quatre heures après le dit cry fait, s'envoisent & partent hors de ceste ville de Paris, és Pays & lieux dont ils sont natifs, ou là où ils faisoient leur résidance, quand ceste maladie les a prins, ou ailleurs où bon leur semblera, sur peine de la hart. Et à ce que plus facilement ils puissent partir, se retirent és Portes de St. Dénis & St. Jacques, où ils trouveront gens députez, lesquels leur delivreront à chacun quatre Sols parisis, en prenant leur nom par escript & leur faisant defenses sur la peine que dessus, de non rentrer en ceste ville jusques à ce qu'ils soient entiérement garis de cette maladie &c.

Le mal de Guinée, qu'on nomme *Yaws* & *Erakyaws*, est une indisposition si différente du mal d'Amérique, que le mercure est absolument contraire aux Nègres affligés des *Yaws*: d'ailleurs les caractères & les suites de ces maladies n'ont rien de commun.

Ce qui prouve, sans réplique, que la peste vénérienne est née en Amérique, c'est la quantité de remedes auxquels les peuples de ces contrées avoient eu recours pour en retarder les progrès extrêmes: ils usoient de plus de soixante simples différents, que le danger pressant les avoit forcés à connoître. Il seroit souverainement absurde de dire que les Américains auroient cherché des remedes si multipliés, pour guérir une maladie inconnue parmi eux. Oviedo, qui au rapport de Faloppe, s'étoit infecté à Naples, fut assez ingénieux pour conjecturer que son mal venant des Indes Occidentales, il trouveroit aussi, aux Indes, le plus puissant spécifique ou la meilleure recette: il entreprit le voyage & ne se trompa point: les sauvages de St. Domingue en le voyant seulement au front, connurent qu'il étoit gangréné, & lui montrerent l'arbre du Gaïac. Oviedo fut heureux par son malheur, & fit une fortune immense en Espagne, où il rapporta la résine, les écorces, & l'aubier du Gaïac avec la véritable préparation selon la méthode des Américains. Carpi qui découvrit les vertus du Mercure en Italie, devint aussi le plus riche particulier de son siécle & son luxe éclipsa celui de tous les Princes ultramontains.

La grande humidité de l'atmosphere en Amérique, & l'incroyable quantité d'eaux croupissantes répandues fur fa furface, étoient, dit-on, les fuites d'une inondation confidérable qu'on y avoit effuiée dans les vallées & les bas-fonds; & dont je ne me fuis pas propofé de parler ici fort au long: il n'eft pas improbable d'attribuer à cet événement phyfique, admis comme vrai, la plupart des caufes qui y avoient vicié & dépravé le tempérament des habitants; & il femble qu'on peut adopter cette opinion avec moins de difficultés que l'hypothefe de Mr. de Buffon, qui fuppofe que la nature, encore dans l'adolefcence en Amérique, n'y avoit organifé & vivifié les êtres que depuis peu. Ce fentiment entraîne des difcuffions métaphyfiques, longues, obfcures, & qui heureufement pour nous font inutiles. D'ailleurs il n'eft pas aifé de concevoir que des êtres quelconques feroient, au fortir de leur création, dans un état de décrépitude & de caducité; il paroît, au contraire, que leurs forces n'étant pas ufées ou affoiblies, ils devroient jouir d'une vigueur d'autant plus grande, que leur efpèce feroit plus nouvelle.

Ceux qui fe font imaginé que l'Amérique n'a jamais été fujette à des inondations, parcequ'on ne trouve pas des coquillages fur la cime des montagnes du Perou, ignoroient apparemment qu'on rencontre à la terre del Fuego, au Chili, aux Antilles, à la Louifiane & à la Caroline des lits, des bancs & des collines entieres de dépouilles marines. Pourquoi les fommets des Cordelieres fourniroient-ils des coquillages; puifqu'on n'en trouve déjà plus fur les plus hautes pointes des Alpes, qui font cependant de plus de fix mille cinq cents pieds moins élevées que la tête du mont Chimboraço au Perou ? (*)

Comme le soleil enleve, par son action continuelle, les sels les plus subtils dans toute la profondeur de l'*Humus* qu'il desséche, il est croiable que le climat du nouveau monde devient d'année en année plus sain & plus salubre. Il se peut que les végétaux s'y corrigent parceque les fibres de leurs racines puisent moins de sucs caustiques & corrosifs: la multiplication des Insectes & des Serpents y diminue sensiblement: l'air même peut s'y être purifié. Du temps de Christophe Colomb, il suffisoit d'y séjourner quelque temps, pour gagner la goutte sereine & le mal vénérien sans contact, les germes en étant comme répandus dans l'Atmosphere, par l'expiration des habitants : aujourd'hui on n'y contracte plus cette dernière maladie que par le contact immédiat de ceux qui en sont infectés.

―――――――――――――――――――――――――――――

(*) Il est prouvé, par des observations, qu'on n'a jamais découvert des pétrifications sur la cime des montagnes les plus élevées, & même très-rarement sur le sommet des moyennes. Les pointes de ces montagnes n'étoient donc, dans le tems des inondations, que des Isles de différente hauteur & largeur, baignées par la surface des eaux, comme toutes les Isles connues de nos jours.

..... *Quod observationibus constet, in apicibus celsissimorum montium nunquam reperiri petrificata, & vel rarissime in fastigiis minus altorum. Extantes igitur illi montium apices totidem tunc temporis insulae erant, varia altitudine & latitudine, in summis aquis extensae; quemadmodum hodieque, quotquot habentur insulae aquis circumdatae, non esse videntur nisi montes in fundo aquarum radicati quorum culmina plus, minus lata, de maris superficie sese efferunt, ut solum habitabile exhibeant.* Seba Thesaur. Rer. Nat. Tab. CVI. pag. 125. Tom. IV. Edition d'Amsterd. 1765.

Par des observations plus exactes, on pourra un jour déterminer à quelle hauteur les eaux se sont élevées sur notre

Les Chiens Alains, que les Espagnols jetterent dans différentes isles & plusieurs cantons du nouveau continent, furent bientôt aussi atteints de la peste vénérienne.

Ceux qu'on y mene à présent se conservent sains. J'avoue que cela peut venir de ce qu'on ne les nourrit plus avec la chair des Américains, dont l'usage abominable & continuel avoit peut-être gâté la race des premiers chiens transplantés en Amérique, cet aliment n'étant autre chose qu'un vrai levain variolique dans sa plus grande activité. (*)

On prétend que toutes les autres espèces d'animaux Européans dégénerent moins aujourd'hui aux Indes Occidentales, que dans le premier siécle de la découverte: ce qui semble prouver au moins, que le climat s'y est un peu amendé.

Il est certain que le travail des cultivateurs qui ont éclairci les forêts, purgé la terre de bêtes im-

---

planète, pendant les plus fortes inondations qu'elle a essuiées. Mr. Haller dit qu'on ne trouve aucune espèce de coquillage sur les plus hautes pointes des Alpes, d'où l'on peut déjà calculer, à peu près, l'élévation des eaux dans notre Hémisphère; ce qui n'est gueres favorable au sistême qui forme les montagnes par l'action du flux, du reflux, & du mouvement régulier, qui emporte les eaux de l'Océan, d'Orient en Occident, puisqu'en ce sens, on dévroit découvrir des coquillages sur les montagnes les plus élevées: Woodward qui pressentoit cette difficulté, assure hardiment qu'on en trouve sur toutes les pointes montagneuses, mais cela est très-faux, par la seule inspection.

(*) Les Chiens du Pérou, qui sont de la premiere race transplantée, éprouvent encore aujourd'hui des accès du mal vénérien. L'humidité de l'atmosphere en Amérique, est la véritable cause de ce que ces animaux n'enragent jamais dans aucune partie du nouveau Monde.

mondes, dirigé le cours des rivieres, faigné les marais & défriché de grands efpaces, doit avoir contribué, indépendamment des autres caufes, à corriger la qualité de l'air. Les forêts, ainfi que les fommets des montagnes, en fixant les nuages, rendent par là les terreins adjacents humides & tourbeux, jufqu'au point d'y former des lacs, dont les eaux ftagnantes, & viciées, par la décompofition & la reproduction des végétaux & des infectes, exhalent des vapeurs extrêmement nuifibles à ceux qui n'y font point accoutumés.

Mr. Hume dit qu'il eft furprenant que les petites armées Efpagnoles, qui foumirent & devafterent ces grandes régions, n'ayent prefque rien eu à fouffrir des maladies: il fe trompe faute de s'être inftruit dans les hiftoriens de ces temps là. Les troupes commandées par les freres Pizarres, furent attaquées au Perou de gouttes aux yeux & de puftules peftilentielles: (*) de tous les pelotons qui étoient fous les ordres de Gonfalve, à peine échappa-t-il dix hommes. Cortez fut lui-même, avec une partie de fes troupes, atteint dans le tourbillon de fes conquêtes, du mal vénérien dont il feroit mort, fi les Mexicains ne l'avoient guéri par la vertu de leurs fimples; les Mé-

---

(*) „Ils furent auffi attaqués dans ce même lieu, de cette „efpèce de maladie dont nous avons parlé au Chapitre quatrième du premier livre, c'eft à dire d'une manière de ver„rues, ou de Clous fort dangereux, & il n'y eut prefque „perfonne dans toute l'armée qui en fut exempt. Tout ma„lades qu'ils étoient, Pifarre les fit réfoudre à partir, leur „perfuadant que la malignité de l'air dans ce lieu là, leur „caufoit ces incommodités." *Zarate Hift. de la Conquête du Peron Livre fecond Ch. I. pag. 80.*

decins Espagnols ayant déjà inutilement épuisé les prestiges & les ressources de leur art. Fernand Sotto ne fut pas si heureux, il expira dans la Floride, & son armée s'y seroit entierement fondue par une épidémie, si les sauvages n'avoient eu la simplicité d'indiquer encore un remede à leurs insatiables oppresseurs. Enfin, jamais les maladies ne firent tant de ravages dans un pays, qu'en Amérique pendant les premieres années de la conquête: la mortalité fut extraordinaire par tout où les Espagnols pénétrerent & la terre y étoit quelques fois si jonchée de cadavres, que les vivants ne suffisoient pas pour y enterrer la moitié des morts. A l'Isle de Cuba, où se fit la réunion de la petite vérole à la grande, il expira plus de soixante mille hommes, que ce double fléau moissonna en moins de six mois: l'Isle de St. Domingue fit une perte d'hommes deux fois plus considérable.

L'histoire de la Jamaïque, écrite en 1750, nous dépeint, à la vérité, les colons de cette Isle, & ceux de la Barbade comme des spectres ambulants, qui traînent plutôt leur existence qu'ils ne la supportent, en luttant avec peine contre mille genres de maladies; cela ne paroît pas, au premier coup d'œil, fort favorable au changement du climat en mieux, dont nous venons de parler; mais ces Isles, situées dans la Torride, ont été, par une exploitation mal entendue, presqu'entiérement dépouillées de leur ombrage, de sorte que la chaleur y est devenue plus nuisible que jamais aux habitants blasés par le feu des liqueurs spiritueuses. Ainsi ces cas particuliers, & plusieurs autres de cette nature ne décident rien. Quand Mr. Francklin dit que les abattis immenses qu'on a faits dans les forêts de la nouvelle Angleterre & de l'Acadie, n'ont point diminué le froid, cela est encore croyable, puisqu'on a donné par là plus de prise & de champ aux vents du Nord, chargés d'atomes de glace, & qui dominent continuellement sur ces plages. C'est ainsi qu'on est parvenu à rendre l'air de Rome plus pernicieux que jamais, en dégradant un bois de haute futaie qui servoit, de ce côté là, de rideau contre les vapeurs sulphureuses du Royaume de Naples, & en laissant, par une indolence impardonnable, les Marais Pontiens se rénoier après le desséchement fait sous Auguste.

A la premiere fondation des Colonies aux Isles de l'Amérique, les Européans ne pouvoient y élever aucun de leurs enfants: la malignité de l'atmosphere les étouffoit dans le berceau, ou des maladies inconnues les moissonnoient dans l'adolescence. Maintenant les colons y conservent à peu près le quart des enfants qui leur naissent. Il est vrai cependant que le climat du nouveau Monde renferme un vice secret qui jusques à présent s'oppose à la multiplication de l'espèce humaine: les femmes d'Europe cessent d'y être fertiles bien plutôt que dans leur pays natal. Calm, qui avoit observé ce phénomène, même dans l'Amérique septentrionale, l'attribue aux continuelles variations de l'air échauffé & refroidi d'un instant à l'autre: je doute que ce soit là la véritable cause de cette stérilité prématurée. Le vice radical qui dans cette partie de l'univers arrête la propagation, est sur tout apparent dans les Nègres qui y procréent si peu qu'on eſt obligé de les recruter par de continuels envois d'Afrique; ſans quoi, en moins de cinquante ans, leur nombre s'éteindroit totalement, & leur race périroit; quoiqu'on en ait amenés à peu près quarante mille par an, depuis l'Epoque de 1517. Il y a eu des années où les recrues ſe ſont montées à ſoixante mille piéces de Nègres, de Négreſſes, de Négrittes & de Négrillons; mais en d'autres temps, les traites ont été moindres, & ſur-tout vers le commencement du ſeizième ſiécle, où ce commerce n'avoit pas encore acquis toute ſa ſtabilité: de ſorte que le calcul mitoyen, tel qu'on vient de le fixer, approche beaucoup de l'exactitude; & le total des Africains transplantés en Amérique, en un laps de deux cents cinquante ans, fournit par là un nombre de dix millions d'hommes qui ont vécu & expiré dans l'humiliation, dans les tourments, dans la ſervitude, au centre d'une terre étrangère qu'ils avoient défrichée de leurs mains, pour enrichir leurs maîtres. (*)

Je crois qu'on me ſaura gré de ne toucher ici à aucune hypotheſe ſur l'origine de la population du nouveau continent: je me contenterai de dire qu'il

---

(*) Si l'on compte les Nègres dont on a beſoin aujourd'hui pour recruter ceux qu'on met au travail en Amérique, on trouvera qu'un total de ſoixante mille piéces ne peut y ſuffire annuellement; mais comme on l'a dit, les traites n'ont pas toujours été auſſi régulieres & auſſi conſidérables qu'elles le ſont à préſent.

Avant que la terre ne fût épuiſée à la Barbade, il y falloit cent mille Nègres de recrue en trente ans. La Martinique & St. Domingue en emploient à peu près cent quatre vingt mille, & il leur en faut vingt cinq mille de recrue par an. La Jamaïque en emploie vingt mille, & elle a beſoin de ſept mille recrues par an. Par le traité de l'Aſſiento, on a

n'y a pas de vraisemblance dans le sentiment d'un auteur moderne qui accorde à peine six cents ans au genre humain en Amérique. Les raisons qu'il hasarde pour justifier cette date, se détruisent les unes par les autres, & ne forment toutes ensemble qu'un enchaînement d'erreurs, & d'erreurs remarquables.

Si la vie sauvage, si le défaut d'Agriculture & d'Alphabet prouvoient incontestablement la nouveauté d'un peuple, les Lappons & les Nègres seroient les plus modernes des hommes. Cependant aucun Professeur de Chronologie ne connoît leur antiquité : ceux qui soutiennent qu'ils la connoissent, en imposent. Elle passe toute époque & toute mémoire.

Entre ceux qui ont proposé des systêmes, ou quelque chose de semblable, pour deviner le problême de la population de l'Amérique, il n'y en a pas qui ayent plus mal réussi que les savants qui ont prétendu que les Grœnlandois étoient des Colonies Islandaises & Norvegiennes, qui en passant le Détroit de Davis, avoient rempli d'hommes toutes les Indes Occidentales jusqu'à la terre del Fuego, puisqu'on sçait

---

vu que les Espagnols devoient avoir, pour leurs possessions de terre ferme, huit mille Noirs par an. Les Portugais en ont besoin, pour le Bresil seul, de vingt mille annuellement, & ils en ont traité, du temps passé, à peu près un pareil nombre, à Congo, à Cacongo, à Angole ; mais je doute que ce commerce soit maintenant dans cette même activité. Il seroit trop long de calculer ce que Cayenne, la Guadeloupe, Surinaam, la Virginie, la Louisiane consument de Nègres ; tous ces établissements étant exploités par les mains des Africains, dont un seul, mis en bonne terre, rapporte à son maître 300 livres tournois par an.

SUR LES AMERICAINS. 31

à présent que les Grœnlandois, loin d'être issus & venus de l'Europe, sont venus au contraire de l'Amérique, & ont été habiter une autre partie de leur continent, ce qui est fort naturel.

Pourquoi n'a-t-on pas fait réflexion que les nations du nouveau Monde sont aussi en droit de demander comment notre hémisphere s'est peuplé, que nous sommes en droit de demander comment les premiers hommes ont pu arriver en Amérique? Cela pourroit proprement se nommer sottise de deux parts. Cependant, à la honte de l'esprit humain, un Théologien a prouvé que la chaloupe où s'embarqua Noé avec sa famille, pour se sauver d'une inondation survenue en Asie, alla s'arrêter sur une montagne du Brésil: les enfants de cet heureux navigateur firent à la hâte quelques enfants du côté de Fernambouc & se rembarquerent tout de suite dans un autre canot, pour venir rendre le même service à notre continent.

Cette opinion n'a pas plu apparemment au docte Mœbius, puisque dans son *Traité des Oracles*, il dit positivement que les Apôtres allerent à pied, par la route des Indes Orientales, en Amérique, pour y prêcher leur religion, mais qu'ils trouverent ce pays désert, & n'y rencontrerent qu'une femme Grœnlandoise égarée, avec laquelle ils peuplerent le Canada, & le Seigneur bénit cette action méritoire.

Mr. de Guignes soutient au contraire, dans un ample Mémoire Académique, que les Apôtres n'ont jamais voyagé fort loin; mais il nous apprend en revanche, dans ce même Mémoire, (*) que des Bonfes de Samarcand allerent porter le culte du Dieu *La*, ou *Lam*, ou du *Grand-Lama* en Amérique, vers l'an 458 de notre Ere vulgaire. Ces Bonfes s'embarquerent, ajoute Mr. de Guignes, fur un navire chinois qui alloit tous les ans par le Kamfchatka au Mexique; quoique les Chinois avouent fincérement, qu'ils n'ont eu aucune connoiffance ni du Kamfchatka, ni du Mexique dans ce temps là, & que l'idée de les chercher ne leur eft jamais venue. Aujourd'hui même qu'ils connoiffent ces deux pays par oui dire, ils n'ont garde d'y aller.

Quand on a une foible notion des Mers de la Tartarie, de leurs glaces, de leurs brumes, de leurs écueils, de leurs tourmentes, on ne peut affez s'étonner qu'il foit venu dans l'efprit d'un favant de Paris, de faire naviguer des Chinois, dans de fort mauvaifes barques, de leurs ports à la terre de Jefo-Gafima, de là au Kamfchatka, de là à la Californie & tout d'une traite vers le Mexique, par une route oblique & détournée, que les plus habiles navigateurs de l'Europe n'oferoient tenter avec les vaiffeaux de la plus folide conftruction, & les meilleurs voiliers.

Dire que les Bonfes de Samarcand ont été prêcher au Mexique, avant que le Mexique ne fût découvert, c'eft comme fi l'on affuroit que Confucius eft venu par la nouvelle Guinée ou les terres

---

(*) Voyez Mémoires de l'Académie des Infcriptions & belles Lettres. Tome 28. pag. 503. Edit. in 4to de l'Imprimerie Royale 1761.

Auſtrales, en Weſtphalie pour convertir les Germains & leur reprocher d'adorer des femmes déifiées. (*)

Nous connoiſſons aujourd'hui le culte du grand Lama & les dogmes de ſes Sectateurs. Or on n'a point reconnu au Mexique le moindre veſtige de cette religion originaire de la Tartarie : on y obſervoit même des pratiques diamétralement oppoſées : on y égorgeoit des victimes humaines : on y avoit des idoles, du temps que le culte Lamique, fondé ſur la transmigration des ames & l'unité de Dieu, a les victimes & les idoles en horreur & en abomination : on ſeroit infailliblement exilé du Royaume de Laſſa & de tout le Thibet, ſi l'on y tuoit un ſeul agneau à l'honneur du Dalaï Lama. (**)

(*) On ſçait que les anciens germains étoient perſuadés que la divinité s'incarnoit de temps en temps, dans quelques femmes de leur nation, qu'ils adoroient de bonne foi *nec tamquam facerent Deas*, dit Tacite. Ce culte a beaucoup de rapport avec celui que les Tartares rendent au *Grand-Lama*. Les femmes les plus célebres de la Germanie, qui ont emporté cet éminent préjugé de leurs compatriotes, ont été *Aurinia*, *Gauna* & *Velleda* qui joua, ſous Veſpaſien, un role fort brillant chez les Bructeres : tout le pays intermédiaire entre la Lippe & l'Ems obéiſſoit à ſon gouvernement Théocratique : quand le camp presqu'inexpugnable de Xanten au Duché de Cleves, & défendu par deux légions, fut pris par le Batave *Claudius Civilis*, on envoya en préſent le général Romain à *Velleda*, qui réſidoit alors, dit-on, dans un village nommé aujourd'hui Spellen, mais cela n'eſt pas probable, puisque cet endroit n'eſt pas ſitué ſur la Lippe. *Velleda* fut à ſon tour priſe ſous Domitien & montrée en triomphe à Rome.

(**) Cette averſion qu'ont les Tartares Lamas à immoler des victimes, a fait ſoupçonner à Mr. d'Anville, que leur religion tire ſon origine du culte Bramique des Indiens ; & que le Dieu *La* & le Dieu *Bra* ne ſont qu'une même perſonne. Je ne voudrois pas répondre que cela eſt exactement ainſi.

Tom. I.   C

Je ne m'arrêterai donc point à tant de délires, qu'on a si longtemps & si patiemment nommés des raisonnements. On se tromperoit très-fort si l'on croioit, que les autres sistêmes proposés pour expliquer l'origine des hommes en Amérique, soient réellement supérieurs aux rêveries de Mœbius & de ses semblables.

La multiplicité des faits qu'on tâchera d'approfondir, ne laisse pas le moindre loisir pour réfléchir à de vaines spéculations, si absurdes qu'elles n'apprenent rien, lors même qu'on les réfute. Après avoir tracé une légère esquisse du climat du nouveau continent au frontispice de cet Ouvrage, nous examinerons la constitution de ses habitants, également mal traités par la nature & la fortune.

Les Américains, quoique légers & agiles à la course, étoient destitués de cette force vive & physique qui résulte de la tension & de la résistance des muscles & des nerfs. Le moins vigoureux des Euro-

---

On connoit très peu de religions anciennes qui ayent défendu de répandre le sang des animaux & des hommes au pié des Autels, cependant l'idée d'un tel précepte peut être venue aussi bien aux Législateurs des Lamas, qu'aux Législateurs des Brachmanes. Mr. d'Anville rapporte encore dans son Atlas de la Chine, qu'on ne sert au Grand Lama qu'une Tasse de Thé & deux onces de farine paitrie avec du vinaigre, par jour pour toute sa subsistance. Je ne voudrois pas encore répondre que cela est exactement ainsi, ou si l'on a soumis ce pontife à un tel régime, c'est que les Dévots, au rapport de Tavernier & de Gerbillon, mangent les excrements. Ce vinaigre, dont Mr. d'Anville fait mention, n'est autre chose que le *Kum* des Tartares: c'est une boisson qu'on fait avec du lait & cette boisson n'est assurément pas du vinaigre. Quant au Thé qu'on sert au Dalaï-Lama, c'est le *Karatza*: c'est un arbuste qui a la feuille d'un verd plus foncé que le Théier de la Chine, & qu'on connoit sous le nom de *Thé noir*.

péans les terrassoit sans peine à la Lutte: quelle différence dont entr'eux & les anciens sauvages des Gaules & de la Germanie qui avoient acquis tant de réputation par la puissance de leurs membres robustes, & de leurs corps massifs & infatigables!

La constitution des Américains, peu défectueuse en apparence, péchoit foncièrement par foiblesse: ils s'éreintoient sous les moindres fardeaux; & on a compté qu'en transportant les bagages des Espagnols, plus de deux-cents-mille d'entr'eux laisserent, en moins d'un an, la vie sous le poids de la charge, malgré qu'on eût employé dix fois plus de monde à ces transports, qu'en n'y en auroit employé en Europe.

Leur taille, en général, n'égaloit pas celle des Castillans; mais la différence à cet égard n'étoit pas notablement sensible. Les anciens auteurs disent que leur stature diminuoit à mesure qu'on approchoit de la Ligne Equinoxiale: cette observation a été mal faite; les habitants de la Zone Torride ne sont pas communément aussi élevés que les naturels des Zones tempérées, ni aussi petits que les nations Polaires. Il est vrai que les débris encore existants des anciens Péruviens fournissent, au rapport d'Ulloa, beaucoup d'individus qui passeroient pour des nains parmi nous.

On ne prit pas d'abord les Américains pour des hommes, mais pour des Orang-Outangs, pour de grands singes, qu'on pouvoit détruire sans remords & sans reproche. Enfin, pour ajouter le ridicule aux calamités de ce temps, un Pape fit une Bulle originale, dans laquelle il déclara qu'ayant envie de fonder des Evêchés dans les plus riches contrées de l'Amérique, il plaisoit à lui & au Saint-Esprit de reconnoître les Américains pour des hommes véritables; de sorte que sans cette décision d'un Italien, les habitants du nouveau Monde seroient encore maintenant, aux yeux des fidelles, une race d'animaux équivoques. Il n'y a pas d'exemple d'une pareille décision, depuis que ce globe est habité par des singes & par des hommes.

Qui auroit cru que malgré cette sentence de Rome, on eût agité violemment, au Concile de Lima, si les Américains avoient assez d'esprit pour être admis aux sacrements de l'Eglise? Plusieurs Evêques (*) persisterent à les leur refuser; pendant que les Jésuites faisoient communier, tous les jours, leurs Indiens esclaves au Paraguai, afin de les accoutumer, disoient-ils, à la discipline, & pour les détourner de l'horrible coutume de se nourrir de chair humaine. Si ces Missionnaires ne s'étoient servis de la Religion que pour adoucir les mœurs atroces de ces peuples abrutis, l'humanité leur auroit des obligations infinies; mais s'ils ont réduit en servitude ces Sauvages qu'ils avoient baptisés, ils sont d'autant plus coupables d'avoir employé ce qu'il y a

─────────────────────────────

(*) Ce Concile de Lima dont il est ici question, se tint je crois en 1583, & c'est le même où l'on condamna un visionnaire, qui, trompé par une femme prétendue possédée, soutenoit que Dieu avoit voulu l'associer à son essence, mais qu'il l'avoit refusé comme de raison, c'est à dire par modestie: il soutenoit encore qu'il étoit Pape; ou qu'il le deviendroit, que le siège du Saint-Esprit étoit au Pérou, & celui du Démon à Rome. On condamna ce fanatique, le premier hé-

de plus augufte & de plus facré parmi les hommes, pour leur faire éprouver le dernier des malheurs qui puiffe accabler notre exiftence, l'efclavage.

Les Américains étoient furtout remarquables en ce que les fourcils manquoient à un grand nombre, & la barbe à tous. De ce feul défaut on ne peut inférer qu'ils étoient affoiblis dans l'organifme de la génération, puifque les Tartares & les Chinois ont à peu près ce même caractere: il s'en faut néanmoins de beaucoup, que ces peuples ne foient & très-féconds & très portés à l'amour; mais auffi n'eft-il pas vrai que les Chinois & les Tartares foient abfolument imberbes: il leur croît à la levre fupérieure, vers les trente ans, une mouftache en pinceau & quelques épis au bas du menton. (*)

Outre le défaut complet de la barbe, les Américains manquoient tous de poil fur la furface de l'épiderme & les parties naturelles; en quoi ils étoient diftingués de toutes les autres nations de la terre: & c'eft de là qu'on peut tirer quelques conféquences fur la défaillance & l'altération de ces parties mêmes; auxquelles on n'a d'ailleurs rien remarqué d'extraordinaire ou d'irrégulier, finon la petiteffe de l'organe & la longueur du fcroton, qui étoit exceffive dans

---

réfiarque de l'Amérique, à fe taire: on ne le brula pas, parcequ'heureufement pour lui, il étoit Docteur en Théologie.

(*) Quoique les Chinois n'ayent pas des barbes touffues, il s'en faut de beaucoup qu'ils foient comme les Américains, dépourvus de poil fur le refte du corps: les femmes Chinoifes l'abattent à la mode des femmes Turques & Perfanes; mais les hommes le confervent au contraire des Orientaux.

quelques-uns: auſſi en faiſoient-ils, au rapport de Pierre d'Angleria, un uſage ſingulier tant au Antilles qu'au Mexique.

Le gonflement énorme du membre génital, qui a étonné les obſervateurs chez quelques peuplades, n'étoit point un caractere imprimé par la nature, mais un effet de l'art, & une opération pleine de dangers produiſoit cette configuration monſtrueuſe, comme on le dira dans l'inſtant.

Je n'ignore point qu'en voulant expliquer pourquoi le corps des Américains eſt entiérement dégarni de poil, on a eu recours à pluſieurs ſubtilités qui ne ſont & qui ne ſauroient jamais être des raiſons. Il s'y eſt trouvé des Naturaliſtes aſſez bornés pour attribuer ce défaut au continuel uſage du tabac que fument les Sauvages de deux ſexes, & que les anciens Péruviens prenoient par le nez en poudre, comme nous le prenons encore aujourd'hui. Charlesvoix prétend que le ſang des Indiens occidentaux, étant moins impregné de ſel & plus limpide que le notre, occaſionne naturellement ce phénomène: nous ferons voir au contraire, que c'eſt l'effet de l'humidité de leur conſtitution, & qu'ils ſont imberbes par la même raiſon que les femmes le ſont en Europe, & dans les autres parties du monde: leur peau eſt chauve, parceque leur tempérament eſt extrêmement froid.

Charlesvoix ſe trompoit ſans meſure, lorſqu'il s'imaginoit que les aliments ſimples & fades dont uſoient ces nations, empêchoient leur épiderme de ſe couvrir de poil. Les anciens Sauvages de l'Europe, tels que les Bataves, les Germains & les

Gaulois, (*) qui se nourrissoient aussi simplement que les Américains, avoient cependant des barbes prolixes & tout le corps fort velu. Or une même cause doit avoir les mêmes effets, & c'est se faire illusion que d'expliquer, par des raisons opposées, des faits semblables, ou des faits différents par les mêmes raisons.

Il est croyable que les Indigenes de l'un & de l'autre sexe seroient devenus, au nouveau continent, plus féconds, plus propres à la propagation, s'ils avoient usé de sel commun, pour assaisonner leurs mets, mais la privation de ce stimulant ne pouvoit les avoir dépouillés de leurs barbes, puisque les Islandois & les Lappons, qui ne salent pas leurs aliments, ont le menton garni d'un poil assez épais, & si long qu'il leur descend jusqu'à la poitrine. Enfin, comme je le dirai dans le moment, les Péruviens & les Mexicains qui se servoient de sel, étoient imberbes eux-mêmes.

Il faut observer que les enfants sauvages, & principalement ceux de l'Amérique septentrionale, ont en venant au monde, tous les membres chargés d'un duvet rare, qui se déracine & tombe vers le huitieme ou neuvieme jour, sans jamais plus repousser. Il n'arrive rien de tel aux enfants de nos climats, dont

---

(*) Strabon & Tacite nous apprennent, à la verité, que de leur temps, les peuples des Gaules & de l'Allemagne faisoient déjà usage du sel, & qu'il s'y élevoit quelquefois entr'eux des disputes pour la possession des Salines; mais il y a toute apparence que ceux qui habitoient fort avant dans le pays & dans les montagnes, n'avoient encore aucune connoissance du sel, dont tant de sauvages savent se passer, quoique les nations civilisées le regardent comme une portion de leur nécessaire physique.

la peau est rase & nette: ce n'est qu'au temps de la puberté, que le duvet croît, & ne tombe plus dans aucun instant de la vie, pas même lorsque les cheveux de la tête se déracinent dans la décrépitude. Les maladies peuvent quelquefois déranger ces regles, mais il suffit qu'elles soient constantes & uniformes dans tous les individus bien constitués.

Cette observation doit donc prouver le ridicule des écrivains qui ont assuré que les premiers habitants de l'Amérique étoient, à force de se dépiler, parvenus à rendre héréditaire, dans leurs descendants, cette défectuosité artificielle dans son origine. Je dis que cette espèce d'opinion est ridicule, parceque les mutilations violentes qu'essuient les parents, ne se transmettent nulle part à la postérité, comme on en apportera des preuves bien convaincantes, en traitant de la Circoncision: quelque répétées que puissent être ces amputations pendant un nombre infini de filiations, la nature triomphe, reste immuable, & ne condescend pas aux caprices de ceux qui prétendent l'asservir. D'ailleurs les vieillards de l'Amérique acquierent, comme les femmes âgées dans nos pays, quelques poils à la levre supérieure, ce qui indique que le germe n'en a point été détruit par des drogues.

Comme le sang de la plupart des Indiens occidentaux est aujourd'hui très-mélangé avec celui des Européans, des Nègres, des Mulâtres, & des Hybrides de toute espèce, il leur naît un léger duvet à la région des aines; mais ils ont grand soin de l'arracher avec des pinces de coquilles: tant le préjugé leur est resté que ces parties, pour être bien, doivent être rases, car ils n'usent point de dépilatoires par un principe de religion ou de propreté, comme les Levantins.

Les petits peuples fugitifs & errants, qui ont maintenu leur race sans la croiser, sont à présent, comme au temps de la découverte du nouveau Monde, absolument sans poil sur tout le corps. (*) Ce qui loin d'être une preuve de vigueur & de vaillance, est au contraire l'empreinte de la foiblesse, & cette foiblesse tenoit plus au climat & au tempérament de ces nations en général, qu'aux mœurs & à la façon d'exister & de se nourrir de chacune d'elles en particulier, puisque les Péruviens & les Mexicains, qui connoissoient quelques commodités de la société naissante & ébauchée, & qui impregnoient leurs viandes de sel, n'avoient pas plus de barbe que ces malheureux, qui supportant tout le poids de la vie agreste dans l'obscurité des forêts, ressembloient bien plus à des végétaux qu'à des hommes.

Au reste, on ne peut strictement affirmer que ceux d'entre les Sauvages qui ignoroient l'usage du sel gemme ou marin, se sustentoient de mets si insipides, que leur constitution en ait pû souffrir. Car

---

(*) L'Abbé Lambert si connu par le cahos de ses Compilations qu'il a intitulées *l'Histoire de tous les Peuples*, dit dans cette prétendue histoire, que les Samagos ou les chefs des sauvages de l'Amérique septentrionale, sont les seuls qui laissent croître leurs barbes: c'est comme s'il eût dit que chez les Juifs, les Rabins ne sont pas circoncis. Il faut être extrêmement ignorant pour écrire de si grandes sottises, & pour ne pas savoir que tous les Américains sont naturellement imberbes.

en faisant rôtir ou boucanner la chair des animaux sur des charbons, ou dans la fumée, les particules salines du bois, recelées dans la cendre, ou dans la suie, pénétroient plus ou moins cette chair, & lui faisoient perdre une partie de sa fadeur & de son insipidité.

Le peu d'inclination, le peu de chaleur des Américains pour le sexe, démontroit indubitablement le défaut de leur virilité & la défaillance de leurs organes destinés à la régéneration: l'amour exerçoit à peine sur eux la moitié de sa puissance: ils ne connoissoient ni les tourments, ni les douceurs de cette passion, parceque la plus ardente & la plus précieuse étincelle du feu de la nature s'éteignoit dans leur ame tiede & phlegmatique.

La masse de leur sang étoit certainement mal élaborée, puisque dans plusieurs endroits, les hommes faits & les adultes avoient du lait dans leurs mammelles. (*) Ce qui a donné lieu à quelques ancien-

---

(*) „Qui novum perlustrarunt orbem, narrant viros „penè omnes maximâ lactis abundare copiâ."
Ceux qui ont voyagé en Amérique assurent que presque tous les hommes y ont abondamment du lait dans leurs mammelles. *Jonston Thaumatographiæ Art. de Sanguine menstruo. pag. 464.* On voit par ce passage, que le fameux naturaliste Jonston étoit persuadé que peu d'hommes, au nouveau Monde, étoient exempts de ce vice, cependant si cela a été ainsi de son temps, il faut qu'il soit survenu quelque changement à la constitution actuelle des Américains.

„Dans toute une Province du Bresil, dit l'Auteur des „*Recherches Historiques pag. 372*, les hommes seuls alaitent „les enfants, les femmes n'y ayant presque pas de sein ni „de lait."
Quoique ce fait soit tiré des Relations du Bresil, qu'on peut consulter, il n'en est pas moins vrai que c'est une exagération.

nes relations d'affurer que dans les provinces du Sud de l'Amérique ces hommes alaitoient feuls les enfants, exagération fuperflue dans un prodige qui n'en avoit pas befoin, & qui mériteroit d'être difcuté dans un Traité particulier, où le Diflertateur, mis à fon aife, pût entreprendre tous les détails & développer toutes les caufes dont il croiroit entrevoir l'exiftence relativement à un effet fi furprenant; mais pour vaincre l'ennui & abréger les longueurs de ce travail phyfiologique, je dirai en peu de mots ce que je croirai être fuffifant pour éclaircir la difficulté.

Je fuis donc perfuadé que l'humidité du tempérament caufoit, dans les habitants du nouveau Monde, ce vice qui devoit influer, comme il eft aifé de le comprendre, fur leurs facultés phyfiques & morales. Auffi peut-on dire que les hommes y étoient plus que femmes, poltrons, timides & peureux dans les ténèbres, au-delà de ce qu'on peut s'imaginer.

Aucun Naturalifte n'a réchérché, que je fache, pourquoi les enfants mâles naiffent par tout, avec du lait dans leurs mammelles: il femble que cela doit être occafionné par l'humidité dans laquelle l'embrion a nagé fous les enveloppes de l'Uterus, ce qui empêche le fiel de s'aigrir & de s'épancher affez pour fanguifier exactement le chyle.

J'ai fouvent entendu demander pourquoi la nature a donné des mammelles à tant d'animaux mâles? Ces parties étant toujours obliterées, ne paroiffent être d'aucun usage. Aussi a-t-on répondu que c'étoit sans dessein, sans but & comme par méprise que le sexe masculin avoit été pourvu de ces faux organes; mais pense-t-on que les parties de la structure animale, dont notre ignorance ne connoît pas la fonction, soient réellement inutiles dans le plan universel? Il faut observer que tous les animaux mâles dont les femelles alaitent, ont des mammelles: si j'osois hazarder mon sentiment sur leur destination, je dirois que le Fœtus, & l'Enfant nouvellement né se déchargent, par ces conduits, de la liqueur laiteuse formée avant l'épanchement du fiel. Les garçons, en venant au monde, ont les mammelles fort gonflées, & il est nécessaire d'en exprimer le lait, si l'on veut qu'ils se portent bien. Voilà donc à quoi ces organes servent dans notre sexe: ils sont une fois, dans la vie, d'une utilité décidée ainsi que le cordon ombilical, & cela a suffi à la nature, pour en pourvoir tous les Etres bien constitués, & conformes au modele primitif de leur espèce.

Si le tempérament des femmes n'étoit point & plus flasque & plus humide que celui des hommes, elles se trouveroient hors d'état d'alaiter leurs enfants.

Le lait s'engendroit donc aussi dans les hommes de l'Amérique, par un défaut de chaleur. Ils ne devoient donc pas être beaucoup portés à l'amour: ils devoient donc être d'un génie borné, sans élévation, sans audace, d'un caractere bas, & enclins naturellement à la nonchalance & l'inactivité. Leur foiblesse devoit les rendre vindicatifs comme le font les femmes, qui ayant moins de forces pour repousser une injure, manquent par là même de forces pour la pardonner; & l'instinct des Etres pusillanimes est de ne se croire jamais légérement offensés.

Les Américains avoient toutes ces qualités, qui résultoient nécessairement de leur tempérament: ils devoient encore leur longue vie à cette tiédeur de leur constitution, qui fait aussi excéder, parmi nous, l'âge des femmes en raison de celui des hommes: toutes les parties cartilagineuses & osseuses de leur machine, étant continuellement rafraichies & humectées, se durcissent plus tard, & durent par conséquent plus longtemps.

L'immense quantité de Vers Ascarides & Cylindriques, qui persécutoient les Américains à tout âge, (*) provenoit peut-être de la même cause que le lait de leurs mamelles.

La liqueur du fiel étoit en eux édulcorée, ou ne couloit pas abondamment, comme dans nos enfants mâles, qui naissent avec un fluide laiteux qu'on voit se dissiper vers le cinquieme ou le sixieme jour, & dès l'instant qu'ils ont éprouvé leur jaunisse de santé, dont aucun enfant sain n'est exempt.

Cette jaunisse est produite par le premier épanchement du fiel dans la masse des humeurs; mais les vers cylindriques leur restent jusqu'à la dix-septieme, ou la dix-huitieme année, temps auquel la bile doit acquérir assez d'acrimonie pour nett _ _r le canal in-

---

(*) Voyez Pison *de Morbis Indicis*.

teſtinal, en tuant, par ſon amertume, les inſectes logés dans ſes replis.

Il y a beaucoup d'apparence que la tranſpiration inſenſible étoit, dans les Indiens occidentaux, moindre qu'elle ne devoit l'être: auſſi avoient-ils généralement la pratique de ſe racler la peau, quelques fois juſqu'au ſang, de ſe frotter avec des graiſſes pénétrantes & de ſe manier fortement les membres, pour les tenir ſouples & en prévenir l'engourdiſſement.

Les Sauvages ſeptentrionaux, d'ailleurs ſi peu induſtrieux, avoient néanmoins imaginé, par beſoin, des ſortes d'étuves où ils ſe faiſoient ſuer preſque tous les jours. Le grand & l'unique ſecret de leurs Alexis, de leurs Jongleurs, & de leurs Sorciers conſiſtoit à augmenter la perſpiration, & à chaſſer le mal par les pores, en verſant dans les malades d'effroyables doſes de ſudorifique.

On a remarqué, dit-on, que le ſang de tous ces peuples couloit plus paiſiblement que celui des Européans, à cauſe de la viſcoſité froide qui en diminuoit le ton & l'action; ce qui paroîtra d'autant plus vrai, que le goût qu'ils ont marqué pour nos liqueurs ſpiritueuſes & échauffantes, a été ſi violent & ſi exceſſif qu'on n'en a jamais vu d'exemple en aucun pays de la terre.

La maladie vénérienne pouvoit donc leur être naturelle, à cauſe de ce ſang gâté qui circuloit dans leurs veines; mais il eſt ſurprenant que cette indiſpoſition ne les empêchoit pas d'atteindre au dernier période de la vieilleſſe. C'étoit donc plutôt une affection de leur tempérament qu'une qualité morbitique à leur égard. (*) Les Européans sont aujourd'hui dans le même cas avec le Scorbut, qui n'abrége point tant leurs jours, qu'on auroit dû s'y attendre.

Cette langeur singuliere accompagne quelquefois les maladies qui attaquent insensiblement la masse générale des humeurs. Les anciens Auteurs qui ont écrit de la Lepre & de l'Eléphantiase, conviennent unanimément que ces maux, malgré leur extérieur effrayant, n'accéléroient pas de beaucoup le terme ordinaire de la vie humaine, dès qu'on avoit soin d'en prévenir l'accroissement extrême par des palliatifs : chaque malade nourrissoit sa maladie, & la nourrissoit longtemps.

Les Américains possesseurs de la Salsepareille, du Gaïac, & de la Lobelia, (**) pouvoient aisément empêcher leur mal endémique & national de dégénérer en excès : ils mâchoient aussi continuellement du

---

(*) Le mal vénérien ne faisoit pas parmi les Américains les mêmes ravages qu'il a occasionnés en Europe au commencement de sa transplantation. Cette maladie étoit dans son climat natal beaucoup plus bénigne que dans le nôtre : il y avoit des Provinces au nouveau Monde où elle étoit aussi tolérable que l'est le Scorbut dans quelques endroits de la Frise. La Peste naît tous les ans en Égypte, & se répand de là sur les pays circonjacents ; cependant ce fléau, qui n'est point du tout redoutable pour les Égyptiens, prod... tout ailleurs une mortalité & des dégâts affreux. Tel a été à peu près le sort du mal vénérien dans notre continent, & celui de la petite vérole transplantée en Amérique, où elle est devenue la plus cruelle des maladies.

(**) Il n'y a que 18 à 19 ans, qu'on est parvenu à apprendre des Américains différents secrets, qu'ils avoient longtemps tenu cachés, pour guérir le mal vénérien. Mr. *Calm*, Botaniste suédois, & éleve du célèbre *Linneus*, qui a voyagé en curieux & en savant dans l'Amérique septentrionale, s'y est assuré que les indigenes se servent, avec grand succès, de la

Coca & du Caamini, qui en les faisant cracher, les délivroient d'une quantité d'humeurs malignes. Il faut en dire autant du Tabac, qu'ils fumoient, ou qu'ils se fichoient dans le nez & dans la bouche, pour provoquer l'écoulement pituitaire & tuer les vers intestinaux.

Les septentrionaux pouvoient avoir d'autres végétaux vermifuges & antivarioliques d'un usage indispensable pour eux: comme la Renoncule des Virginiens, l'Esquine des Florides, la Cassine ou le Thé des Apalachites, les Capillaires des Canadiens, le Sassafras ou le Laurier des Iroquois, les feuilles du Celastrus infusées, le petit Tabac du Nord & les Ecorces du Saul, prises en fumigation.

Tous ces simples amers & sudorifiques convenoient à des tempéraments froids & surchargés d'une aquosité nuisible.

Lobelia, qui est le *Rapuntium Americanum flore dilute caeruleo* de Tournefort, & qui dans le nouveau Sistême Botanique, appartient à la classe des Monopétales irrégulieres, Pentanthères Monostyles: on la nomme vulgairement *Cardinale bleue*. On fait avec les racines de ce simple, une décoction dont les effets sont infiniment plus certains, & beaucoup moins dangereux que les différentes préparations mercurielles.

Mr. *Calm* a découvert encore que d'autres sauvages emploient la racine d'une plante que Linneus, dans la Description du jardin de Clifford, nomme *Celastrus inermis foliis ovatis, serratis, trinerviis*, & qui est fautivement nommée, dans le Dictionnaire Encyclopedique, *Celastus:* elle est plus rare à trouver que la *Lobelia*; cependant on la voit actuellement dans le jardin d'Amsterdam & dans celui de Leide. Mr. *Calm* rapporte qu'on n'a jamais trouvé de sauvage qui n'ait été radicalement guéri du virus le plus invétéré, en usant de ce spécifique. *Mém. de l'Acad. de Stocholm. An. 1750.* Il seroit à souhaiter qu'on rendît, pour le bien de l'humanité, ces remedes plus communs, & qu'on ne se bornât pas à en écrire des Traités presqu'aussi tôt oubliés qu'ils paroissent.

SUR LES AMERICAINS. 49

Il faut convenir que le mal vénérien n'étoit ni si actif, ni si exalté parmi eux que parmi les méridionaux ; cependant leurs filles les plus saines en apparence ne laissoient pas de communiquer aux Européans une espèce de virus qui à la longue pervertissoit la qualité du sang. Quand ces nations eurent pris la petite vérole Européane, elle fit chez eux des ravages si rapides, si destructeurs que plusieurs cantons en furent tout d'un coup dépeuplés, comme si la peste y eût voyagé. Le Paraguai semble être le foyer que cette maladie a choisi au nouveau continent, qui en a autant souffert que l'ancien Monde a souffert du mal vénérien, & jamais il ne se fit un échange de calamités plus funeste pour l'universalité du genre humain.

Il est sans doute fort remarquable que la petite vérole a été si meurtrière pour toutes les nations sauvages auxquelles les nations policées l'ont fait connoître.

En 1713, un vaisseau Hollandais l'apporta chez les Hottentots qui en furent tellement accueillis, que plus des deux tiers de leurs tribus existantes du temps que Grevenbrouk en fit le dénombrement, sont anéantis aujourd'hui, & ce qui reste ne sera plus dans soixante ans. (*)

En 1733, les Missionnaires Danois porterent la petite vérole au Grœnland, & la mortalité y devint si excessive qu'on commença à craindre l'extinction de

---

(*) En 1755, un autre vaisseau apporta une seconde fois, la petite vérole au Cap de bonne Espérance, ce qui mit la colonie Hollandaise à deux doigts de la ruine.

l'espèce entiere, dans ces climats. A peine compte-t-on encore vingt anciennes familles Grœnlandoises à la côte occidentale. (*)

Les Suédois ont introduit ce fléau dans les huttes des Lappons, où il a immolé tant de monde que de très-grands terreins, anciennement habités, sont de nos jours absolument déserts & abandonnés aux Ours. On sait que la nation Lappone est réduite à peu près au quart de ce qu'elle étoit, lors du dénombrement fait à la fin du seizieme siécle.

Les Russes ont infecté de ce même venin, les Tungusés-Koni & les Tungusés-Sabatchi, & la contagion a emporté la moitié de leurs hordes.

Les Tungusés ont inoculé les Tartares Mongols qui avouent que de temps immémorial, aucune épidémie n'a commis parmi eux des dégâts comparables à ceux de cette petite vérole transplantée autour du globe en moins de dix siécles, sans que les remedes, ou la suite successive des générations ayent pû adoucir son principe, qui paroît avoir résisté au temps même, & qui renaît après une inoculation légere; car tel est enfin le résultat des raisonnements des Médecins & des expériences des malades. Soit que l'insertion ait été faite par le nez à la façon des Chi-

---

(*) En 1730, on évaluoit la population de tout le Grœnland à trente mille hommes. En 1764, on n'en comptoit plus que sept mille. Les Cantons les plus avantageusement situés le long des côtes de la mer contiennent à peu près neuf cents soixante personnes sur des terreins de 20 & de 30 lieues en quarré. *Cranz grœnlandischen Historie Tome I. pag. 17.* imprimée en 1765. à Barby. Ce calcul est conforme à celui des Mémoires *MSS.* qu'on nous a fournis.

nois, (*) soit en soulevant ou en piquant l'épiderme à la mode des Circassiens, il est avéré que la petite vérole recommence de nouveau, si le premier levain injecté a manqué de puissance pour entrainer une éruption complette, & pour tirer de leur inertie les moindres atomes de ce poison héréditaire. Ne seroit-on pas parvenu plutôt à perfectionner cette opération utile, si l'on avoit mieux étudié les nuances des climats? N'auroit-on pas trouvé qu'il faut des impressions plus violentes, plus profondes pour inoculer en Allemagne, que pour inoculer en Colchide ou au Bengale?

Je me souviens même d'avoir lû un Mémoire, où l'Auteur prétend que la façon la moins dangereuse de communiquer la petite vérole, dans les pays du Nord, est de faire prendre aux enfants, à l'intérieur, du pus variolique.

Les préservatifs employés par les Arabes, quand ce fléau devient contagieux, mériteroient aussi la derniere attention: on ignore presqu'entiérement leur procédé: on s'est contenté de soupçonner qu'ils se servent d'acides végétaux, mais il est constant qu'ils possedent d'autres spécifiques, dont on pourroit tirer en Europe le plus grand parti.

(*) Les Chinois inoculent les enfants, en leur mettant dans le nez de petites fiches de coton imbibées de pus variolique. On a essayé cette méthode en Angleterre, & on a été contraint d'abord de l'abandonner: elle occasionnoit des symptomes affreux, des transports au cerveau & des vertiges. Il faut donc que le venin de la petite vérole soit plus violent à Londres qu'à Pekin, ou qu'on ait mal copié le procédé des Chinois, ou que le tempérament de ces deux peuples demande des traitements différents.

Les voyageurs font mention de plusieurs autres maladies cruelles qui affligeoient le Nord de l'Amérique, telles que le Scorbut, le Catarre & la Pleuréfie. Quant au mal de Siam, dont la cause réside dans le climat de l'Amérique méridionale, il ne s'est jamais étendu vers les Régions boréales, & n'a fait qu'une seule irruption en Europe, où l'on parvint à l'éteindre, comme on éteint un incendie.

Il faut remarquer, en passant, que rien n'est moins fondé que l'opinion de ceux qui soutiennent que les Sauvages du nouveau Monde n'avoient presqu'aucune connoissance de leurs Plantes indigenes: il y a assez de faits incontestables qui prouvent le contraire, & j'ose dire qu'ils avoient fait plus de progrès dans la Botanique usuelle que dans toutes les autres Sciences ensemble; au moins ne le cédoient-ils pas aux premiers Hottentots du Cap de bonne Espérance, qui excelloient dans la connoissance des simples, l'unique étude du Sauvage.

Le danger de s'empoisonner & la nécessité de guérir ses blessures le forcent, malgré lui, à essayer les herbes qui naissent autour de sa cabane; sans quoi il seroit au-dessous des animaux qui, en fréquentant quelque temps un même pâturage, parviennent à distinguer les plantes nuisibles d'avec les alimentaires.

Ayant posé que le défaut de chaleur, & l'humidité surabondante & visqueuse sont les principaux caracteres de la constitution des peuples Américains, il s'enfuit naturellement qu'ils devoient ne point avoir de barbe, mais d'immenses chevelures: en effet on n'a pas trouvé d'homme, au nouveau Monde, dont les cheveux ne fussent longs, lisses, & très-épais, comme ceux des femmes: on n'y a pas vu de peuplade & peut-être point un seul individu à cheveux bouclés, crépus ou lanugineux, ce qui indique que les hommes, même sous l'Equateur, avoient un tempérament aussi humide que l'air, & la terre où ils végétoient. Ils ne grisonnoient presque jamais, & ne perdoient leurs cheveux en aucun âge; parceque les sucs capillaires étoient sans cesse rafraichis en eux par les fluides abondamment répandus dans les cellules de la peau, & dans tout le corps en général; & c'est apparemment là la cause pourquoi ils ont toujours mieux résisté dans les mines, & ont été moins affectés des vapeurs mercurielles que les Européans & les Nègres, qui y deviennent d'abord étiques, & quoiqu'on leur fournisse le *Coca* & l'*Herbe Paraguaise*, ils y meurent bientôt: les naturels, au contraire, y vivent pendant quelque temps, pourvu qu'on ne leur impose qu'une très-petite tâche, & qu'on les relaie avec exactitude.

Les femmes Américaines, au moment de la découverte de leur patrie, manquoient, comme les hommes, de poil sur les parties naturelles & tout le reste du corps. Améric Vespuce dit que les premieres d'entr'elles, qu'il vit entiérement nues dans les Provinces méridionales, n'avoient aucun air d'indécence, à cause de leur grand embompoint qui faisoit en elles les fonctions de ce tablier que la nature a donné, à ce qu'on dit, aux Hottentotes. (*)

Les sauvagesses du Nord étoient aussi fort corpulentes, grosses, pesantes, & d'une taille mal prise, caractere commun à tout le sexe des Indes occidentales où l'on n'a pas retrouvé le sang de Circassie & de Mingrelie.

Comme les Américaines accouchoient sans secours, avec une facilité & une prestesse qui surprit étrangement les Européans, il s'ensuit qu'outre l'expansion du conduit vaginal, tous les muscles de la matrice étoient en elles peu susceptibles d'irritation, à cause des fluides qui les relâchoient.

Il semble que la dégénération, dans toutes les espèces animales, commence par les femelles: celles-ci principalement infectées du mal vénérien, & atteintes de plusieurs autres défauts essentiels, avoient infiniment plus de lait que n'en ont les femmes dans le reste de l'univers, & comme elles procréoient peu, leurs enfants étoient alaités jusqu'à l'âge de dix ans, dans les contrées du Sud, & jusqu'à sept ordinairement, dans les Provinces septentrionales. (**) Plusieurs Relations disent qu'on y a trouvé des garçons de douze ans, à qui la mere donnoit le sein; & ce qui est plus frap-

---

(*) Il y a sans doute de l'hyperbole dans les descriptions que quelques auteurs font de ce prétendu tablier: on en parlera, plus au long, dans le second volume de cet Ouvrage, à l'Article de la *Circoncision* & de l'*Infibulation*.

(**) Chez la plupart des sauvages *Chasseurs* & *Pêcheurs*, les femmes doivent alaiter leurs enfants plus longtemps que par tout ailleurs: c'est une incommodité de plus, qui résulte de leur façon d'exister. Les meres ne sauroient y préparer au-

pant encore, on y a vu des femmes presque sexagénaires servir de nourrices aux enfants de leurs enfants. Les voyageurs du siécle passé, en faisant l'énumeration des maladies auxquelles les naturels de la nouvelle France étoient sujets alors, rapportent que les femmes sauvages y étoient fort souvent incommodées d'une si grande réplétion de lait, qu'elles se voyoient contraintes, lorsqu'il ne leur naissoit pas d'enfants, ou que les maladies les emportoient, de se faire teter par de petits chiens dressés à cet usage.

Cette surabondance de la liqueur laiteuse, engendrée par l'humidité de leur tempérament, dérangeoit vraisemblablement en elles le flux sexuel, qui étoit rare, & non périodique dans plusieurs individus. Quelques Naturalistes, sur le témoignage desquels il paroît qu'on peut se reposer, assurent que dans plusieurs cantons, les Américaines n'éprouvoient aucun écoulement en aucun temps. Autre phénomène aussi étonnant que le lait des mâles, & qui tend encore à nous convaincre que l'Espèce humaine, dégénérée aux Indes occidentales, péchoit par un vice manifeste dans le sang : & ce vice est presque sans exemple, car quoiqu'on ait rapporté la même chose des Samoyedes, on sait aujourd'hui, à n'en point douter, par les derniers

---

cune nourriture capable de remplacer le lait : n'ayant ni pain, ni pâte, ni farine, il ne reste de ressource que dans le sein maternel. Car la chair boucannée, le poisson séché, les poudres nutritives, les végétaux cruds ou rôtis ne sauroient sustenter des enfants de trois ou quatre ans, que ces aliments compactes & grossiers tueroient : aussi se révoltent-ils, quand on leur en présente, & leur estomac les rebute comme par instinct.

avis que les Physiciens d'Archangel, nous ont communiqués, que les femmes Samoyedes sont soumises à la loi générale, ainsi que les Lappones, entre lesquelles on en a trouvé, à la vérité, quelques-unes dont l'émanation étoit irréguliere, & quelquefois totalement interdite : mais alors le marasme, & les eaux intercutanées les attaquent, & le Professeur Linneus a reconnu, par ses recherches en Lapponie, que les femmes en qui le flux cessoit, avoient une espèce d'Hydropisie dans les pieds, (*) ce qui n'est point surprenant.

L'évacuation périodique du sexe n'est pas fort copieuse dans les pays ou excessivement froids, ou excessivement chauds : cependant chez les peuples qui habitent le climat le plus tempéré de l'Amérique, les Médecins employés dans les colonies ont calculé que la dose de l'émanation des femmes Indigenes, lorsqu'elle est la plus abondante, n'équivaut point au tiers de l'émanation des Européanes. (**)

Quoique ni la suppression absolue des regles, ni leur retard passager n'empêchent point l'ouvrage de la génération, on peut néanmoins compter ce dérangement entre les causes physiques qui rendoient les Indiennes si peu fécondes. Si l'on y ajoute l'affoiblissement des mâles, & l'affection vénérienne, on concevra pourquoi l'Amérique étoit le pays le moins peuplé du globe. L'animosité des peuplades acharnées à leur

---

(*) Voyez la FLORA LAPPONICA de Mr. Linneus.

(**) On avoit déjà fait cette observation du temps de la Hontan, qui en parle dans ses Mémoires.

destruction mutuelle, leurs armes imbues de venin, la stérilité de la terre, la multitude de serpents & d'animaux armés d'une salive empoisonnée, enfin la nature même de la vie sauvage y conspiroit contre la propagation, & cela n'a pas besoin d'être expliqué, car si l'on excepte le seul exemple des Nègres, qui multiplient beaucoup dans l'état agreste, il n'y a pas de Peuple sauvage qui soit nombreux ou qui puisse le devenir.

On a supputé que dans la Virginie, lors de l'arrivée des premiers Anglais, il n'existoit que cinq-cents personnes sur un terrein de soixante lieues en quarré; du temps qu'une lieue quarrée peut, au calcul de Mr. Vauban, nourrir commodément huit cents hommes. Le Chiriguai, dont l'étendue est de cent lieues gauloises, sur cinquante de large, ne contenoit tout au plus que vingt-mille Sauvages. Dans la Guiane, qui peut être une fois plus grande que la France, on n'a compté au moment de la découverte, que vingt cinq mille ames. En remontant vers le Nord, on a parcouru des Landes & des Forêts de trois-cents lieues en tout sens, sans rencontrer une famille, une cabane, sans voir un animal à face humaine. La population des Péruviens & des Mexicains a été visiblement exagérée par les Ecrivains Espagnols, accoutumés à peindre tous les objets avec des proportions outrées. Trois ans après la conquête du Mexique, on fut contraint de faire venir des isles Lucaïes, & ensuite des côtes de l'Afrique, des hommes pour peupler le Mexique : si cette Monarchie avoit contenu trente millions d'habitants en 1518, pourquoi étoit-elle déserte en 1521 ? Ne feroit-il pas abfurde de fuppofer que Fernand Cortez, accompagné feulement de quatre-cents affaffins, eût en un laps de trois ans, égorgé & défait un Peuple de trente millions? Quand même il auroit eu l'envie d'extirper, dans cette malheureufe contrée, l'Efpèce entiere, le temps n'auroit point fuffi pour verfer tant de fang, pour immoler tant de victimes, pour commettre tant de forfaits.

J'ai toujours été furpris que Dapper, qui avoit étudié avec quelque attention les Relations de l'Amérique connues de fon temps, fe foit perfuadé que la population y furpaffoit celle de l'Europe & égaloit celle de l'Afie. Erreur fi palpable que ce feroit trop faire que de la réfuter. Quand on fuppoferoit encore, pour un inftant, que toute l'Amérique contenoit, au moment de fa découverte, dix millions d'hommes de plus qu'on n'en compte actuellement en Europe, il n'en feroit pas moins vrai qu'eu égard à l'étendue de la furface habitable, le nouveau continent n'étoit qu'une folitude prodigieufe, dont la race humaine n'occupoit qu'un point : il eſt également vrai que les hommes y étoient lâches ou impuiffants en amour, les femelles par conféquent infécondes, & qu'il y naiffoit, fans comparaifon, plus de filles que de garçons.

Riccioli, cet impertinent calculateur qui du fond de fon cabinet répandoit par tout des nuées, des déluges d'hommes, n'en plaçoit pas moins de trois-cents millions en Amérique, fans refpecter l'ombre même de la vraifemblance. Les Arithméticiens politiques qui ont fuivi Riccioli, lui ont rabattu fur fon calcul, deux-cents millions d'ames aux Indes occidentales, & ce n'étoit pas encore assez. Un Savant d'Allemagne nommé Susmilch, & qui s'est signalé par son opiniâtreté à faire, pendant quarante ans, des recherches sur le nombre d'hommes répandus sur la totalité du globe, assure qu'il ne croit pas que l'Amérique en renferme cent millions du Sud au Nord, & y comprises les Isles de sa dépendance: cependant dans sa Table, il en met cinquante millions de plus qu'il n'y en supposoit réellement. (*) Sans examiner ce qu'il y a d'irrégulier ou d'arbitraire dans ce procédé, il suffit de dire que, si cet Ecrivain eût puisé dans des sources moins impures que les *Lettres Edifiantes*, qui sont les seuls mémoires sur lesquels il se fonde, il n'eût accordé, tout au plus, à l'Amérique en général, que 30 ou 40 millions d'Indigenes, c'est à dire de véritables Américains, qui ne sont ni métifs, ni issus

---

(*) Selon *la Table des vivants de Susmilch*, l'Europe contient 130 millions d'hommes: ce dénombrement paroît être fait avec la derniere ponctualité, & il est peut-être impossible d'approcher d'avantage de la vérité. Selon cette même Table, l'Asie en contient 650 millions; ce qui est bien moins un calcul, qu'une estime: elle donne à l'Afrique 150 millions, & cette supputation est, à coup sûr, fautive, puisque l'on ne connoît que les côtes de cette vaste portion de l'ancien continent, & la population de ces côtes est très-considérable, à en juger seulement par la Traite des Nègres. Le même Auteur met, comme nous avons dit, 150 millions d'hommes en Amérique, & en cela il y a de l'exagération, puisqu'il s'ensuivroit qu'il y auroit à peu près treize à quatorze personnes sur un mille anglais en quarré, ce qui n'est pas au rapport de toutes les Relations les plus exactes. Au reste il est étonnant que l'Asie contienne elle seule plus d'habitants que le reste de l'univers connu; quoiqu'elle n'ait, selon Templeman, que 10257487 milles anglais quarrés. Ce doit être le vrai climat de l'homme.

de métifs: car il n'eſt pas ici queſtion de ce ramas d'avanturiers à qui il a été expédient d'aller vivre & mourir dans un autre Hémiſphere, pour débaraſſer le nôtre.

C'étoit une loi chez tous les peuples ſauvages du nouveau Monde de ne pas approcher les femmes affectées de leur indiſpoſition naturelle, ſoit que le contact du flux y fût dangereux, ſoit que l'inſtinct ſeul y eût enſeigné cette retenue. Dans la Guiane, les Caciques & les Roitelets, connoiſſoient entre les autres affaires ſérieuſes de leur adminiſtration, du temps où chaque fille de leur diſtrict avoit commencé à ſentir la criſe de ſon ſexe pour la premiere fois: on pratiquoit, à cette occaſion, pluſieurs cérémonies qui annonçoient l'importance de cette époque, & on finiſſoit par expoſer la patiente à la morſure des fourmis, qui en lui piquant tout le corps, lui tenoient lieu d'une ablution légale; car que peut-on ſoupçonner de moins abſurde touchant les motifs d'une coutume ſi inſenſée en apparence?

Il eſt avéré que tous les Indiens étoient Polygames, ſi l'on en excepte quelques Hordes particulieres qui ne tirent pas à conſéquence pour la totalité. On pourroit croire que cette Polygamie dépoſe contre ce que nous avons dit de la tiédeur de leur tempérament; mais c'en eſt, au contraire, une preuve de plus: dès qu'une femme avoit eu un enfant, ils en étoient dégoutés, & ne communiquoient plus avec elle de deux à trois ans: dans cet intervalle ils cherchoient une autre épouſe.

Les Iroquoifes craignoient tellement l'enfantement, qu'il leur arrivoit fouvent de fe faire avorter, foit par la preffion, foit par la maftication d'une certaine herbe qui nous eft inconnue : quand la groffeffe fe manifeftoit, le mari les rebutoit. Ces pratiques ne tenoient point tant à la conftitution de la vie fauvage, qu'à la nature altérée de ces infortunés individus.

Les Méridionaux ne paroiffoient guères plus ardents, & quoique ce foit le génie des Sauvages en général de mal traiter les femmes, ceux-ci avoient rendu leur condition & leur exiftence infupportables : ils s'arrogeoient fur elles droit de vie & de mort, & les excluoient de la famille felon leur caprice : tout commerce ceffoit avec elles pendant les premieres années qu'elles alaitoient leurs enfants : chez eux le fexe étoit efclave; non foumis à la clôture, on le foumettoit aux plus durs travaux. Enfin on l'outrageoit trop pour l'eftimer. Les voyageurs les plus éclairés s'accordent unanimément fur cet article, car ce que les Jéfuites, jamais véridiques, ont raconté de la façon dont les jeunes Américains faifoient l'amour aux filles qu'ils vouloient époufer, eft non feulement exagéré, mais inventé à plaifir pour jetter tant foit peu d'intérêt dans l'Hiftoire du Baptême des Indiens, & pour embellir les annales de l'Eglife Iroquoife & Huronne, comme parle le P. Charlesvoix.

Dans les pays les plus chauds, comme le Brefil, les jeunes gens ne fe paffionnoient guères & époufoient fouvent des filles avec qui ils n'avoient eu aucune liaison, & les congédioient avec la même légéreté, ou la même indifference. (*)

Améric Vespuce rapporte que dans plusieurs endroits, où toute une peuplade logeoit dans une vaste cabane, les vieillards ne finissoient point d'y prêcher du matin au soir, qu'il falloit être plus courageux à la guerre, & plus aimer les femmes qu'on ne les aimoit : ces vieillards s'étoient donc apperçu, par leur propre expérience, que le défaut de tendresse pour le sexe étoit un vice national d'où résultoient les plus grands désordres qui puissent exister dans une société, & même dans une société de barbares : mais ces sermons ne pouvoient y dompter le temperament, non plus que là où l'on prêche le contraire.

Les naturels de la nouvelle France, dit la Hontan, aiment avec tant de langueur, & si paisiblement, que leur amour porte à peine le caractere de la bienveillance : ils n'éprouvent que rarement les transports qui accompagnent cette passion dans le cœur de tous les êtres animés : ils craignent toujours, disent-ils, de s'énerver; & cette appréhension les retient dans les bornes d'une modération presqu'incroyable pour ceux qui n'en ont pas été témoins.

Je veux bien avouer que la dureté de la vie agreste peut rendre aux hommes, comme aux animaux,

---

(*) La plupart des Américains n'observoient dans leurs mariages aucun degré de parenté : les Caraïbes épousoient quelques fois leurs filles, & l'Inca du Pérou devoit, selon une loi fondamentale de l'Empire, épouser sa sœur, & à son défaut, sa plus proche parente. En un mot, les véritables sauvages des Indes occidentales, n'avoient pas la moindre idée de ce que nous nommons *l'inceste*.

les moments de l'amour périodiques, & les fixer à de certaines faifons : auffi entre tous les vrais Sauvages du nouveau Monde, les femmes enceintes recherchoient auffi peu les mâles que les mâles les y recherchoient ; d'où l'on pourroit inférer que cette inclination caractérife l'homme naturel, qui n'eft corrompu ni par les maux, ni par les biens de la Société : mais en Amérique, les Peuples, civilifés eux-mêmes, ne connoiffoient jamais de femmes dont ils foupçonnoient la groffeffe, & c'eft là vraifemblablement une des raifons pourquoi il y naiffoit fi peu d'enfants tortus & contrefaits, dont la multiplication tient, plus qu'on ne le penfe, à une incontinence brutale.

Très-éloigné d'attribuer la retenue des Américains à des motifs de vertu ou de religion, je n'y entrevois d'autre caufe que leur aliénation pour le fexe. Cette répugnance avoit d'un autre côté produit d'autres abus.

La Pédéraftie étoit fort en vogue dans les Isles, dans le Mexique, dans le Pérou, & dans tout le nouveau Continent, & cela avant l'arrivée des Nègres, qu'on a fauffement accufés d'avoir tranfporté cette corruption d'un monde à l'autre.

Le défaut des femmes Américaines avoit peut-être fait naître ce goût pour la non-conformité, dans des hommes indifférents, qu'une jouiffance aifée ne tentoit point. Cela eft d'autant plus croyable que dans plufieurs endroits ces femmes tâchoient de remédier au défaut phyfique de leur organifme, en faifant enfler fingulierement le membre génital des hommes : elles y appliquoient, entr'autres drogues, des insectes vénimeux & caustiques, qui étant irrités jusqu'à la fureur occasionnoient, par leur piquure, une extumescence considérable, & presque monstrueuse; ainsi que l'a observé Améric-Vespuce, témoin oculaire, & Auteur exact, dont nous nous faisons une loi de citer les propres termes à la note. (*)

Quelqu'étrange que soit cet usage, il ne faut y chercher qu'un remede extrême contre le vice de la constitution. L'ardeur d'un sexe, & la tiédeur de l'autre étoient comme en contradiction: il falloit par industrie rappeller au chemin de la nature ceux qui s'en écartoient; car qu'un sexe ait été complice de la dépravation de l'autre, comme Oviedo l'a prétendu, cela n'est ni vrai, ni vraisemblable, & le fait rapporté par Vespuce prouve le contraire.

Lister, qui a écrit un Traité assez estimé sur le mal vénérien, assure qu'il devoit principalement son origine aux suites de la morsure de quelque serpent vénimeux de l'Amérique: & pour développer d'avantage ses idées à ce sujet, il ajoute que le gonflement

―――――――――――――――――――――
(*) *Mulieres eorum faciunt intumescere maritorum inguina in tantam crassitudinem, ut deformia videantur & turpia: & hoc quodam earum artificio & mordicatione quorumdam animalium venenosorum; & hujus rei causâ, multi eorum amittunt inguina, quæ illis ob defectum curae, flavescunt, & multi eorum restant eunuchi.* Relation d'*Alberic Vespuce* imprimée en caracteres gothiques à Strasbourg en 1505. chez *Mathieu Hupfuff*.

Dans la collection de Ramusio, ouvrage compilé sans goût & sans exactitude, on trouve une autre relation de Vespuce; où il est dit que les femmes américaines faisoient enfler le membre viril, en donnant aux hommes un breuvage exprimé d'une certaine herbe succulente; mais celui qui a traduit l'original de Vespuce en italien l'an 1550, a mal compris le texte de l'auteur, & l'a par conséquent falsifié dans sa traduction, autant qu'il pouvoit l'être.

du membre viril, est le premier symptome qui suit toutes ces espèces de blessures empoisonnées, même dans les pays chauds de l'Europe : le malade est d'abord surpris, dit-il, d'un priapisme violent, & il ne respire que le coït. (*)

Si la pratique des Américains, telle que nous venons de la décrire, ne confirme absolument point l'opinion de ce Physicien Anglais, sur la naissance du virus vérolique, au moins voit-on qu'il est possible de procurer, par la piquure de certains insectes vénimeux, une passion ardente, & une espèce de manie amoureuse; aussi le plus vaillant des Aphrodisiaques connus, est une dose de Cantharides prise à l'intérieur avec la racine du *Leontopodion*.

Comme l'extumescence artificielle de l'organe viril entraînoit quelquefois des malheurs, & les derniers malheurs qui puissent arriver à un homme, surtout quand on négligeoit d'appliquer sur la blessure, des remédes calmants, les Sauvages des provinces où croît la Résine élastique, avoient eu, par l'instigation de leurs femmes, recours à un stratageme moins

___

(*) Il est bien certain que les hommes qui ont été piqués du scorpion en Italie ou en Espagne, éprouvent une violente tension dans le nerf érecteur, & un fort accès de satyriasis : il est certain encore que le coït les soulage beaucoup : cela n'étoit pas même inconnu aux anciens, puisque Pline assure qu'une femme qui auroit à faire avec un tel homme en seroit incommodée, parceque le venin passeroit avec la liqueur spermatique. Cela n'empêche cependant point, que le sistème de Lister sur l'origine du mal d'Amérique ne soit faux, puisque la chair du Lézard Iguan n'a jamais eu, comme il le supposoit, la qualité de donner cette maladie à ceux qui en sont exempts : elle est seulement très-contraire à ceux qui en sont atteints.

Tom. I. E

périlleux, & également singulier pour augmenter les sensations & les extases de la jouissance : ils se mettoient au bout de la verge, des anneaux pétris & formés de cette résine, dont la substance molle & flexible a dans elle-même une forte élasticité. (*)

Tels étoient les moyens, dont ces hommes dégénérés étayoient leur impuissance : tel étoit l'état des choses en Amérique, lorsque pour comble d'infortune, les Espagnols y débarquerent : ils se servirent avidement du désordre des Indiens, comme d'un prétexte légitime pour les anéantir. D'abord on voit arriver le brigand Nunnez avec une meute de trente Dogues dans la cabane du Cacique de Quarequa, à qui il prouva qu'il étoit Sodomite, & le fit à l'instant dévorer par ses chiens, avec cinquante personnes de sa famille ou de sa suite : quand la rage des chiens fut ou fatiguée, ou assouvie, on fit passer au fil de l'épée plus de six-cents sujets de ce Cacique, & toujours sous le même prétexte de Sodomie.

Cette barbarie inouie fit donner au déprédateur Vasco Nunnez le surnom d'*Hercule*, par le dernier

---

(*) La Résine élastique, nommée dans la langue du pays, *Caoutchouc* & *Hevé*, découle par incision d'un arbre qui croît dans la province de Quito, dans celle des Emeraudes, le long du fleuve des Amazones & à Cayenne, où l'on l'a découvert depuis peu. Quand elle est séchée, elle ressemble à du cuir ; dès qu'on la mouille, elle devient, sans se délayer, flexible, extensible, & par conséquent élastique. Outre ces propriétés, elle a celle de ne point se dissoudre dans l'esprit de vin, qui est le dissolvant commun des autres matieres résineuses. Les anneaux qu'on en a imaginés, ont paru depuis plus de 20 ans en Europe, sous le nom *de Bagues de la Chine*, quoiqu'elles viennent originairement de l'Amérique : celles qui ne sont pas faites de *Caoutchouc*, ne sont pas véritables.

abus qu'on puisse faire des termes : on fit beaucoup d'autres exécutions semblables à celle-ci, dans différents endroits des Indes.

Quelques Auteurs, vendus à la Cour de Madrid, ont osé écrire que les vieillards de l'Amérique avoient prédit qu'il arriveroit bientôt chez eux une nation étrangere, pire que les Cannibales, qui puniroit, par ordre de Dieu, les Américains jusques dans la centieme génération, à cause de leur penchant contre nature ; mais qui ne voit que c'est là un mensonge imbécille, imaginé avec hardiesse, pour pallier la plus grande injustice qui se fit jamais sur la surface de ce globe ? Je veux dire la conquête du nouveau Monde par les Espagnols, qui y égorgerent tout ce qui pouvoit l'être.

Ausi immane nefas, ausoque potiti.

Les Castillans n'étoient certainement point exempts eux-mêmes de la foiblesse qu'ils ont tant reprochée aux Indiens, dont les Castillans n'étoient les juges compétents, en aucun sens, en aucun droit. Il auroit mieux valu persister dans l'opinion que les Américains étoient des Singes, que de les reconnoître pour des Hommes, & de s'arroger le droit affreux de les assassiner au nom de Dieu.

C'est sans doute pour adoucir les remords des destructeurs du Pérou que Garcilasso a soutenu que la Sodomie y étoit punie de mort avant leur arrivée. „Les Généraux, dit-il, rendirent compte au Roi „Capac-Yupanqui de tout ce qui s'étoit passé, & de „tout ce qu'ils avoient remarqué des usages & de la „religion de ces Indiens : ils lui manderent qu'ils

,, avoient trouvé quelques - uns de ces peuples fort
,, adonnés à la Sodomie, qu'ils n'avoient point d'au-
,, tres Dieux que les Poiſſons qu'ils prenoient, & du
,, reſte qu'il ne reſtoit plus de terre à conquérir de ce
,, côté-là. L'Inca très-content de ce qu'on n'avoit
,, point verſé de ſang, fit dire à ſes Généraux de reve-
,, nir à Cuſço, d'abord qu'ils auroient pourvu aux
,, gouvernements de ces peuples, & il leur recomman-
,, da, ſur toute choſe, de faire une exacte recherche des
,, Sodomites, & de les condamner au feu ſur les indices
,, les plus légers, & il ordonna qu'on les exécutât pu-
,, bliquement, que l'on démolît leurs maiſons, & qu'on
,, renverſât leurs terres; afin qu'il ne demeurât aucun
,, ſouvenir d'un pareil vice. Il fit même une loi où
,, il vouloit que dans la ſuite on brûlât une ville dont
,, un ſeul habitant ſeroit convaincu de ce crime. Les
,, ordres du Roi furent exécutés au grand étonnement
,, des habitants de ces vallées; car les Incas ont tou-
,, jours eu ce crime en horreur. Si dans une querelle
,, particuliere, un bourgeois de Cuſco en appelloit
,, un autre Sodomite, on le regardoit comme un infa-
,, me pour avoir prononcé ce mot." (*)

Ce récit du fabuleux Garcilaſſo ne prouve rien,
ſinon qu'en effet pluſieurs nations de l'Amérique
étoient livrées à cette débauche qui choque l'ordre
de la nature, & pervertit l'inſtinct animal, car tout ce
qu'il ajoute des châtiments qu'on réſervoit aux coupables, eſt ſans doute une fiction très-groſſiere. Il
n'y avoit dans le Pérou qu'une ſeule ville; comment

―――――――――――――――――――――――
(*) Hiſt. des Incas. Tome premier: pag. 98. Traduction
d'un Anonyme. Paris 1744.

y auroit-on donc démoli des villes entieres, pour la faute d'un seul citoyen? C'est d'après les loix Romaines, que Garcilasso a imaginé le supplice du feu dont il parle tant, & qui étoit ignoré parmi les Péruviens. Si dans l'Empire des Incas, on avoit brulé des hommes sur les plus légers indices, cet Empire n'auroit pas subsisté dix ans. Plusieurs années après le regne de l'Incas Capac-Yupanqui, on voit encore un Souverain de ce pays renouveller les anciennes loix contre la Sodomie : elles n'avoient donc pû, malgré leur sévérité, arrêter le torrent du désordre.

Quoi qu'il en soit, toutes les Relations conviennent que les Indiennes furent extraordinairement charmées de l'arrivée des Européans, que leur lubricité faisoit ressembler à des satyres en comparaison des naturels. Si la multiplicité des faits ne prouvoit cette espèce de paradoxe, on ne croiroit pas qu'elles auroient pû se livrer, de bon cœur, aux barbares compagnons des Pizarres & des Cortez, qui ne marchoient que sur des cadavres, qui s'étoient fait des cœurs de Tigres, & dont les mains avares dégouttoient de sang. Malgré tant de motifs pour haïr ces hommes féroces, les trois-cents épouses de l'Incas Atabaliba, qui furent prises avec lui, se prostituerent au vainqueur sur le champ de bataille de Caxamalca ; & le lendemain plus de cinq mille femmes (*) Américaines vinrent se rendre volontairement au camp des Espagnols, lorsque les malheureux restes de leur nation vaincue,

---

(*) *Zarate Histoire de la conquête du Pérou. Livre second : Ch. VI. pag. 98*: voyez aussi *Levinus Apollonius Descp. Regni Peruvani.*

fuioient à plus de quarante lieues dans des forêts & des folitudes.

Vefpuce rapporte qu'il a été témoin du peu de répugnance qu'avoient les Indiennes à fe livrer aux Européans: (*) auffi eft-il certain que les Efpagnols trouverent en elles, un zéle & un attachement auquel ils n'auroient pas dû s'attendre: elles fervirent d'interprêtes & de guides dans toutes les expéditions qu'on entreprenoit contre leur patrie, & rendirent de grands fervices à tous les conquerans qui les premiers pénétrerent dans les isles & la terre ferme. Ce fut une Indienne qui procura des vivres à l'équipage de Chriftophe Colomb, lorfqu'il débarqua pour la premiere fois aux Antilles. Une fille de l'isle de Hayti, devenue amoureufe de l'Efpagnol Dias, indiqua le terrein & favorifa l'établiffement de la ville de St. Domingue, que Barthélemi Colomb n'auroit jamais pu entreprendre fans elle. La fameufe Marina, qui fut la maîtreffe & l'interprête de Fernand Cortez, étoit Américaine: on peut la regarder comme le véritable inftrument de la conquête du Mexique. En étudiant toutes les caufes qui amenerent fucceffivement la 'fervitude du nouveau Monde, on y voit toujours des femmes, plus portées pour les intérêts des Européans qu'ils ne l'étoient eux-mêmes: elles fauverent Vafco Nunnez & toute fon armée, au Darien, d'une confpi-

---

(*) *Quando fe Europæis jungere poterant, nimiâ libidine pulfae, omnem pudicitiam contaminabant. Relation de Vefpuce.* Quand elles pouvoient fe joindre aux Européans, tous les fentiments de pudeur ceffoient dans leur ame, & agitées par une paffion aveugle, elles s'abandonnoient fans retenue & fans bornes.

ration formée pour la détruire. La fille du Cacique de Cofaciqui ouvrit la Floride à Ferdinand Sotto, & lui fournit tous les moyens imaginables, pour dompter cet immense pays. Quand des peuplades de la Louisiane eurent conclu le projet d'égorger les colons français plongés dans la sécurité, les femmes sauvages vinrent aussitôt avertir les établissements les plus avancés d'être sur leurs gardes. On rencontre mille exemples de cette nature en lisant l'histoire; mais ceux que nous avons rapportés, sont plus que suffisants.

Après avoir considéré les habitants du nouveau Monde du côté de leur impuissance, car j'appelle ainsi la foiblesse de leur tempérament, on n'est pas moins surpris, quand on considére leur insensibilité physique en général.

Les Sauvages du Nord de l'Amérique ont toujours fait, & font encore aujourd'hui essuyer à leurs prisonniers des tourments horribles, sans pouvoir ébranler l'ame de ces malheureux, sans pouvoir leur arracher des soupirs ou des larmes. Accablés de malédictions par leurs vainqueurs, percés de mille coups par leurs bourreaux, ils paroissent avoir perdu le sentiment, & ceux qui déchirent leurs entrailles, ne montrent pas qu'ils soient sensibles eux-mêmes. Les voyageurs qui ont pu gagner sur eux d'assister à ces spectacles inhumains, & qui ont observé longtemps l'attitude & la contenance paisible de ceux qu'on y découpoit en piéces, ont cru que ces peuples devoient avoir le sang plus froid que nous, & que ce degré de tiédeur émoussoit en eux les atteintes de la douleur: ils n'ont pu expliquer autrement ce phénomène dont ils avoient été témoins. Je sais qu'on a regardé cette explication comme vaine & ridicule; mais il n'en est pas moins vrai qu'il doit exister dans l'organisation des Américains une cause quelconque qui hébête leur sensibilité & leur esprit. La qualité du climat, la grossiereté des humeurs, le vice radical du sang, la constitution de leur tempérament excessivement phlegmatique, peuvent avoir diminué le ton & le trémoussement des nerfs dans ces hommes abrutis.

Ils ne se débattent presque point en mourant des suites d'une maladie ou des suites d'une blessure, & envisagent sans effroi, sans inquiétude, l'ombre de la mort & la mort même : l'idée de l'avenir, auquel ils n'ont jamais réfléchi, n'a rempli leur imagination ni d'images flatteuses, ni d'images terribles. Enfin ils ont trop peu d'idées factices & morales pour craindre la mort, comme un Théologien la craint.

Ce n'est point seulement parmi les peuples du Nord, mais encore chez toutes les nations Américaines qui habitent vers le Sud, & dans la Zone Torride, qu'on observe, au déclin de la vie, cette tranquillité singuliere qu'on nommeroit grandeur d'ame dans des hommes plus braves & plus fiers, mais qui n'est en eux que l'effet machinal de leur organisation altérée. *La crainte que l'idée ou l'approche de la mort imprime naturellement*, dit Ulloa, (*) *dans tous les hommes, a beaucoup moins de force sur les Indiens que sur aucune autre nation. Leur mépris pour les maux qui font le plus*

(*) *Voyage historique de l'Amérique Méridionale, fait par ordre du Roi d'Espagne, par George Iuan & Antoine d'Ulloa. Tome premier, pag. 345. in 4to. Amsterdam 1752.*

d'impression sur les esprits, ne sauroit aller plus loin, puisque jamais l'approche de la mort ne les trouble, étant plus abattus des douleurs de la maladie qu'étonnés de se voir dans le plus grand danger. Je tiens encore cela de la bouche même de plusieurs Curés, & la preuve la plus évidente de cette fermeté ce sont les exemples qu'on en voit fréquemment ; car quand les Curés vont préparer les consciences des Indiens malades, quand ils les exhortent à se disposer à bien mourir, ils répondent avec une sérénité & une tranquillité qui ne laissent aucun lieu de douter que les dispositions intérieures ne soient les mêmes que celles du dehors dont elles sont le principe & la cause. Ceux de cette Nation qu'on mene à la mort pour leurs crimes, témoignent un égal mépris pour ce terrible passage.

Cette indifférence pour la vie, au lieu de leur inspirer de la bravoure, dont ils ont eu tant de fois besoin, ne les a jamais conduits qu'à un désespoir honteux & inutile : je ne veux point jetter le moindre doute sur la multitude des Indiens réellement égorgés par les Espagnols, dévorés par les chiens, brulés par les Dominicains de l'Inquisition, submergés à la pêche des Perles, etouffés dans les Mines, & écrasés enfin sous le poids des fardeaux & des exactions ; mais il est certain que le suicide en a emporté un nombre très-considérable : ils se laissoient mourir de faim, s'empoisonnoient, se pendoient aux arbres, (*) ou s'immoloient sur les tombeaux de leurs Caciques & de leurs Souverains, qu'ils auroient pu défendre, s'ils n'avoient

---

(*) Les premiers Américains, que Christophe Colomb ramena en Europe, voulurent tous se détruire pendant le trajet, & comme on les garrotta pour les conserver, ils entre-

été les plus lâches des hommes. Cet exemple, indépendamment de plusieurs autres, prouve que le suicide ou la mort volontaire part bien plus souvent d'un principe de foiblesse & de pusillanimité, que d'un effort de courage & d'héroïsme. Si l'on avoit la force d'espérer encore, on ne se détruiroit pas : on ne cesse d'espérer que quand on s'avoue vaincu, que quand on se croit surmonté sans retour par l'ennemi, par la douleur ou la fortune, & qu'on ne voit plus dans la nature entiere de ressource ou d'asyle. C'est toujours un abus de la raison, qui entraîne un découragement si complet : les enfants & les animaux n'attentent jamais à leurs jours, à quelqu'extrémité qu'on les réduise ; parcequ'ils usent plus de leur instinct, que de leur jugement.

Je ne parle pas ici de cette espèce d'assassinat de soi-même, où tombent ceux qu'agitent des convulsions de l'esprit, ou une mélancolie invincible ; & qui se sauvent plutôt de la vie en furieux ou en insensés, qu'ils ne la quittent en philosophes.

Si l'on réfléchit à la façon dont s'est exécutée la conquête des Espagnols aux Indes occidentales, on tombera d'accord que les Américains divisés & factieux, n'étoient point en état de leur résister avec leurs armes de bois, & leurs armées indisciplinées ; mais il n'en est pas moins vrai que ces armées étoient com-

---

rent dans une espèce de rage qui dura jusqu'à leur mort. Quand on les conduisit à Barcelone, ils épouvanterent tous les spectateurs par leurs hurlements, leurs contorsions & leurs mouvements si violents & si convulsifs, qu'on les prit pour des phrénétiques. *Dapper Besc. van America pag. 41. in fol.*

posées d'hommes plus que poltrons, & d'une lâcheté inexprimable, dont on ne peut assigner d'autre cause plausible que l'abatardissement de l'espèce humaine, dans cette partie du globe. On n'a point de calculs pertinents sur la population du Pérou & du Mexique, on sait seulement qu'elle y étoit plus forte que par tout ailleurs; cependant Cortez conquit ce dernier Empire avec quatre-cents-cinquante Bandits à pied & quinze Cavaliers assez mal armés: toute sa pitoyable artillerie consistoit en six amusettes, qui ne feroient pas peur aujourd'hui à un donjon défendu par des Invalides: il tint la ville capitale en respect pendant son absence, avec la moitié de son monde. Quels hommes! Quels événements!

A la bataille de Caxamalca, qui fut la bataille d'Arbelles pour l'Empire du Pérou, les Pizarres n'avoient que cents soixante & dix fantassins, & trente cavaliers, avec lesquels ils égorgerent les troupes innombrables de l'Incas Atabaliba. Les fuyards firent tant d'efforts pour se sauver qu'ils renverserent à plat une immense muraille qui s'opposoit à leur déroute: il leur en eut couté bien moins pour culbuter l'ennemi. François Pizarre, qui alla, au centre des Péruviens, saisir par les cheveux le timide Atabaliba, ne reçut pas une seule blessure: il n'y eut point dix Espagnols tués dans cette journée mémorable, où l'on croit voir des tigres défaire un troupeau de moutons.

En 1492, au moment que Colomb descendit à l'Isle de St. Domingue, il y avoit au moins un million d'habitants, dont le plus grand nombre aima mieux de se désespérer que de se défendre: ceux qui oserent vivre, furent égorgés, en un laps de vingt ans, jusqu'au dernier de leur nation; de sorte qu'il ne restoit plus, en 1530, un seul Indigène dans toute l'étendue de cette Isle, dont le malheur seroit sans exemple, s'il y avoit des malheurs uniques. Les Insulaires ne firent qu'une seule tentative, en 1510, pour secouer le joug du vainqueur; mais cette tentative qui consistoit en une fumigation du bois d'Ahouai, pour empoisonner l'atmosphere sous le vent, étoit plutôt une ruse d'hommes foibles qu'un effet de vrai courage.

Les Caraïbes montrerent quelqu'espèce d'intrépidité qui n'épouvanta pas tant les Espagnols, que les flêches horriblement envénimées dont ils se servoient avec plus d'adresse que les autres Indiens, & dont on ne pouvoit, malgré toutes les recherches, découvrir le contrepoison: on se servit inutilement de feuilles de Tabac, de Cauteres, & de mille moyens insuffisants: il étoit réservé au temps présent de savoir que le sucre & le sel sont seuls en état d'arrêter les prompts effets de ces armes barbares, mais pas plus barbares que les nôtres.

Enfin, dans le nouveau Monde, les conquêtes furent incroyablement rapides, par tout où la population étoit forte: les cantons les moins peuplés résisterent le plus longtemps, parcequ'on devoit y chercher les hommes pour les vaincre, & on devoit les chercher dans des forêts immenses, où ils étoient dispersés par peuplades, qui fuyoient ou se cachoient quand l'ennemi se montroit, & qui reparoissoient dès que le défaut de subsistances le forçoit à se retirer. C'est par la même raison que les Romains, dit Strabon, s'emparerent comme tout d'un coup des Gaules, & qu'ils furent contraints de se battre vingt ans pour envahir l'Espagne, où le nombre d'hommes étoit bien moindre que dans les Gaules, & où la foiblesse de la population faisoit la force de l'Etat. (*)

Les Chiliens ont lutté assez longtemps contre les Espagnols, qui ont composé, sur cette expédition de Pandours, un Poëme épique, comme si une victoire injuste pouvoit jamais être glorieuse. Les montagnes presqu'inaccessibles où ces Chiliens se retiroient par des sentiers cachés, quand ils avoient dévasté les campagnes, leur servirent plus que leur courage, comme Barclay l'a très-bien observé.

Les Jucatains ont eu aussi quelque réputation de bravoure; mais la stérilité de leur pays, & la mésintelligence qui se glissa entre ceux qu'on avoit envoyés pour le conquérir, en firent traîner la conquête en longueur.

Les Espagnols conviennent qu'ils ne tirerent pas tant de services de leur Artillerie, qu'on ne pouvoit transporter dans les bois ou les marais, ni de leur Ca-

---

(*) Il y a des Auteurs, & ce qui pis est, des Historiens qui soutiennent que l'Espagne contenoit, du temps de Jules-César, cinquante millions d'hommes, non obstant que Strabon nous représente ce pays plein de forêts & de marécages, où il y avoit encore des Sauvages qui mangeoient du pain de gland: la Bétique étoit la seule province bien cultivée de toute cette Monarchie en friche.

Si l'Espagne contenoit, du temps de Ferdinand le Catholique, vingt millions d'habitants, on peut hardiment assurer que jamais sa population n'a été plus forte; & il s'en suit qu'en décomptant les Maures & les Juifs expulsés, il est passé, en un laps de deux-cents & soixante ans, huit millions d'Espagnols en Amérique.

valerie souvent démontée, que de la rage singuliere de leurs chiens Dogues & Lévriers, qui toujours alertes, suivoient les Indiens à la piste & les harceloient jour & nuit: (*) ceux qui accompagnoient Vasco Nunnez étranglerent plus de deux-mille Américains, sans compter les Sodomites de Quarequa, dont on a fait mention.

Au combat de Caxamalca, la premiere ligne de la petite armée des Pizarres étoit formée par un rang de chiens, qui donnerent, avec tant d'impétuosité & de valeur, sur les Péruviens que la cour d'Espagne, enchantée de leurs exploits, se détermina à leur payer une solde réguliere comme aux autres troupes, & cette solde revenoit au soldat qui avoit soin d'entretenir un de ces animaux. On trouve encore dans d'anciens états militaires de ce temps-là que le Dogue *Bérécillo* gagnoit deux réaux par mois, pour des services par lui rendus à la Couronne.

Il y avoit dans l'armée de Ferdinand Sotto, attachée à la conquête de la Floride, un Lévrier de la grande espèce, auquel on avoit donné le nom de

---

(*) Cette ancienne animosité des chiens, nourris par les *Espagnols*, contre les *Américains*, dure encore aujourdhui, sur quoi je remarquerai, dit Ulloa, comme une chose extraordinaire, que les chiens élevés par les *Espagnols*, ou par des *Métifs*, ont une haine si furieuse contre les *Indiens* que si quelqu'un de cette nation entre dans une maison où il ne soit pas particulierement connu, ils s'élancent dessus à l'instant, & le déchirent, à moins qu'il n'y ait quelqu'un pour les contenir. Et que d'un autre côté, les chiens élevés par les *Indiens* ont la même haine contre les *Espagnols* & les *Métifs*, qu'ils sentent d'aussi loin que les *Indiens* eux-mêmes sont apperçus par l'odorat de ceux élevés par les *Espagnols*. *Voyage du Pérou liv. VI. ch. VI. T. I. pag. 341.*

Brutus : ce mâtin, après avoir fait de terribles ravages, fut enfin tué à coups de flêches par les *Infideles*, & cette mort, dit Garcilaſſo, affligea extrêmement les *Chrétiens;* comme ſi l'on étoit *Chrétien*, lorſqu'armé de l'injuſtice, & de la force, on envahit un pays étranger, & qu'on y fait une chaſſe aux hommes avec des animaux carnaciers qu'on repaît enſuite de chair humaine. Crut-on donc alors qu'on pouvoit déshonorer l'humanité par mille genres de cruautés, parce qu'on avoit découvert un Monde nouveau ? Cet événement, qui changea la face de l'Univers, qui tira l'Aſtronomie, la Géographie, & la Phyſique d'une nuit profonde, fut accompagné de circonſtances extrêmement bizarres & ridicules, par une fatalité attachée à toutes les actions des hommes.

Alexandre VI, ce Prêtre ſi mépriſable & ſi fameux, avoit eu, de ſon commerce avec Vonotia, pluſieurs enfants, avant que d'être Pape : parvenu au Pontificat, il forma le projet étrange de faire couronner un de ſes bâtards Empereur d'Allemagne, & de terminer ainſi les querelles éternelles entre le Sacerdoce & l'Empire. Plein de ces idées romaneſques, il ſe flatta que ſi la cour d'Eſpagne l'appuyoit de ſon crédit, il parviendroit à l'exécution de ſes deſſeins : il n'épargna donc aucune occaſion, aucune baſſeſſe, pour témoigner ſon zéle à Ferdinand & à Iſabelle. A la découverte des Indes occidentales, il ſe hâta de leur donner l'Amérique ſans ſavoir encore où elle étoit ſituée. On peut aiſément ſe figurer que ſi l'Amérique avoit appartenu réellement à Alexandre VI, il ne l'auroit donnée ni à l'Eſpagne ni à perſonne : il la donna précisément parce qu'elle ne lui appartenoit point. Il vaut bien la peine d'entendre comment il s'exprime dans sa Bulle de 1493, c'est à dire trois mois après qu'on eût reçu en Europe l'étonnante nouvelle de la découverte d'un nouvel Hémisphere.

C'est de notre propre mouvement, (*) dit-il à Ferdinand & à Isabelle, & sans égard à aucune requête, qui par vous ou par autrui auroit pu nous être présentée, mais seulement mus par notre pure & franche libéralité, que nous vous donnons toutes les Isles & toutes les Terres fermes déjà trouvées, & encore à trouver, découvertes & à découvrir vers le Midi & l'Occident. . . . . Nous vous donnons, concédons & assignons ces Isles & ces Terres fermes, avec tous leurs Domaines, leurs Cités, leurs Châteaux, leurs Places, leurs Bourgs, leurs Droits, leurs Jurisdictions & toutes leurs autres Dépendances, par le pouvoir que le Tout-Puissant nous a donné par St. Pierre, & par la prérogative du Vicariat du Christ, dont nous faisons les fonctions en Terre. Nous les donnons à vous & à vos héritiers & successeurs, les Rois de Castille & de Léon. . . . . Si quelqu'un osoit trouver à contre

───────────────

(*) *Motu proprio non ad vestram, vel alterius pro vobis super hoc nobis oblatæ petitionis instantiam, sed de nostrâ merâ liberalitate, & ex certâ scientiâ, ac de Apostolicæ potestatis plenitudine, omnes insulas & terras firmas, inventas & inveniendas, detectas & detegendas versus Occidentem & Meridiem. . . . . Autoritate omnipotentis Dei, nobis in Beato Petro concessâ, ac vicariatus Jesu Christi, quâ fungimur in terris, cum omnibus illarum dominiis, civitatibus, castris, locis & villis, juribusque & jurisdictionibus, ac pertinentiis universis, vobis, Hæredibusque & Successoribus vestris, Castellæ & Legionis Regibus, in perpetuum, tenore præsentium, donamus, concedimus & assignamus; vosque Hæredes ac successores præfatos, illorum dominos cum plenâ, liberâ,*

tredire à cette présente Donation, s'il osoit, par un excès de témérité, en restreindre le sens, ou en enfreindre l'exécution, qu'il sache qu'il encourra l'indignation de Dieu, & des Apôtres Paul & Pierre.

Si la lecture & l'étude de l'Histoire ne nous avoient accoutumés, pour ainsi dire, à croire tout possible, si nous n'étions familiarisés avec les attentats & les prétentions des Papes, nous admirerions davantage l'extravagance inouïe d'un Ecclésiastique Ultramontain, qui donne, d'un trait de plume, les Empires de Montezuma, d'Atabaliba, & les Etats de plus de trois-cents nations différentes, à un petit Prince d'Europe, chancelant sur son trône sappé par les brigands de l'Afrique.

Si le Grand-Lama, ou le Pontife des Tartares, donnoit aujourd'hui, de la plénitude de son pouvoir, l'Italie & l'Espagne à un chef des Calmouks, il est bien certain que ce Tartare auroit sur l'Espagne & l'Italie le même droit qu'avoient les Castillans sur l'Amérique, après la donation d'Alexandre VI. Cependant cette même donation servit de titre, dans toutes les

---

& omnimodâ potestate auctoritate & jurisdictione facimus, constituimus & deputamus ..... Nulli ergo omninò hominum liceat hanc paginam nostræ commentationis, deputationis, decreti, mandati, donationis, ... infringere, vel ei, ausu temerario, contraire. Si quis autem hoc attentare præsumpserit, indignationem omnipotentis Dei ac Beatorum Petri & Pauli apostolorum ejus, se noverit incursurum. Datis Romæ apud Sanctum Petrum, anno incarnationis dominicæ millesimo quadringentesimo nonagesimo tertio; quarto nonas Maji. Pontificatus nostri anno primo. Ce monument de l'extravagance humaine est intitulé DECRETUM ET INDULTUM. ALEXANDRI SEXTI *super Expeditione in Barbaros novi orbis, quos Indos vocant.*

prises de possession du nouveau Monde; il n'y a pour s'en convaincre qu'à jetter les yeux sur un instrument dressé en 1579, par le Secrétaire Esquivel, lors du débarquement de Sarmiento aux terres Magellaniques.

„ Alors, est-il dit dans cet Acte, en signe &
„ témoignage de prise de possession, Sarmiento tira
„ son épée & en coupa des branches d'arbres & des
„ herbes, prit des pierres & les transporta d'un lieu à
„ un autre, fit quelques tours en se promenant dans
„ la campagne & sur la plage: incontinent ayant pris
„ une grande croix, & ayant fait mettre ses gens en
„ bataille avec leurs arquebuses, on porta la croix en
„ procession. — — Ensuite on prit & appréhenda
„ possession de cette partie de l'Amérique, en vertu de
„ la Donation & de la Bulle de Notre très-saint Pere,
„ Alexandre sixième, souverain Pontife Romain, ex-
„ pédiée de son propre mouvement, par laquelle il
„ donne à Dom Ferdinand cinquieme & à Dame Isa-
„ belle sa femme, la moitié du monde, c'est à dire,
„ cent-quatre-vingt degrés de longitude."

Le Moine de la Vallé Viridi allégua aussi cette Bulle impertinente pour prouver à l'Empereur Atabaliba, que le Pérou n'appartenoit point aux Péruviens, mais aux Espagnols: il fit comprendre le mieux qu'il put à ce Prince infortuné, que les successeurs de l'Apôtre Pierre avoient partagé tous les pays du monde aux Rois Chrétiens, donnant à chacun la charge d'en conquérir une portion, & que dans ce partage, si légitime & si raisonnable, le Pérou étoit échu à Sa Sacrée Majesté Impériale, le Roi Dom Carlos cinquieme du nom : je vous annonce donc, ajouta ce saint homme, que vous ayez à vous faire baptiser le plus promptement possible, & à céder tous vos Etats au Roi d'Espagne, sans quoi nous mettrons tout à feu & à sang. Atabaliba, à qui il étoit au fond très-difficile de répondre à un discours si convainquant, parceque son armée étoit trop foible pour résister à ses ravisseurs qui l'assiégeoient, répliqua modestement, qu'il ne comprenoit pas comment ce Pierre, ou ses descendants avoient pu donner ce qui ne leur appartenoit pas, & ne leur avoit jamais appartenu, qu'un pareil partage étoit plutôt un partage de Brigands, qu'un ordre du Dieu puissant & juste, qui éclaire cet Univers, qu'enfin, le Pérou n'appartenoit qu'aux Péruviens. (*)

Cela n'empêcha pas les Espagnols d'en faire la conquête, sous la conduite de François Pizarre, qui avoit été berger à Truxillo en Espagne, & de Diégue Almagre, qui étoit fils d'un Prêtre, & qui passoit pour être Prêtre lui-même, parcequ'il ne savoit ni lire ni écrire; (**) comme si la fortune eût voulu se signaler, en employant à la ruine de l'Empire des

---

(*) On trouvera dans le second Volume de cet Ouvrage à l'Article de la Religion des Américains, la suite du Discours de l'Incas & du Moine Espagnol, discours qu'on n'auroit jamais dû tenir par respect pour l'humanité & la Religion.

(**) Zarate dit qu'Almagre avoit été trouvé comme enfant, à la porte d'une Eglise à Malagon en Espagne; & que son pere étoit un Prêtre nommé Hernand de Luque, qui alla ensuite en Amérique commander des voleurs avec lesquels il dévasta une partie du Pérou. *Hist. du Pérou liv. 1 ch. 1 pag. 2. Edition de Seville.*

Incas, deux avanturiers également obscurs & ignorants, dont le caractere cruel & atroce surpassoit tout ce qu'on avoit vu ou imaginé de plus dénaturé parmi les hommes. Il y a toute apparence que le Moine de la Vallé Viridi n'étoit lui-même aussi qu'un fourbe, qui, sous prétexte de catéchiser les Péruviens, alla faire l'espion dans leur armée, comme on a accusé St. François d'Assise d'avoir fait pendant les croisades. Il est bien certain que Pizarre étoit encore irrésolu, lorsque de la Vallé, qui avoit reconnu pendant sa mission les forces & les dispositions de l'ennemi, lui conseilla de livrer bataille sans tarder d'un instant.

Ce qu'il y eut encore de remarquable dans les événements d'alors, c'est que, quand l'Espagne voulut se mettre en possession de cette moitié du monde qu'un Evêque de Rome lui avoit donnée, ses finances étoient si épuisées, ses dettes si acrues, sa foiblesse si grande qu'elle manquoit d'argent pour équiper une seule barque qu'on pût envoyer aux Antilles.

Dans cette détresse, Ferdinand emprunta d'un de ses domestiques une somme fort modique pour tenter la conquête de l'Amérique. Cette somme, avancée par los Angelès, produisit des Trésors, & ces Trésors ruinerent une seconde fois l'Espagne, & lui firent plus de mal, que n'avoient fait les Juifs & les Maures ensemble.

Il est difficile de connoître, au juste, la quantité d'or & d'argent qu'on a tirée, jusqu'à nos jours, des différentes Mines du nouveau Monde; mais le total doit en être encore plus considérable qu'on ne se l'est imaginé, puisque les seules Mines du Brésil, avoient produit, depuis Pierre II jufqu'en 1756, deux-milliards, quatre-cents-millions de livres Tournois. (*) Les manifeftes des flottes qui ont porté cet or en Europe, font entre les mains de tous les Négocians du Portugal, de forte qu'on ne peut former le moindre doute fur la réalité de cette importation de métal. Cependant, depuis l'époque de l'exploitation des Mines Bréfiliennes jufqu'à l'an 1756, il ne s'étoit écoulé qu'un laps de foixante ans.

En évaluant le produit des Mines du Chili, de la Terre ferme, de la Caftille d'or, du Mexique & du Pérou fur le produit du Bréfil, il en réfultera une fomme prefqu'innominable que l'Efpagne doit en avoir tirée : car elle a devancé les Portugais dans l'exploitation de près d'un fiécle. L'ouverture des Mines du Potofi étoit déjà faite en 1548; & en 1638, on en avoit tiré trois-cents-quatre-vingt-quinze-millions-fix-cents dix-neuf-mille Piaftres. (**)

Je ne compte point ici l'or œuvré que les troupes Efpagnoles enleverent aux Caciques de l'Amérique : cela n'étoit pas de conféquence. Atabaliba qu'on regardoit comme le plus riche Souverain des Indes, ne

---

(*) L'Amiral Anfon dit, que l'or qu'on tire des mines, & des fables du Bréfil, fe monte annuellement à deux millions de livres Sterling. Ce calcul revient à peu près à celui dont nous avons fait mention. Tout cet or a paffé & paffe encore aujourdhui en Angleterre. Les Portugais ne font que les fermiers de la Grande-Bretagne : le Portugal appartient aux Anglais, ou du moins leur a appartenu jufqu'à préfent.

(**) L'Auteur des *Mémoires & des Confidérations fur le Commerce & les Finances d'Efpagne* affure qu'on tire annuellement du Pérou 3 millions d'or pefant ; ce qui n'eft pas croyable : auffi cet Auteur n'étoit-il pas toujours bien inftruit.

put jamais amasser pour sa rançon 7 millions en or & en argent façonné. (*) Et quand après sa mort, on pilla tout ce qu'on pouvoit piller à Cusco, le butin fut à peine de soixante-millions : on a toujours cru que les Péruviens avoient caché, & jetté à la mer la plûpart de leurs richesses ; mais il n'y a aucune aparence qu'ils ayent assez estimé l'or, pour en façonner d'aussi grands ouvrages que les Espagnols se l'étoient figurés.

Comme ces sommes énormes, transportées d'un monde dans l'autre, ne pouvoient faire germer un grain de blé en Portugal, & en Espagne, ces deux Royaumes qui négligeoient entiérement leurs arts & leur agriculture, pour se plonger, pour ainsi dire, dans les Mines, y trouverent bien-tôt leur ruine politique. Malgré les deux milliards apportés en Portugal en différents temps, ce Royaume n'avoit en 1753 & 1754, pour tout capital réel, que cinq millions d'écus en mitraille, & en monnoyes d'argent fort al-

---

(*) La rançon d'Atabaliba se monta, suivant Zarate, à plus de six-cents millions de Maravédis, c'est à dire à plus de quatre millions cinq-cents mille livres : cependant, ajoute-t-il, on ne fit l'épreuve de cet or qu'avec beaucoup de précipitation & seulement avec les pointes ou les piécettes, parcequ'on manquoit d'eau forte ; ainsi il arriva que cet or étoit estimé deux ou trois carats au dessous de son véritable titre ; ce qui auroit encore augmenté la valeur de plus de cent millions de Maravédis, qui font sept cents cinquante mille livres : il y eut aussi de l'argent en grande quantité, de sorte que le quint qu'on en leva pour Sa Majesté, se monta à trente mille Marcs d'argent fin ; le quint de l'or se trouva monter à neuf cents mille livres. De toute cette supputation il résulte toujours qu'Atabaliba ne put fournir pour sa rançon sept millions qui, eu égard aux richesses des mines du Pérou & qu'on en a tirées depuis, étoient très peu de chose.

téré, (*) & il étoit redevable à l'Angleterre qui le nourrissoit, de cinquante-millions. Ainsi il devoit à un seul créancier trente cinq fois plus qu'il ne possédoit : il étoit insolvable à l'égard de tous les autres, & avoit déjà déclaré sa faillite. Le Roi Joseph actuellement regnant se trouva, dès l'an 1754, c'est à dire, avant le tremblement de terre, dans une situation si embarrassante, qu'il eut beaucoup de peine à emprunter sur son crédit particulier, pour subvenir à ses besoins, quatre-cents-mille écus d'une confrérie.

Tout l'or apporté à Lisbonne en étoit donc ressorti presque le jour même de son arrivée du Brésil : il falloit bien que les Portugais payassent les bleds qu'on leur envoyoit pour leur subsistance, & les draps qu'on leur amenoit pour se couvrir. Enfin, dit un Ecrivain très-instruit, le seul article du papier qu'on fabriquoit en Angleterre, pour y écrire les loix du Portugal & les sentences de son Inquisition, étoit en état de perdre ce Royaume, qui ne labouroit point, qui ne fabriquoit point, & qui consommoit beaucoup par son luxe & ses mœurs Asiatiques. (**)

(*) Si ces cinq millions d'écus n'avoient pas contenu un excès d'aloi, ils auroient équivalu à quinze millions de livres tournois.

(**) En 1754, le Portugal avoit deux millions d'habitants, & on y labouroit si peu de terre qu'on n'y récoltoit pas pour nourrir trois-cents-mille habitants dans les bonnes années. Il paroit que la chute de l'Agriculture y avoit entraîné tous les maux politiques qu'on peut imaginer dans un Etat. Les moines y avoient entassé des richesses excessives dans leurs Eglises de Lisbonne, le peuple des campagnes étoit plongé dans une misère semblable à celle où gémissent les sujets du Pape. L'Anarchie s'étoit glissée dans toutes les parties de l'Administration.

Philippe II, si longtemps possesseur des Trésors du nouveau Monde, vécut encore assez pour voir la décadence où les Mines avoient entraîné ses Etats. Encouragé d'abord par ses richesses à tout oser pour réduire l'Europe en esclavage, ce Prince finit par faire banqueroute, & mit ses successeurs dans la déplorable nécessité d'adultérer les monoyes. Ses sujets, comme frappés de vertige, cesserent de travailler leurs soyes & leurs laines, laisserent leurs campagnes se hérisser de ronces & de bruyeres, & abandonnerent le commerce de la Baltique, du Brabant, de l'Angleterre & de la France: le germe de l'industrie fut déraciné de leur cœur: les Indes occidentales leur firent plus de mal que de bien, parcequ'au lieu d'y commercer, ils n'y firent que conquérir, & s'y endormirent sur leurs conquêtes. (*) Cette léthargie éveilla les nations plus actives, & leur inspira le projet de mettre l'Espagne en tutele. En semant pour elle, en fabriquant pour elle, en la servant enfin, on parvint à la détruire, & on détruiroit ainsi le plus puissant Empire de l'Univers.

(*) L'Auteur des *considérations sur le Commerce & les Finances d'Espagne* prétend que l'Amérique n'a pas fait tant de tort à cette Monarchie qu'on le suppose communément. mais il est tombé dans un équivoque & un pur jeu de mots. L'Amérique n'auroit point nui aux Espagnols, s'ils avoient continué leur Commerce, leurs Manufactures & leur Agriculture; en ce sens, l'Auteur a raison. Si les Indes ont entraîné la ruine de ces trois branches, comme il en convient, il est bien clair que l'Amérique a nui à l'Espagne incroyablement. Elle n'est point, à la vérité, destituée de ressources, puisqu'elle avoit encore, en 1747, un total de 7423590 habitans & 37246302 écus de veillon en revenus; mais ses dettes étoient énormes, & dans le nombre de ses habitans il s'y trouvoit 190046 Ecclésiastiques & 200000 qui prétendoient à le devenir: ainsi en tout, 350046 Célibataires par devoir.

Tout peuple qui ceſſe de ſe nourrir lui-même, & qui achete de l'Etranger ſon néceſſaire phyſique, eſt atteint d'une maladie mortelle, & ſe dévore lui-même : ſes ennemis n'ont plus rien à lui ſouhaiter.

Quand les Romains, ſubjugués par le luxe, laiſſerent l'Italie & la Sicile en friche, & qu'ils contraignirent l'Egypte & l'Afrique à labourer pour eux, ils démolirent de leurs propres mains les fondements de l'Empire : ils auroient été écraſés par ſa chûte, quand même les Barbares ſeroient reſtés dans l'inaction au fond de leurs forêts ; mais jamais les aggreſſeurs n'ont manqué à un Etat foible.

C'eſt un grand problême de ſavoir ſi l'Europe en général n'eût point été plus réellement heureuſe, ſi deux Italiens ne lui avoient, au quinzieme ſiécle, montré la route au nouveau Monde. Sans parler ici de ce mal cruel qui empoiſonna les organes de la réproduction dans l'eſpece humaine, mal qui n'a pu être compenſé par tous les Tréſors du Potoſi & du Bréſil, il eſt certain qu'on n'a point tiré de l'Amérique les avantages qu'on croit. S'il eſt ſorti de ſes Mines huit fois plus d'or & d'argent qu'il n'y en avoit dans toute l'Europe en 1490, & ſi le prix des denrées a hauſſé de huit fois, on comprend aiſément, que malgré la maſſe du métal importé, les Européans n'en ſont pas plus riches ni plus pauvres, & celui qui poſſede aujourd'hui huit-mille livres, n'eſt pas plus opulent que le propriétaire de mille livres au quatorzieme ſiecle.

On croit communément que les richeſſes des Indes occidentales ont prévenu à temps la chûte, où le commerce des épiceries, entre les mains des Vénitiens, auroit entraîné l'Europe, en le dépouillant sans retour de son or & de son argent; mais cette ruine n'étoit pas si possible qu'on se l'est imaginé.

Quelques plantes alimentaires, que nous avons tirées de l'Amérique, & qui ont réussi extraordinairement dans nos climats, sont un avantage réel qu'on ne compte point, auquel on ne réfléchit pas: cependant ces plantes pourront prévenir des malheurs que tout l'or du monde ne sauroit détourner; je veux dire des temps de famine.

Ce n'est qu'autant que les Trésors des Indes sont devenus des matieres effectives de commerce, qu'il en a résulté une utilité réelle; mais aussi les peuples ont vu par là leurs intérêts se multiplier; & les raisons de s'attaquer sont par conséquent plus fréquentes & plus universelles: une étincelle de discorde, pour quelques arpents de terre au Canada, enflamme & embrase l'Europe; & quand l'Europe est en guerre, tout l'Univers y est: tous les points du globe sont successivement ébranlés comme par une puissance électrique: on a aggrandi la scene des massacres & du carnage depuis Canton jusqu'à Archangel; depuis Buénos-Aires jusqu'à Quebec. Le commerce des Européans ayant intimement lié les différentes parties du monde par la même chaine, elles sont également entraînées dans les révolutions & les vicissitudes de l'attaque & de la défense, sans que l'Asie puisse être neutre, lorsque quelques marchands ont des querelles en Amérique, pour des peaux de Castor, ou du bois de Campèche.

SUR LES AMÉRICAINS. 91

Quant au commerce des colonies des Indes occidentales, dès qu'il est exclusif pour les étrangers, & qu'il se réduit à sa seule métropole, les avantages & les profits qu'on en retire, ne sont pas si considérables qu'on l'a cru; ce que l'Auteur de la *Philosophie rurale* a fort exactement développé. Si l'on parvenoit à extirper la contrebande & le commerce interlope dans les colonies, on ruineroit les colonies mêmes : si, dans la balance des pertes & des gains, elles l'emportent sur leurs metropoles, il est aisé de comprendre que les colons enrichis se fatigueront un jour du joug qu'on leur impose : ils voudront sortir de tutelle, & quand ils le voudront, ils auront assurément les moyens de le faire, & d'affermir leur liberté.

Le Tableau que nous avons tracé dans cette premiere Partie de nos Recherches, présente un concours d'évenements les plus singuliers dont l'histoire fasse mention.

Un Pape avoit déclaré que l'Amérique n'existoit pas, & qu'elle ne pouvoit exister : il avoit excommunié quiconque osoit croire que notre globe avoit deux hémisphères habités par des animaux raisonnables : quand un Génois eut, malgré cette défense d'un Prêtre de Rome, franchi sur les ailes de l'industrie l'Océan Atlantique, & découvert l'autre moitié de cette Planète, un autre Pape en fit présent à un Prince Espagnol, dont il briguoit le suffrage pour faire la fortune de César Borgia, monstre chargé de tous les crimes, & digne de tous les supplices.

Il est difficile de dire lequel abusa le plus ridiculement de son pouvoir & de sa raison, ou de Zacharie qui nioit la possibilité des Antipodes, problême qu'il auroit dû abandonner aux Géographes, ou d'Alexandre VI qui fit la formalité de donner ces Antipodes aux Castillans. L'abrutissement des nations avoit sans doute accoutumé la Cour de Rome à ces honteux excès, qui étoient autant d'actes d'un despotisme absurde. En 1336, les Vénitiens demanderent la permission au Pape, de pouvoir commercer en Asie, d'y acheter du poivre & de la canelle; Venise obtint ce privilége dont elle n'avoit pas besoin, & on anathématisa tous les autres Etats de l'Europe qui osoient faire le même trafic. En 1440, les Portugais firent à Rome une proposition encore plus risible: ils solliciterent la permission de doubler le Cap de bonne Espérance, & de réduire en servitude perpétuelle les Nègres, parcequ'ils n'alloient jamais à la Messe & qu'ils avoient le teint des réprouvés. Ces deux articles furent accordés pleinement: on n'auroit pas dû les demander, & on auroit été moins coupable. Lopez d'Azevedo, qui alla à Rome solliciter la possession de l'Afrique occidentale pour Alphonse V de Portugal, dit au Pape en plein Consistoire „que Sa Sainteté „étoit priée de vouloir animer & reconnoitre le zéle „du Roi son maître, en attribuant à la Couronne de „Portugal toutes les Terres qu'on découvriroit le „long de l'Afrique, jusques aux Indes inclusivement; „puisqu'on devoit regarder *comme des possesseurs in-* „*justes toutes les nations infideles qui y étoient éta-* „*blies.* Que Sa Sainteté défendît en même temps

„à tous les Princes chrétiens, sous les peines Canoni-
„ques les plus griéves, de traverser les Portugais dans
„leurs entreprises. (*)

Si l'on avoit contraint, comme on auroit dû, cet orateur de Lisbonne, à prouver que les habitants de Congo & d'Angola étoient des possesseurs injustes, parcequ'ils avoient entendu parler vaguement de Mahomet, & jamais de l'Evangile, il auroit été fort embarassé; mais le sacré College ne s'arrêta point à cette preuve, & le Pape expédia sa Bulle dans la teneur que les Portugais la désiroient: on fit, dans toutes les formes & avec beaucoup de cérémonie, une injustice d'autant plus remarquable qu'elle enhardit les Portugais à réduire les Africains à un état d'esclavage qui fait horreur à l'humanité: ils furent les premiers qui firent le commerce des Nègres: les Espagnols les imiterent, & toutes les Puissances de l'Europe imiterent l'Espagne: les droits les plus sacrés de l'homme, ne furent défendus par personne, & trahis par tous.

D'un autre côté, l'étonnement ne cesse point, quand on considére la pusillanimité des Américains, subjugués & détruits presqu'en un instant, par une poignée d'Européans.

Las Casas dit que les Castillans en massacrerent douze-millions: il y a probablement de l'exagération dans ce calcul; mais il n'y en aura plus, si l'on compte ce que les Français, les Anglais: les Portugais & les Hollandais ensemble en ont égorgé depuis le Cap Hoorn jusqu'à la Baye de Wager. Dans l'Amérique

(*) *Histoire des Découvertes des Portugais, par Lafitau Tome I. pag 15. in quarto.*

septentrionale, on a détruit à peu près la treizieme partie des naturels: on n'en a pas laissé dans les Antilles, & presque point dans les Caraïbes & les Lucaïes. Dans le Pérou, dans le Mexique & le Bresil, on a exterminé les deux tiers des Indigenes, car il ne faut faire aucune attention aux apologies de Gumila, qui luttant contre l'évidence, soutient à la fois que la Religion chrétienne a augmenté la population des Indiens, & que la destruction qui en a été faite, étoit fondée sur un ordre de Dieu, qui commanda au Juif Saül d'égorger tous les Amalécites, sans en laisser respirer un seul. Les Espagnols prirent les Américains pour des Amalécites, & le Péruvien Atabaliba pour un autre Agag.

Dans notre Hémisphere existoient des peuples réunis en société de temps immémorial, qui avoient perfectionné les mœurs, honoré les sciences, cultivé les arts, évertué l'industrie, élevé des villes ornées par le génie de la belle architecture, déraciné les bois stériles, multiplié les végétaux fruitiers, amené tous les animaux utiles à la domesticité, saigné les marais, nivelé le terrein, aligné le cours des rivieres, changé les landes en paturages, ensemencé, par les mains de l'agriculture, des campagnes immenses, & embelli tout leur horizon.

Dans l'Hémisphere opposé la nature entiere étoit sauvage, l'air grossier & mal-sain, les forêts épaisses d'une étendue sans fin & sans commencement, & où les rayons du soleil n'avoient jamais pénétré: les eaux fluviatiles, faute d'être contenues dans des bassins fixes, se répandoient dans les campagnes, où ne

SUR LES AMERICAINS. 95

croissoient que des joncs & des herbes nuisibles: la terre étoit jonchée d'insectes & de serpents: les animaux quadrupedes, en beaucoup moindre nombre que dans l'ancien monde, étoient rapetissés, abatardis, & on n'en avoit réduit que deux seules espèces en servitude: les hommes, moins nombreux encore que les animaux, se distinguoient par leur foiblesse & leur épuisement: ils manquoient de génie pour forger le fer dont ils connoissoient les mines, sans pouvoir en exploiter le métal.

L'Amérique contient à peu près 2140212 (*) lieues quarrées; & sur ce prodigieux emplacement on n'a trouvé que deux nations réunies en une espèce de société politique: tout le reste errant & dispersé en hordes ou en familles, ne connoissant que la vie sauvage, végétoit à l'ombre des forêts, & montroit à peine assez d'intelligence pour se procurer sa nourriture.

La différence d'un Hémisphere à l'autre étoit donc totale, aussi grande qu'elle pouvoit l'être, ou qu'on puisse l'imaginer. Je conviens qu'il est difficile de rendre raison d'une si étonnante disparité entre les deux parties constituantes d'un même globe. Prétendre que la race humaine étoit moderne en Amérique, & qu'elle n'y avoit pas encore séjourné pendant six siécles, c'est une supposition insoutenable. Quelle préférence auroit pu être attachée à notre horizon,

---

(*) Mr. Tempelman donne à tout le continent de l'Amérique neuf millions de milles anglais en quarré. Il faut soixante de ces milles sur un degré, du temps que le degré ne contient que 25 de ces lieues dont il est question dans notre calcul.

pour avoir été habité & défriché pendant un temps infini avant l'autre ? Pourquoi le vaste continent des Indes occidentales seroit-il resté vuide, inutile & dépeuplé depuis l'instant de la création jusqu'à l'an 800 de notre ére, qui n'a elle-même aucune antiquité ? La nature auroit-elle été assez impuissante pour n'achever son ouvrage, ou pour le completter que par intervalles ? Elle avoit placé en Amérique des animaux absolument différents de ceux qui vivent dans le reste de l'univers connu : ces animaux étoient-ils aussi d'une création postérieure à celle des individus vivifiés de notre Hémisphere ? On tomberoit dans l'absurdité, si l'on défendoit une telle hypothese & si l'on admettroit une formation successive d'Etres organisés, pendant qu'on est convaincu, qu'il ne paroît pas même sur la scene du monde un nouvel insecte : les germes sont aussi anciens que les espèces, & les espèces paroissent aussi anciennes que le globe. Si la formation spontanée & fortuite a occupé si longtemps les Philosophes de l'antiquité, c'est qu'ils étoient trop mauvais Physiciens pour s'appercevoir de la futilité de cette dispute métaphysique.

Si les Américains étoient étrangers d'origine, & arrivés depuis peu dans cette quatrieme partie de notre Planete, on devroit dire, tout au moins, d'où ils étoient venus, & quelle route ils avoient tenue dans leur transplantation. Tous les monuments historiques confondus ensémble ne fournissent aucune preuve de cet événement, dont le souvenir ne s'étoit conservé nulle part, ni chez le peuple émigré, ni dans le pays qu'on suppose qu'il avoit quitté pour chercher des Terres nouvelles & inconnues. Ce n'est pas à l'égard des Américains seuls que l'histoire est en défaut : elle l'est à l'égard de presque toutes les nations.

On n'est pas en état de marquer sur toute la surface du monde une grande contrée, une isle considérable dont la population ait commencé de mémoire d'hommes : je veux dire qu'on ne connoît positivement aucune région dont on puisse affirmer qu'elle étoit restée déserte, jusqu'à un tel temps, & que les hommes ne s'y sont introduits, pour la premiere fois, que vers une telle époque, abstraction faite de toute origine romanesque dont chaque peuple remplit le premier chapitre de ses annales : si l'on vouloit s'arrêter aux fables nationales, tout seroit expliqué ; si l'on s'arrête aux documents incontestables de l'histoire, rien n'est expliqué. Il est possible que des maladies pestilentielles, des catastrophes physiques, des guerres longues & meurtrieres anéantissent la race humaine dans un pays, & c'est dans ce sens seulement qu'on peut affirmer qu'il étoit inhabité en un tel temps : si l'on concluoit qu'il a toujours été désert, parceque tous ses monuments se sont effacés & sa tradition perdue, on se tromperoit sans doute, autant qu'on peut se tromper, lorsqu'on conjecture ou qu'on devine ce qu'on ne connoît pas,

Il est possible encore que dans de certains climats défavorables, la population soit continuellement foible, & le nombre d'hommes extrêmement rare ; mais la nature ne semble pas avoir compté les individus : elle s'est contentée de l'existence du genre ; l'a

Tom. I. G

soumis aux influences de son climat, & abandonné à sa propre industrie.

Comme dans le plus grand lointain que l'histoire nous présente, on voit la plupart des peuples s'élever successivement de l'abrutissement, & marcher en tâtonnant des extrémités de la vie sauvage, jusqu'aux rudiments primitifs des arts & de la société, il y a toute apparence que les premiers hommes ont été, dans le commencement des choses & des siécles, jettés sur ce globe sans autres notions, sans autres connoissances que celles qu'ont les Sauvages ordinaires: portant en eux le germe de la perfectibilité, ils étoient très-éloignés de la perfection : créés bruts & grossiers, ils doivent à eux-mêmes leurs mœurs, leurs loix & leurs sciences: ils n'ont pas eu de modele commun, ni de regle de conduite fixe; aussi ont-ils varié à l'infini, tant dans les moyens qu'ils ont employés pour atteindre à la vie civile, que dans les institutions de la vie civile même. Le climat les a autant gouvernés que la raison, & les différentes gradations du froid & de la chaleur ont visiblement inspiré aux législateurs des idées souvent contradictoires: lorsqu'on compare les Codes législatifs des Zones tempérées à ceux de la Zone Torride ou de son voisinage, tout contraste & rien ne se ressemble.

Il est des peuples qui ne sont peut-être jamais sortis de l'enfance & de l'état originel: le ciel & la terre se sont opposés à leurs efforts, & la difficulté de se policer a été chez eux invincible, & l'est encore. Les Eskimaux & les Grœnlandois n'auront jamais des villes, ou ce qui est la même chose, ils n'auront jamais des champs labourés, si la position du globe reste la même à leur égard. Les Nègres ne se civiliseront point, s'ils demeurent continuellement sous la Ligne, exposés à la plus grande chaleur qu'aucun point de la terre éprouve.

C'est l'agriculture qui a conduit les hommes par la main, de degrés en degrés, de la constitution agreste à la constitution politique: plus un terrein est-il propre à être ensemencé, plus les graines comestibles y abondent-elles? & plus les possesseurs de ces champs fertiles & de ces semences précieuses s'humaniseront-ils, s'ils s'adonnent à la culture, qui commencera par les rendre sédentaires, & dès lors ils sont à demi policés.

La propriété & tous les arts sont donc nés du sein de l'agriculture. De là on peut déterminer les rangs où les différentes espèces de Sauvages doivent être placées, suivant leur éloignement plus ou moins grand de la perfection morale.

Les cultivateurs sont les premiers dans l'ordre, parceque leur subsistance est la moins précaire, & leur genre de vie le moins turbulent & le moins inquiet: ils ont le temps d'inventer & de perfectionner leurs instruments: ils ont du loisir pour penser & réfléchir.

Les Nomades suivent immédiatement, mais différent des premiers, en ce qu'obligés d'aller à la recherche des pâturages, & d'accompagner leurs troupeaux, ils ne sont jamais établis: on ne rencontre pas, pendant l'hyver, leurs tentes & leurs maisons ambulantes dans les mêmes lieux où l'on les a vues pendant l'été: ils changent de patrie d'une année à l'autre, d'un mois à l'autre. Les Tartares, les Arabes, les Maures, les Lappons font ceux d'entre les Nomades que nous connoissons le mieux: leurs mœurs peuvent être regardées comme le vrai modele de la vie des peuples bergers ou pasteurs: intermédiaires entre la condition sauvage & l'état civil, une distance presqu'égale les sépare de ces deux points:

Il y a des nations que nous avons nommés Rhizophages: nous entendons par là celles qui vivent dans les forêts, de racines & de fruits provenus sans culture. Leurs mœurs dépendent beaucoup des productions & de la qualité du pays: ceux qui ont des cocotiers & des palmistes, sont plus à leur aise & moins sauvages que ceux qui ne voient s'élever au dessus de leurs cabanes, que les rameaux des hêtres & la cime des chênes. L'Auteur de l'*Origine des Arts & des Sciences* croit qu'il est impossible de tirer une nourriture du gland; il veut que ce mot, employé dans ce sens par les Anciens, doive signifier les noix, les chataignes, les pignons, les amandes, les faines & les pistaches, mais il est certain qu'on fait avec le gland de chêne du pain dont les hommes peuvent se sustenter: il est assez connu qu'en 1759, on a eu recours à cet aliment dans quelques cantons de la stérile Westphalie, saccagée alors, pour comble d'infortune, par deux armées ennemies.

Les peuples pêcheurs forment la quatrieme classe: leur façon d'exister ne différe pas sensiblement de celle des pasteurs ou des Nomades, si non que ceux-ci ont dans leurs troupeaux apprivoisés une ressource assurée, & que les pêcheurs doivent attendre, autant du hazard que de leur adresse, le nécessaire physique. Du reste, les Ichtyophages s'expatrient comme les Nomades, suivent par petites troupes les côtes de la mer & les rivages des fleuves, & reviennent, pendant l'hyver, se cabaner & vivre de poisson séché. Ceux d'entr'eux que nous connoissons le mieux, sont les Grœnlandois & les Eskimaux.

Enfin les Chasseurs constituent le dernier ordre, & sont les plus sauvages de tous: errants & incertains de leur sort d'un jour à l'autre, ils doivent craindre la réunion & la multiplication de leurs semblables, comme le plus grand des malheurs; parceque le gibier, bien moins fécond que le poisson, se dépeuple dans tous les pays du monde, à proportion que le nombre d'hommes croît. Un sauvage chasseur cherche les solitudes, s'écarte autant qu'il peut de toute habitation humaine, & s'éloigne à chaque pas de la vie sociale: s'il construit une hutte, c'est plutôt pour s'y retirer que pour y être logé. Jamais en paix avec les hommes ou avec les animaux, son instinct est féroce & ses mœurs barbares: plus son génie s'occupe-t-il des moyens de subsister, moins réfléchit-il sur la possibilité de se policer. Il est dans le genre humain ce que sont les bêtes carnacieres entre les quadrupedes, insociable.

Tout cela posé, il sera plus facile d'expliquer les causes de la différence qu'on a déjà remarquée entre notre Hémisphére & celui de l'Amérique, qui avoit probablement éprouvé des catastrophes physiques, d'épouvantables tremblements de terre, & des inondations considérables beaucoup plus tard que notre horizon. Acosta, dans son excellent Ouvrage *de situ Novi Orbis*, convient que les plus habiles Naturalistes de son temps rencontroient au nouveau monde des vestiges d'un déluge plus récent que ceux de Deucalion & d'Ogygès, & que le grand Cataclysme dont la mémoire s'étoit conservée dans les livres sacrés des Choëns, ou des Prêtres Egyptiens, qui en avoient apparemment reçu la tradition de la postérité de ceux qui se réfugierent dans les montagnes de la haute Abyssinie, où la terre est plus exhaussée, de neuf lieues, que le niveau de la mer à Alexandrie.

Le nombre presqu'infini de lacs & de marécages dont les Indes occidentales sont couvertes, n'avoit pas été formé uniquement par les eaux fluviatiles extravasées, ni par les brouillards attirés par les montagnes & les forêts: ces lacs paroissoient être des dépôts d'eaux qui n'avoient pu encore s'écouler des endroits jadis noyés par une secousse violente, imprimée à toute la machine du globe terraquée: les nombreux volcans des Cordellieres & des rochers du Mexique, les tremblements qui ne cessent jamais dans l'une ou dans l'autre branche des Andes, prouvent que la terre n'y est pas encore en repos de nos jours. Les veines des métaux les plus pesants, exposées dans de certains endroits à fleur de sol, semblent indiquer que le sol même y avoit été délayé, & que des torrents ou des écoulements en avoient entraîné la superficie. Les coquillages marins amoncelés dans les lieux méditerranés les plus bas, (*) la destruction de tous les grands quadrupedes, qui sont les premiers à périr dans les eaux, la tradition unanime des Péruviens, des Mexicains & des Sauvages en général, depuis la Magellanique jusqu'au Fleuve de St. Laurent, sur leur séjour dans les montagnes, pendant que les vallées étoient submergées, toutes ces preuves combinées semblent justifier le sentiment d'Acosta sur l'inondation de l'Hémisphere de l'Amérique.

On demandera peut-être si l'on y a découvert des monuments anté-diluviens? On y a déterré des monuments plus singuliers que ceux qu'on trouve dans notre Horizon; puisqu'on y a exhumé de grands

---

(*) Sur les coquillages fossiles qu'on trouve dans l'Amérique méridionale, on peut consulter le *voyage de Juan d'Ulloa* & sur ceux de l'Amérique septentrionale, le *voyage de Calm*. Cet Auteur étoit, comme le sont tous les Savans de la Suede, très persuadé que la mer du Nord se retire d'une année à l'autre. On prétend s'être assuré par des expériences, que, sur la côte de la Suede cette diminution est de quarante quatre à quarante-cinq pouces en un siécle. En supposant que la progression a toujours été la même, ce Royaume étoit encore submergé, il n'y a que deux-mille ans, ou du moins toutes ses montagnes n'étoient alors que des Isles. Si la diminution continue dans la même proportion, la mer Baltique, qui n'a, selon Maansoon, que trente cordes de profondeur dans ses gouffres, sera à sec dans quatre-mille ans. Mrs. Hierne, Swedenbourg, Celsius, Rudman, Dalin, Linneus & son disciple Calm, ont tous écrit en faveur de cette hypothese de la retraite des eaux de la mer du Nord, de sorte qu'il paroît qu'il y a beaucoup de réalité dans ce phénomene, & d'autant plus, que les expériences faites en Danemark ont donné les mêmes résultats.

Il est vrai que l'Evêque d'Abo a depuis publié un mémoire, dans lequel il contredit tous ces faits attestés par des philosophes, comme les Evêques font ordinairement, quand ils ne sont pas philosophes eux-mêmes.

os fossiles qui avoient appartenu à des animaux quadrupedes, dont les analogues vivants n'existoient plus dans aucune partie de cet immense continent. Quant aux antiquités particulieres, on sait qu'on n'en a jamais découvert nulle part qu'on puisse supposer antérieures au déluge, quoiqu'avant cette époque terrible, il y ait eu vraisemblablement des hommes réunis en société, & aussi policés peut-être, que l'étoient les Grecs du temps d'Alexandre: les feux souterrains & les eaux, en changeant la surface habitable, & le lit de la mer, ont tout englouti. Les monnoyes d'or & d'argent, qui sont si propres à se conserver dans les différentes substances terrestres, n'ont presqu'aucune antiquité. La médaille de Phidon passe pour être la plus ancienne, & en la considérant en original, elle nous a paru absolument fausse, d'une fabrique bien postérieure aux plus belles médailles de la Grèce, & frappée après coup comme les contorniates Romaines. Les Roupies antiques Indiennes, qu'on garde à la Chine dans le cabinet des Empereurs, sont trop peu connues pour qu'on en puisse parler avec précision: elles peuvent avoir néanmoins plus d'âge, que Mr. Freret, ne leur en accorde. (*)

Mela, Pline, & Solin font mention, à la vérité, de la ville de Joppé, qu'ils disent avoir été bâtie avant

_____

(*) Suivant Mr. Freret (*Mémoires de l'Acad. des Inscriptions* T. 18. pag. 45.) aucune tradition, discutée de bonne foi, ne remonte à l'an 3600 avant l'ère vulgaire; il prétend, que la période des Indous nommée *Cal-Jougam*, n'a commencé que l'an 3102 avant J. C. Ainsi les plus anciennes médailles indiennes ne passeroient pas, selon lui, la date de cette époque. Mais les Bramines disent, malheureusement pour Mr.

le déluge, *ante diluvium condita*; mais de quel déluge ont-ils voulu parler? Le cataclysme dont les livres Egyptiens conservoient le souvenir, avoit été un événement destructeur qui avoit défiguré & transposé tous les sites de la terre où il s'étoit étendu. Strabon & Diodore de Sicile rapportent aussi quelques Antiquités, prétendument anté-diluviennes, qui n'étoient réellement que des débris retrouvés dans des endroits jadis submergés par des débordements particuliers & locaux, comme ceux de Samothrace & de Cyrène.

Si l'on admet donc que le continent de l'Amérique avoit été, plus tard que le nôtre, bouleversé par les causes secondes, par des inondations & des tremblements de terre, on concevra pourquoi il y existoit une différence si marquée entre tous les objets de comparaison possibles de ces deux parties du globe.

Notre Horizon avoit un air d'ancienneté, parceque l'industrie humaine avoit eu le temps d'y réparer les dégâts occasionnés par les convulsions de la nature. Dans l'Hémisphère opposé les hommes venoient seulement de descendre des rochers & des élévations où ils s'étoient réfugiés comme des Deucalions: répandus dans des campagnes encore remplies de vase, & de bourbier, leur constitution s'étoit viciée par les vapeurs de la terre & l'humidité de l'air. Le peu de

---

Freret, qu'avant leur période de *Cal-Jougam*, il s'en est écoulé trois autres.

Vouloir fixer la Chronologie de l'Inde, de la Chine & de l'Egypte, c'est une entreprise dont on pourroit dire ce que disoit Pline de ceux qui veulent comprendre la nature de Dieu, *furor est, profectò furor*.

chaleur de leur tempérament, leur population incroyablement foible, leurs corps dépilés & énervés, la maladie endémique dont ils étoient atteints, tout cela indique qu'ils avoient effuié une altération effentielle & récente.

On connoît affez la qualité des terres nouvellement défrichées & faignées: les vapeurs fétides & groffieres qui s'en élevent, font par tout également mal-faines, & engendrent dans les habitants des maladies chroniques. Par ce qui arrive dans un canton, dans une province, on peut juger de ce qui doit arriver dans un pays, & aller du petit au grand: s'il faut une longue fuite d'années, pour purifier la moindre plage que les eaux ont quittée, quel laps de fiécles ne faudra-t-il pas pour émonder une portion confidérable du globe envahie par l'océan, & revenue à fec par l'évaporation, ou par d'autres caufes quelconques?

Les conféquences qu'entraîne un déluge, femblent avoir échappé aux Auteurs les plus éclairés: ce n'eft point affez que les débordements aient ceffé, & que les eaux fe foient retirées; le fol pour redevenir habitable & falubre, exige encore un defféchement parfait, que le temps feul peut amener: les lieux les plus favorables fe recouvrent de végétaux & d'arbres, & ce n'eft qu'alors que les hommes peuvent y rentrer & achever de nettoyer leur féjour par le travail & l'induftrie.

Les peuples de l'Amérique étoient donc, en ce fens, plus modernes que les nations de l'ancien monde: ils étoient plus foibles, parceque leur terre natale étoit plus mal-faine; & on conçoit maintenant pourquoi on les a tous surpris dans un état sauvage, ou à demi sauvage. Le temps de se policer entiérement n'étoit pas encore venu pour eux: leur climat devoit avant tout s'améliorer, les vallées & les campagnes devoient se dessécher davantage, leur constitution devoit s'affermir, & le sang s'épurer. La fertilité de leur pays ne les retenoit pas dans la vie agreste, comme l'Auteur de l'*Esprit des Loix* l'a avancé dans un chapitre particulier, qui a trop de connexion avec mon sujet pour que je puisse le passer sous silence.

„Ce qui fait qu'il y a tant de nations sauvages „en Amérique, dit-il, c'est que la terre y produit „d'elle-même beaucoup de fruits dont on peut se „nourrir. Si les femmes y cultivent autour de la ca-„bane un morceau de terre, le mays y vient d'abord: „la chasse & la pêche achevent de mettre les hommes „dans l'abondance; d'ailleurs les animaux qui pais-„sent comme les bœufs, les bufles &c. y réussissent „mieux que les bêtes carnacieres. Celles-ci ont eu „de tout temps l'empire de l'Afrique."

„Je crois qu'on n'auroit pas tous ces avantages „en Europe, si l'on y laissoit la terre inculte: il n'y „viendroit guères que des forêts, des chênes, & d'au-„tres arbres stériles." (*)

Le raisonnement de ce chapitre est vicieux, en ce qu'il suppose comme vrai ce qui est faux, & en ce qu'il conclut ce qu'il n'est pas possible de conclure.

Quand les Suédois, les Danois, les Russes, les Sarmates, les Bataves, les Bretons, les Germains, les

---

(*) *Livre XVIII. Chap. IX.*

Gaulois, & les Espagnols étoient encore sauvages, il y a quelques siécles, pouvoit-on dire alors qu'il y avoit tant de nations sauvages en Europe, parceque la terre y produit d'elle-même beaucoup de fruits, dont on peut se nourrir? Puisque Mr. de Montesquieu convient lui-même que l'Europe n'a pas cet avantage & qu'elle ne peut jamais l'avoir eu; il y avoit donc une autre cause qui y enchaînoit tous ces peuples dans l'état agreste, & cette cause étoit la stérilité.

Une nation qui possede un terrein abondant en fruits, s'humanisera bien plutôt qu'une horde située sous un ciel âpre, & sur une terre frappée de stérilité: aussi voit-on que telle a été la marche de l'esprit humain, & la naissance successive des sociétés: elle a suivi la gradation des climats, & la fécondité du sol: sur les rives fortunées de l'Inde & du Gange, plantées de figuiers, de palmistes, & de cocotiers, les hommes ont été réunis & civilisés infiniment plutôt que les habitants des forêts de la Souabe & de la Westphalie, qui broutoient des glands, il n'y a que quelques années.

Ce n'est donc pas la fertilité du climat qui retient l'homme dans la vie sauvage: c'est au contraire le défaut de subsistances qui l'empêche d'en sortir. Il ne faut avoir qu'une legere idée de l'Amérique Septentrionale, pour saisir toute l'inconséquence de la proposition de Mr. de Montesquieu: jamais on n'a dit que cette vaste région, couverte de neiges & habitée par quelques Sauvages, étoit une terre de voluptés, prodigue en fruits & en productions naturelles: nulle part l'avarice de la nature n'a été plus marquée.

SUR LES AMERICAINS. 109

Les Indigenes y ont continuellement à combattre contre la disette; d'ailleurs ils étoient tous chasseurs ou pêcheurs : si les fruits de leurs forêts avoient pû les nourrir, ils seroient devenus frugivores, & auroient au pied d'un arbre passé tranquillement leurs jours, sans errer, comme ils font, à deux ou trois-cents lieues de leurs cabanes, pour poursuivre au travers des glaces, un Orignal qui souvent leur échappe. Ces grands voyages qu'ils sont obligés d'entreprendre tous les ans, leur ont fait imaginer des poudres & des pâtes nutritives, qui étant condensées & réduites en un petit volume, peuvent aisément se transporter, pour sustenter les chasseurs quand ils sont malheureux, ou séparés de toute habitation par des distances immenses. (*) Quand ces provisions viennent à leur manquer, ils n'ont d'autre ressource que dans une sorte de *Lichen*, qui croît contre les rochers, & que les Européans nomment *Tripe de Roche*; & dans la graine de l'avoine sauvage, dont le Canada produit naturellement quelques espèces.

(*) Les Sauvages de Susquehannah, au delà de Philadelphie, ont une poudre nutritive qu'on nomme *poudre verte* : elle est composée de blé d'Inde torréfié, de la racine de l'Angélique, & d'une certaine quantité de sel commun : une cuillerée suffit à une personne pour sa subsistance d'un jour.
Les Lappons, les Tartares, les Maures, & plusieurs nations errantes ont aussi leurs pâtes alimentaires : le *Kacha* des Tartares est en ce genre la meilleure composition qu'on connoisse. La poudre nutritive inventée prétendument en 1753 par Mr. Bouëbe, Chirurgien du Régiment de Salis Grisons, n'étoit aussi que du blé d'Inde broié, grillé, mêlé de sel & d'une graine carminative qu'on croit être le cumin. Il est clair que cette récette a été copiée sur le procédé des sauvages de l'Amérique septentrionale.

Les besoins toujours renaissants de la vie animale absorbent, comme nous l'avons dit, toutes les idées de l'homme moral : il n'a pas le temps de songer à se civiliser : il n'est point de son intérêt de se réunir, parceque les produits de la chasse diminuent en raison directe du nombre des chasseurs : l'agriculture seule multiplie ses récoltes en raison du nombre des cultivateurs.

Les femmes cultivoient le mays en Amérique, dit l'Auteur de l'*Esprit des Loix*; mais on sait qu'il y avoit au nouveau Monde vingt provinces où l'on ne connoissoit pas le mays, sur une où l'on en faisoit usage. D'ailleurs s'il falloit élever cette semence pour sustenter la vie, à quoi servoient donc ces fruits abondants que le sein de la terre y versoit, prétendument sans peine & sans culture, sur la table des sauvages? La vérité est, que l'Amérique en général a été, & est encore de nos jours, une contrée fort stérile. On peut même s'étonner que ceux d'entre les sauvages qui y ont connu le mays, ne se soient pas civilisés davantage; car il est certain que le Nord de nôtre Europe n'est sorti entièrement de l'abrutissement & de la barbarie qu'au temps où les peuples de l'Italie & de l'Asie lui ont communiqué les graines comestibles, & les germes des fruits qui lui manquoient. En examinant l'histoire & l'origine de presque tous nos légumes, de nos plantes potageres, de nos arbres fruitiers, & même de nos grains, on s'apperçoit qu'ils sont exotiques, & qu'ils ont été successivement importés d'un autre climat dans le nôtre, où la culture & le labourage les ont ensuite naturalisés. On peut aisément s'imaginer quelle doit avoir été la disette des anciens Gaulois, & sur tout des Germains, chez qui il ne croissoit encore aucun arbre fruitier du temps de Tacite. Le regne végétal se vivifie sous la main de l'homme civilisé : il meurt sous les pieds du Sauvage.

Les bœufs & les bufles réussissoient bien en Amérique, dit Mr. de Montesquieu ; mais il est certain qu'il n'y avoit en Amérique ni bufles ni bœufs, qui y ont été, ainsi que les chevaux, transplantés par les Européans dans les premiers temps de la découverte. Les Caribous & les Orignaux du Canada sont de la même espèce que les Rhennes de la Lapponie : cependant les naturels de l'Amérique septentrionale n'avoient pas eu l'esprit de soumettre ces animaux, ni de les apprivoiser à paître en troupeaux sédentaires, ce que les Lappons ont parfaitement bien exécuté avec les Rhennes, dont ils tirent tous les services imaginables ; & les Sauvages des Indes occidentales n'en tiroient aucun de leurs Orignaux. Les Bisons, que les Tartares ont amenés à la domesticité, étoient également restés sauvages chez les Américains. Quant aux bêtes carnacieres, le Canada seul en nourrissoit un nombre presqu'incroyable : la quantité de pelleteries qu'on en apporte, en est une preuve parlante. Les ours, les loups-cerviers, les loups noirs, les gloutons, les tigres, les renards y étoient très-répandus, & quoique ces animaux fussent moins vaillants, ou plus peureux que ceux de leur espèce qui habitent dans l'ancien continent, ils avoient néanmoins assez de forces pour faire la guerre aux bêtes frugivores.

Je ne vois donc, dans tout le passage tiré de l'*Esprit des Loix*, qu'un raisonnement de spéculation, contredit par les faits & l'expérience de toutes les nations & de tous les siécles : c'est le sophisme d'un grand homme.

Ce sont la stérilité & la pauvreté du terrein & du climat qui retiennent l'homme dans la vie sauvage. L'abondance l'amene à la société : l'article de la subsistance doit être réglé avant qu'on rédige le Code législatif : les loix ne sont qu'utiles : la subsistance est indispensable.

Dans les pays tempérés & riches en végétaux, la société a été établie infiniment plutôt que dans les cantons froids & stériles : on la voit passer & comme voyager de l'Asie méridionale dans l'Egypte, de l'Egypte dans la Grèce, de la Grèce dans l'Italie, de l'Italie dans les Gaules, des Gaules dans la Germanie : & cette progression suit exactement le degré de fécondité physique de chacun de ces pays en particulier. S'ils étoient également incultes, la Germanie seroit sans contredit le plus dépourvu & le plus stérile de tous : si elle restituoit les végétaux étrangers qui n'appartiennent pas originellement à son terroir ou à son climat, il ne lui resteroit presque rien : elle ne conserveroit, entre les petites semences alimentaires, que le pavot erratique & l'avoine agreste.

Les Américains étoient donc sauvages, ou sémisauvages, parceque leur complexion affoiblie & leur génie borné ne pouvoient dompter une terre ingrate. En un mot, ils manquoient d'instruments de fer, &

aujourd'hui qu'on leur en a procurés, ils font trop indolents, trop lâches pour s'en servir.

Ceux qui ont étudié leurs mœurs, & sur tout celles des septentrionaux, se sont étonnés de ce qu'elles étoient, pour ainsi dire, les mêmes que celles des anciens Scythes, & de cette similitude apparente on a déduit des lignes de filiation, & d'extraction d'un de ces peuples à l'égard de l'autre; mais les mœurs scythiques n'ayant été que les vrais caracteres de la vie sauvage, il étoit naturel d'appercevoir une telle ressemblance entre la façon d'exister de tous les sauvages de l'univers, parvenus à s'attrouper.

Ils sont carnaciers, cruels, impitoyables à proportion de la stérilité du terrein qui leur est échu en partage, ou des défauts physiques de leur tempérament altéré. Les Américains étoient dans l'un & l'autre cas, & se faisoient entr'eux tous les maux que leur avoit fait la nature: n'aimant pas leurs femelles avec ardeur, ils manquoient du plus puissant lien de la sociabilité, & vivoient comme ces animaux qui s'assemblent en de certaines saisons & se séparent ensuite pour chasser chacun à part. Dans les quartiers du Nord, où le sol étoit singuliérement avare, la nécessité forçoit chaque individu humain à chercher sa nourriture, & à employer tout son temps à cette recherche. Les idées relatives d'amitié & d'union y étoient donc impossibles en un certain sens: il devoit donc y regner un état de guerre perpétuelle entre les peuplades qui se rapprochoient assez pour s'oter mutuellement la subsistance. Aussi les premiers Européans s'apperçurent-ils d'abord de cette triste animosité qui incitoit tous les Sauvages des Indes occidentales les uns contre les autres: ceux qui étoient demi-policés, croyoient avoir encore des motifs pour ne jamais vivre en paix. Un Philosophe comme Hobbes n'auroit pas manqué d'y voir la démonstration de son système, & il auroit pû se tromper.

La constitution de la vie sauvage amene nécessairement l'établissement des Tribus, & ces Tribus sont par tout ennemies les unes des autres; comme on l'observe chez les Tartares, chez les Arabes, chez les Abyssins, chez les Nègres, chez les Caffres: enfin parmi toutes les nations vagabondes qui se sont distribuées en hordes: & voici la cause de cette discorde universelle.

Par tout où la propriété n'est point fixée, on se bat avec acharnement, pour empêcher qu'elle ne s'établisse; par tout où la propriété est établie, on se bat encore avec une opiniâtreté égale pour la maintenir. Dans l'un & l'autre cas, les hommes sont si fort à craindre, que le dernier effort de la vertu est, d'être parvenu à les aimer, & on ne peut les aimer, si l'on n'excuse leurs emportements & leurs excès. Quand on réfléchit donc qu'ils ont tous les mêmes foiblesses, les mêmes besoins, & les mêmes droits aux productions de la terre, on conçoit qu'il leur seroit difficile d'être éternellement en paix, quand même ils seroient infiniment moins méchants qu'ils ne le sont, ou qu'on ne les suppose. D'ailleurs leur commun malheur est, que l'injustice d'un seul être dérange l'équilibre & l'union générale: les loix, qui peuvent contenir & réprimer la multitude, ne peuvent, par une impuis-

SUR LES AMÉRICAINS. 115

fance finguliere, contenir cinq ou fix Tyrans avides & orgueilleux; & c'est plus qu'il n'en faut, pour enfanglanter la terre dans toute fa circonférence.

Quelques Ecrivains ont hazardé de nos jours des réflexions extraordinaires fur les Américains du Nord: ils ne peuvent trop s'étonner, difent-ils, que ces peuples foient reftés de tout temps chaffeurs & libres. Je ne crois pas que l'amour de la liberté naturelle foit gravé plus profondément dans l'ame des Iroquois & des Algonquins que dans celle des autres hommes: fi l'on les a vus fouvent en guerre avec les Français & les Anglais, c'eft qu'on a voulu leur ôter la jouiffance de l'air & de la terre: ce n'eft pas leur liberté qu'ils ont prétendu défendre, ils ont tâché de maintenir leur exiftence; encore ne voit-on pas qu'ils ayent jamais montré beaucoup de valeur à proportion de l'intérêt, qui auroit dû les inciter jufqu'à la fureur. Il ne faut pas s'imaginer qu'ils foient des Spartiates qui attaquent de front, & ouvertement les troupes Coloniaires: ils n'ont jamais eu cette noble hardieffe, & font la guerre en fe cachant. Quoique le Sr. du Pratz exagére jufqu'à la contradiction les grandes qualités des Sauvages, cependant il eft contraint d'avouer qu'ils font finguliérement lâches, timides, & que leurs attaques reffemblent à celles d'une bande de voleurs qui fe gliffe de nuit dans une maifon, y égorge les gens endormis, emporte ce qui lui convient, & brule le refte. Jamais ils n'engagent un combat régulier & décifif en plein champ: ces fortes d'actions, qui exigent de l'intrépidité, leur fon inconnues.

La supériorité qu'ont les peuples civilisés sur les peuples sauvages, ne consiste que dans la perfection des leurs armes & dans le mécanisme plus ingénieux de leur tactique : quant à la bravoure, elle peut être quelques fois plus grande, plus héroïque du côté des Sauvages, que du côté de l'ennemi : on remarque que les Germains & les Bataves n'en ont jamais manqué, quoiqu'ils ne fussent pas mieux policés que les Hurons le sont, & qu'ils eussent à faire à des armées Romaines dont la discipline surpassoit tout ce que l'art militaire a jamais produit de plus achevé en ce genre. Si la défaite de Varus, a été l'effet d'une surprise, au moins la bataille de Brème, livrée par Arminius aux Troupes de Germanicus, a-t-elle été une action réguliere en plein champ, & disputée avec toute l'opiniâtreté possible.

La vie sauvage n'éteint donc pas le feu du courage dans le cœur de l'homme : la timidité des Américains venoit donc d'une autre cause que de leur façon d'exister : ils étoient peureux par instinct, parceque tous leurs organes étoient affoiblis & altérés. Depuis que nous avons la relation du Colonel Bouquet, qui a fait contre eux l'expédition de l'Ohio, en 1764, nous pouvons juger d'après les faits. Voici comme cet Officier s'exprime.

„ Ces Sauvages, dit-il, qui ont eu anciennement la réputation d'être très-poltrons, ne sont guères plus braves aujourd'hui, quoiqu'ils ayent des armes à feu. Ils exposent rarement leurs personnes au danger, & se fient entièrement sur leur adresse à se cacher pendant l'action : ne paroissent jamais à

„découvert à moins qu'ils n'ayent, par leurs hurle-
„ments effroyables, frappé de terreur l'ennemi enga-
„gé dans des bois impraticables: ils l'attaquent quand
„il est absolument hors d'état de se défendre, & qu'il
„met bas ses armes."

Je demande si l'on est fondé à chercher l'amour extrême de la liberté dans de tels combattants, qui au contraire décelent tant de foiblesse, lorsqu'ils sont forcés de défendre leur vie? Ce qui arrive toutes les fois que les Européans s'emparent d'un terrein faisant partie de la chasse ou du pâturage de ces Barbares pusillanimes, dont les Chefs & les Députés ont toujours déclaré, & déclarent encore, qu'ils reconnoîtront volontiers le Roi Anglais, ou qui que ce puisse être pour leur Souverain, & qu'ils s'obligent à lui payer un tribut de fourrures en toute éternité, pourvu qu'on leur procure de quoi vivre, ou qu'on ne leur ôte pas la terre sur laquelle ils peuvent se nourrir en chassant des orignaux, des castors & en broutant des racines.

On peut juger quelle doit avoir été l'effrénée cupidité & l'injustice atroce des conquérants de notre Hémisphère, pour forcer des malheureux à leur faire une telle prière, indigne sans doute d'un peuple fier & vaillant auquel les Américains n'ont jamais ressemblé.

Je me suis donc cru en droit de conclure que, dans toutes les anciennes guerres nationales du Nord de l'Amérique, il n'a jamais été question de la liberté respective d'une peuplade ou d'une autre; mais qu'il s'y est toujours agi de la subsistance de chaque peuplade en particulier, à qui il falloit un immenſe terrein inculte, pour équivalent d'un petit terrein cultivé. Qu'une nation qui n'a pas de quoi ſe nourrir, auroit l'orgueil infenſé de ſubjuguer une autre nation, auſſi pauvre qu'elle, par la ſeule paſſion de conquérir, cela n'eſt point dans la nature des Sauvages; car dès lors, ils ceſſeroient de l'être : pour conſerver leurs conquêtes, ils feroient contraints de ſe policer, & leurs eſclaves, pour apprendre à obéir, feroient auſſi contraints de ſe policer. Le grand intérêt qui diviſoit donc tous ces peuples chaſſeurs, étoit la chaſſe même : c'étoit la ſource de l'éternelle diſcorde qui armoit une tribu contre une autre, dès qu'elles étoient aſſez rapprochées, pour s'intercepter mutuellement le gibier. J'aurois honte de réfuter ce que l'Auteur de *la Théorie des Loix civiles* a écrit ſur ce ſujet: ſelon lui, „tous les ſauvages Chaſſeurs ſont en paix: la guerre „n'exiſte que chez les peuples cultivateurs: l'agri„culture engendre les guerres nationales: la chaſſe „adoucit le cœur de l'homme, & l'amene inſenſi„blement dans le ſein de la vie ſociale: l'eſclavage „eſt un bien, on a eu tort de l'abolir." Voilà une ſuite de paradoxes que Mr. Linguet a oſé faire imprimer.

Les Européans, au lieu d'employer la force ouverte & les procédés outrés pour détruire les hordes Américaines, n'auroient dû employer que la douceur, & la ſupériorité de leur génie & de leurs talents, pour les apprivoiſer, comme les Hollandais ont fait avec les Hottentots du Cap de bonne Eſpérance, d'abord très-farouches, & devenus enſuite très-officieux. Ces

Africains parlerent ainsi aux premiers Hollandais qui débarquerent chez-eux. „Vous autres étrangers ve-„nus de loin, vous n'êtes après tout que des hom-„mes comme nous; si vous en savez plus que nous, „faites un miracle en notre présence, & nous recon-„noîtrons votre supériorité. Si avec cela, vous êtes „justes & équitables, nous serons vos amis, & vous „promettons nos services." Mr. Adrien Vander-steel (*) Commandant du Fort, fut d'abord embar-rassé par cette question: il suppléa à tout par sa hardiesse & une présence d'esprit étonnante. Arrivé à l'assemblée des Caffres, il prit en main un grand gobelet d'eau de vie, y mit le feu & proposa aux plus hardis de boire cette coupe pleine de feu; ce qu'ils refuserent avec effroi. Hé bien, amis, dit-il, je ferai ce que vous n'osez entreprendre: vous avez demandé un miracle. En voilà un dans toutes les formes; & il vuida d'une haleine la liqueur enflammée. Depuis ce temps, les Hollandais & les Hottentots ont été bons amis: il est vrai qu'on leur a payé le terrein sur lequel on a bâti la ville du Cap & les autres logements de la Compagnie; & qu'on leur a tenu inviolablement la parole de ne jamais réduire aucun homme de leur nation en esclavage, comme on y réduit

---

(*) Il est assez surprenant qu'un Allemand, nommé Pierre Kolbe, prétende que c'est lui qui a fait le miracle de la coupe enflammée. L'Abbé de la Caille lui a imputé ce mensonge grossier, & il a eu raison. Ce Pierre Kolbe n'a jamais vu des Hottentots: il ne s'est amusé au Cap qu'à faire la débauche dans des cabarets avec des matelots, & à écrire un très-mauvais livre, dont il a compilé plusieurs chapitres, étant yvre.

les Nègres & les Indiens. Cet exemple peut-être unique dans l'histoire, & qui fait tant d'honneur au caractere doux & généreux des Hollandais, auroit dû être imité par toutes les Puissances qui ont formé des établissements dans les Isles, & le continent des Indes occidentales. On ne sauroit trop répéter qu'en détruisant les Américains, on a fait, même en politique, une faute irréparable: on auroit dû les laisser subsister & s'y incorporer, comme on a fait, aux Indes orientales, avec les Javanois, les Malais, les Malebares, les Mogols, & tous les autres peuples de cette partie de l'Asie.

Las Casas, Evêque des Chiapa, avoit eu, à la vérité, l'idée de policer les Américains, de les laisser libres, de les porter au commerce, & de leur donner simplement des Gouverneurs. (*) Mais cet Ecclésiastique, d'ailleurs intriguant, cachoit des vues orgueilleuses & immenses, sous ce plan dicté en apparence par l'humanité & la modestie: si l'on lui doit des éloges pour les maux qu'il ne fit pas aux Américains, il est impossible de lui pardonner d'avoir le premier, en Es-

---

(*) Las Casas demandoit mille lieues de Côtes, depuis Rio Dolcé, jusqu'au Cap de Los Aracuas, pour y établir un ordre sémi-militaire, sémi-ecclésiastique: il vouloit être grand Maître de cet ordre & se flattoit d'apprivoiser & de civiliser 10 mille Américains en deux ans, & de leur faire payer en trois ans, un Tribut de quinze-mille Ducats, & de soixante mille Ducats en dix ans. Il y avoit, dans ce projet, une injustice marquée; si les Espagnols n'avoient eu aucun droit en conquérant l'Amérique, comment pouvoient-ils avoir droit d'exiger un Tribut des Américains? L'intention de Las Casas étoit de se faire souverain dans les Indes: il est certain que les Jésuites ont, dans la suite, exécuté ce que Las Casas avoit projetté, & se sont servis de ses mémoires.

pagne, formé & exécuté le projet d'aller en Afrique acheter des Nègres, de les déclarer esclaves, & de les forcer, par des traitements inouis, à labourer la terre du nouveau Monde. Sepulveda, qui fut l'ennemi capital de ce Las Casas, & qui attaqua avec aigreur toutes ses démarches, ne lui reproche nulle part cet odieux Mémoire qu'il avoit offert à la Cour, pour proposer la traite des Noirs: tant les idées étoient alors confondues: le fanatisme, la cruauté, l'intérêt avoient perverti les premieres notions du droit des gens: on fit les plus grandes injustices, & on les défendit par les plus mauvaises des raisons.

Avant que de considérer plus en détail les différentes variétés qu'on a remarquées dans les différentes peuplades du nouveau continent, je dirai un mot du caractere moral des Sauvages du Nord, parceque cet article est très-obscur; aucun Auteur n'étant à cet égard d'accord avec aucun autre. La Potherie, Charlesvoix & Colden offrent des observations particulieres qui contrastent, dès qu'on les compare en commun. Environnés de tant de témoins qui se contredisent, accompagnés de tant de guides qui nous égarent, il ne reste, pour trouver la vérité, qu'à faire usage du discernement, en dépit de l'autorité & du témoignage de chaque voyageur en particulier.

Quand Mr. Timberlake dit que les Iroquois ont un goût décidé pour l'éloquence & la poësie; quand il dit qu'ils n'ont d'autre moyen de faire fortune chez eux, qu'en excellant dans la rhétorique: quand il dit que leurs harangues égalent celles de Démosthene, & surpassent celles d'Isocrate, gardons-nous d'ajouter foi à Mr. Timberlake (*) & à tous ceux qui font des contes de cette nature, puisque la ſtupidité eſt malheureuſement le caractere original & commun de tous les Américains. Ceux qui ont traduit leurs harangues, n'étoient pas ſi ſtupides, puiſqu'ils ont exactement rendu des diſcours prononcés dans une langue qu'ils ne comprenoient pas, & auſſi peu que Quinte-Curce comprenoit le Scythe & le Perſan, quand il imagina ces belles harangues prononcées par des Perſans & des Scythes.

Quand Mr. Timberlake nous aſſure, que ces mêmes Iroquois, avec leur art oratoire & leur proſodie, n'ont aucune idée de la diverſité des valeurs, qu'ils ne peuvent compter au-delà de dix, qu'ils ne ſavent ni manier la ſcie, ni la hache, que rien n'eſt plus mal adroitement conſtruit que leurs cabanes & leurs canots: quand il aſſure qu'ils ſont exceſſivement ivrognes, & à chaque inſtant les dupes de leur propre ignorance, & de la mauvaiſe foi des marchands d'Europe; alors nous pouvons croire que cela eſt poſſible, ſans outrager la raiſon ou le bon ſens.

La plupart des Relateurs Anglais, ſous prétexte de tracer naïvement le portrait des Sauvages, ont fait la ſatyre de leur propre nation: ils ſont pleins d'allégories, peut-être ingénieuſes, mais à coup ſûr inſupportables pour quiconque ne s'intéreſſe ni aux Bills du Parlement, ni aux Conſeils de St. James, ni à toute la révolution du Miniſtère Britannique. Des écrivains fort eſtimables, pour s'être trop fié à ces relations

---

(*) *The Memoirs of Lieut. Henry Timberlake.* London 1766.

illusoires, ont prêté aux Américains des vices & des vertus qu'ils n'ont pas, un héroïsme qui leur est inconnu, & une portion de bonheur dont ils seroient réellement très-fâchés de jouir. Il y a, sans doute, un milieu dans ces excès; & nous nous flattons de l'avoir saisi, en réduisant l'Américain sauvage à son instinct animal.

Il n'est proprement ni vertueux, ni méchant: quel motif auroit-il de l'être? La timidité de son ame, la foiblesse de son esprit, la nécessité de se procurer sa subsistance au sein de la disette, l'empire de la superstition, & les influences du climat l'égarent, & l'égarent très-loin; mais il ne s'en apperçoit pas. Son bonheur est de ne pas penser, de rester dans une inaction parfaite, de dormir beaucoup, de ne se soucier de rien, quand sa faim est appaisée, & de ne se soucier que des moyens de trouver sa nourriture, quand l'appétit le tourmente. Il ne construiroit pas de cabane, si le froid & l'inclémence de l'air ne l'y forçoient: il ne sortiroit de sa cabane, s'il n'en étoit chassé par le besoin: sa raison ne vieillit pas: il reste enfant jusqu'à la mort, ne prévoit rien, ne perfectionne rien, & laisse la nature dégénérer à ses yeux, sous ses mains, sans jamais l'encourager & sans la tirer de son assoupissement. Foncièrement paresseux par naturel, il est vindicatif par foiblesse, & atroce dans sa vengeance, parcequ'il est lui-même insensible: n'ayant rien à perdre que la vie, il regarde tous ses ennemis comme ses meurtriers. Si ses projets de vengeance étoient toujours soutenus par le courage de les exécuter, il n'y auroit pas d'animal plus terrible, & il seroit aussi dangereux aux Européans, qu'il l'est à l'égard des petites hordes de sa nation avec lesquelles il est en guerre, & qui n'étant pas plus braves que lui, rendent la partie plus égale, & éternisent les combats. Quand on découvrit le Canada en 1523, les Iroquois faisoient la guerre aux Hurons, & ils la font encore aujourdhui: le temps n'a ni adouci leur haine, ni épuisé leur vengeance.

Le Docteur Kraft, qui a composé, sur les mœurs des Sauvages, un livre moins impertinent que celui du Pere Lafiteau, prétend (*) qu'ils sont excessivement orgueilleux, & n'estiment rien qu'eux-mêmes. Kraft auroit dû faire attention que le plus surprenant des phénomènes seroit, que des Sauvages extrêmement ignorants ne fussent pas aussi extrêmement présomptueux. Ne connoissant rien dans la nature entiere, ils sont & doivent être timides, crédules, & par conséquent superstitieux: s'ils entendent le tonnerre, si un objet nouveau les effraye, ils adoreront aujourd'hui un caillou, & demain un arbre: ils auront de la divinité les idées les plus absurdes, & la peindront presque toujours comme un être malfaisant, qu'ils tâcheront d'appaiser, & de calmer par des sacrifices, & des offrandes: ils auront des sorciers plutôt que des prêtres.

L'autorité qu'ils respectent le plus, est celle des vieillards qui peuvent tout parmi les Sauvages, aussi

(*) *Kort fortaeling af de vilde volkes fornemmeste indretninger, Skikke, oc meninger by Jens Kraft 1760.*

SUR LES AMERICAINS.

longtemps que leurs forces ne les abandonnent pas, & qu'ils peuvent se procurer eux-mêmes leur nouriture; mais dès que ces vieillards sont épuisés & décrepits, personne ne les aide ou les secourt: on ne leur apporte pas même à manger, & ils périssent le plus misérablement du monde, & à peu-près comme les animaux carnaciers parvenus au dernier terme de la caducité, qui meurent pleins de vie, parcequ'ils manquent de vigueur pour chasser, & qu'ils ne manquent pas absolument de forces pour respirer encore longtemps: leurs petits, dont ils devroient être naturellement secourus, ne montrent pas le moindre retour de tendresse pour les soins de leur éducation. Il faut que cette ingratitude qui nous saisit d'horreur, soit néanmoins une loi de la nature animale, qui ne s'intéresse qu'à l'individu qui croît, & non à celui qui dépérit après avoir achevé sa croissance. L'homme sauvage en qui toute lumiere est éteinte & tout sentiment obliteré, ne s'écarte gueres du niveau des quadrupedes, & des autres animaux abandonnés à leur instinct. (*) Cependant on a prétendu que, malgré ce

(*) Les Hottentots, quoique d'ailleurs d'un caractere fort doux, délaissent aussi les vieillards qui survivent à leur industrie & à leurs forces. Aussi longtemps qu'un homme ou une femme sont en état d'apporter à leur hutte une plante ou une racine, on les traite avec humanité; mais dès que les forces leur manquent absolument, leurs amis & leurs propres enfants les laissent périr d'inanition. Ce traitement est donc un caractéristique des mœurs de tous les sauvages : ceux qui sont errants, détruisent les vieilles gens pour ne pas les laisser à la discrétion des ennemis ou des animaux carnaciers. Les Massagètes, dit Strabon, font dévorer leurs vieillards par des dogues. *Dii meliora piis, erroremque hostibus illum!*

caractere impitoyable, les Sauvages ne font pas barbares, mais que les peuples civilifés le font. Ce jugement outré eſt celui d'un miſanthrope, ou d'un infenſé qui s'étudie triſtement à chercher des motifs pour haïr le genre humain. Si les crimes font fréquents chez les nations les plus policées, il ne faut en accufer ni les fciences, ni les arts: fi chez ces nations, il s'éleve des Defpotes qui écrafent tout fous leurs mains fanglantes, fous leurs aveugles volontés; il ne faut pas en accufer les loix, mais la lâcheté de ceux, qui ne s'oppofent pas au defpotifme, ou qui l'endurent; quoique, dans nul endroit de la terre, un feul homme foit plus fort que plufieurs qui prétendent être libres & fecouer leurs chaînes. Je crois que tous les Defpotes reſſemblent à Tibere, qui étoit lui-même furpris de ce que les Romains n'avoient pas le courage de le contredire, ou de lui défobéir, & qui voyant tout le Sénat rampant à fes pieds, s'écria d'indignation: *O homines ad fervitutem paratos!* Cet exemple, pris de l'hiſtoire d'une République expirante fous le pouvoir arbitraire, doit nous convaincre que les efclaves font quelques fois auſſi coupables que les tyrans, & qu'il eſt difficile de favoir, fi la liberté a plus à fe plaindre de ceux qui l'envahiſſent, que de ceux qui ne la défendent pas.

Si l'on prenoit pour termes de comparaiſon de malheureux Afiatiques, foumis aux caprices illimités d'un Sultan barbare & fougueux, & des Hurons du Canada gouvernés par le climat & leur inclination phyſique, il y a toute apparence que l'avantage seroit du côté des derniers : mais ce n'est pas des abus qu'il faut tirer des inductions : c'est comme si l'on vouloit prouver qu'un malade, qui a la fievre chaude, se porte très-bien, parcequ'il n'a ni l'hydropisie, ni la peste, ni le mal de Naples.

On a inutilement examiné, s'il y a plus de bonheur ou moins d'inquiétude dans la vie sauvage que dans la constitution sociale : ces deux états sont si éloignés, si opposés entr'eux, qu'ils excluent naturellement toute comparaison, ou pour les comparer il faudroit les connoître tous deux, & les connoître jusqu'aux moindres maux & aux moindres biens dont ils sont susceptibles : il faudroit avoir été élevé dans l'un & l'autre. Et voilà ce qui est impossible. On a vu des Sauvages enlevés à l'âge de douze ou treize ans, traînés dans des villes, nourris par des maîtres grossiers & stupides, retourner ensuite, à la premiere occasion, dans les forêts, jetter leurs vêtements, & reprendre avidement le train de vie de leurs semblables. De grands Philosophes ont raisonné sur ces faits, & n'ont pas manqué d'en tirer des conséquences fausses. Cependant il est certain que les impressions de l'éducation ont produit ces retours à la vie primitive, & que le rang d'esclave qu'avoient tenu ces Sauvages dans la société, n'ayant par lui-même rien que d'avilissant, ils ne s'étoient pas cru compensés, par leur condition actuelle, de celle dans laquelle ils étoient nés. Tout ce que nous pouvons savoir sur ce sujet, se réduit à ceci : il y a des situations, des événements qui flattent l'homme social,

& qui feroient le tourment du fauvage, fi tout à coup la main d'un Dieu le tranfportoit de fa cabane dans la fphere de notre félicité. Quant au bonheur dont il jouit, on peut le comparer affez fûrement à celui que goûtent parmi nous les enfants qui font fauvages, au milieu de la fociété, jufqu'au terme où leur raifon fe développe, & que l'inftruction l'éclaire.

Fin de la premiere Partie.

RECHERCHES
PHILOSOPHIQUES
SUR
LES AMÉRICAINS.

SECONDE PARTIE.

SECONDE PARTIE.

SECTION I.
De la variété de l'espèce humaine en Amérique.

Plusieurs Auteurs ont soutenu que l'espèce humaine n'étoit point diversifiée en Amérique comme dans notre continent, que toutes les figures & les visages s'y ressembloient, & que le masque de l'homme y étoit le même. Il est vrai qu'on n'y a pas découvert des peuples à grosses jambes, comme les Naires de Calicut, ni des Sauvages à queue, comme Marc Paul, Struys, & le naturaliste Bontius disent qu'on en trouve en Asie, ni enfin des femmes avec une excroissance à l'*os pubis*, comme les Hottentotes: mais dans les seules Provinces septentrionales on a compté trois à quatre variétés, dont les Eskimaux forment la plus remarquable, que nous nous sommes proposés de dépeindre dans un article particulier: on donnera ensuite l'histoire complette des Patagons, devenus si célèbres sans qu'ils sachent eux-mêmes pourquoi. Ce traité sera suivi par la description des Blafards de Panama, des Nègres blancs, des Orangs-Outangs, & des Hermaphrodites de la Floride, &c. &c.

Tel est l'arrangement qui nous a paru le plus propre pour mettre de l'ordre & de la précision dans une si grande diversité de matieres.

C'a toujours été le privilege, & peut-être aussi la récompense de ceux qui ont découvert des terres nouvelles & lointaines, d'en conter des prodiges qui ne devroient pas survivre à leurs Auteurs, s'il n'étoit dans l'instinct du vulgaire de se passionner longtemps pour des absurdités venues de loin, & attestées par des aveugles ou par des fourbes.

Les premiers Avanturiers qui firent, au quinzieme & au seizieme siécle, la reconnoissance des côtes de l'Amérique furent presque tous agités de la fureur d'en écrire des relations mensongeres. Jacques Cartier, qui découvrit une partie de la nouvelle France, usa de tous ses droits, & y mit des hommes velus, marchant à quatre pattes, & d'autres créatures humaines qui, sans être quadrupedes, n'avoient point d'ouverture au fondement, & qui ne vivoient qu'à force de boire. Des voyageurs jaloux du succès étonnant qu'eurent alors ces contes de Cartier, tâcherent de les éclipser, en plaçant à leur tour dans l'Estoilande des Sauvages taillés comme des Lappons, à qui la nature bienfaisante n'avoit donné qu'une jambe, avec laquelle ils sautoient très-lestement: il paroît que le Philosophe Maillet n'a point été fort disposé à douter de leur existence, au moins en parle-t-il assez sérieusement dans son *Telliamed*. Il se peut qu'il avoit été induit en erreur par la multitude des témoins, qui assurent que la Tartarie nourrit aussi des monstres semblables; mais le Philosophe Maillet auroit dû faire attention que ces témoins n'ont pas eu le sens commun.

Les Emissaires, que le Pape Innocent IV envoya avec des dépêches si ridicules au grand Kan, en 1246, (*) publierent à leur retour, qu'ils avoient vu de ces animaux à une jambe, qui, en se joignant deux à deux, couroient d'une vîtesse extrême. Il ne manquoit à cette fable, pour être complette, que quelque citation de St. Augustin, qui dit qu'il est très-persuadé qu'il y avoit de son temps en Afrique des hommes monopedes, doués d'une ame immortelle. Il faut que l'amour du merveilleux ait autant ébloui l'esprit des Saints que celui des profanes.

On feroit un livre considérable, si l'on donnoit simplement la liste des faussetés dont les premiers Relateurs enrichirent leurs journaux & leurs mémoires

---

(*) Cette Ambassade étoit toute composée de moines Jacobins & Cordeliers, dont les principaux se nommoient le *frere Ascelin* & le *frere Plan-Carpin*: ils devoient ordonner au Kan des Tartares de se faire baptiser, & lui enjoindre de la part du Pape de se désister de ses conquêtes en Asie. Quand cette troupe d'Enthousiastes fut arrivée en Tartarie, elle refusa de faire la révérence selon la coutume du pays: ensuite elle proposa de baptiser. La réponse qu'on leur fit, est sans doute digne d'être placée ici: c'est de *frere Ascelin* lui-même qu'on la tient.

„Les Tartares ayant oui cette résolution, en furent gran-
„dement indignés & troublés, & dirent aux religieux en
„grande colère & rage, qu'ils n'avoient que faire de les ex-
„horter à se rendre chrétiens & chiens, comme ils étoient
„que le Pape étoit un chien, & eux tous aussi de vrai
„chiens. *Frere Ascelin* vouloit répondre à cela; mais il ne
„put, à cause du grand bruit, des menaces, cris & rugisse-
„mens qu'ils faisoient entendre." *Bergeron voyages en Asie, dans les XII, XIII, XIV, & XV Siècles*, in 4to. pag. 68. à la Haye 1735.

sur l'Amérique: jamais la source des prodiges ne fut plus intarissable: chaque nation de l'Europe eut son Hérodote & son Phlégon. En même temps que Cartier reléguoit des races difformes dans le Nord du Nouveau monde, les Espagnols peuploient de Géants la pointe méridionale, les Portugais faisoient nager des troupeaux de Sirenes dans la mer du Brésil, les Français pêchoient des hommes marins à la Martinique, & les Hollandais trouvoient des Nègres marons, dont les pieds étoient faits en queue d'écrevisse, audelà de Parimaribo. (*) Le temps & la vérité ont fait disparoître la plupart de ces merveilles, dont on n'a conservé jusqu'à nos jours que les Géants des terres Magellaniques: c'eut été trop faire que de se dépouiller de tant de fables à la fois.

Outre les Esquimaux, qui différent par le port, la forme, les traits, & les mœurs des autres Sauvages du Nord de l'Amérique, on peut encore compter pour une v██ié les Akansans que les Français nomment commu██ment les *beaux hommes*: ils ont la taille relevée, les traits de la face bien dessinés sans le moindre vestige de barbe, les yeux bien fendus, l'iris bleuâtre, & la chevelure fine & blonde; tandis que les peuples qui les environnent, sont

---

(*) Cette fable des Nègres à pieds d'écrevisse a été renouvellée de nos jours, parcequ'on a trouvé dans les bois audelà de Parimaribo, un village entier composé d'esclaves noirs, dont les doigts des pieds avoient été écrasés par les cylindres des sucreries, ou emportés à coups de hache par l'ordre de leurs maîtres, qui ne font aucun scrupule de mutiler leurs Nègres & même de les empoisonner, dès qu'ils en sont mécontents. C'est sur de semblables victimes qu'on a fait les expériences avec le manihot distillé qui tue en une minute.

d'une stature médiocre, ont la physionomie abjecte, les yeux noirs, & les cheveux couleur d'ébene, d'un poil extrêmement gros & rigide.

Cette belle race des Akansans, jadis assez florissante & nombreuse, a eu ses principaux établissements entre le quarantieme & le quarante-cinquieme degré de latitude; mais les maladies & le poison de la petite-vérole ont fait chez-elle, au commencement de ce siécle, de si horribles ravages, qu'elle est réduite aujourd'hui à une poignée d'individus qui ne possédent plus qu'un seul hameau insulté par ses voisins, & hors d'état de se défendre.

Quelques voyageurs assurent que toutes les nations de l'Amérique septentrionale, quoique séparées de la Tartarie par une mer vaste & orageuse, ressemblent si parfaitement aux petits Tartares, qu'il seroit impossible de les reconnoître, si leurs hordes venoient tout à coup à se confondre, ou à se mêler.

Comme il existe aussi des variétés très-sensibles entre les petits Tartares, on auroit dû déterminer l'espèce avec laquelle le rapport est le plus marqué: car il est avéré qu'on n'a pas vu d'Américains semblables aux Calmouks, pour la laideur: ils en sont différenciés par la forme du nez qui manque presqu'entiérement aux vrais originaux de cette branche de l'innombrable famille des Tartares: ils en différent encore par les yeux, qu'ils n'ont point si monstrueusement petits que les Calmouks, & par la figure de leurs dents, plus serrées, moins longues & moins plattes. Il ne reste donc que les Tunguses de la Sibérie, avec lesquels je conviens que les Septentrionaux du nouveau continent ont quelques traits de ressemblance.

On connoît assez les Sibériaques par les relations de Bentink, de Strhalenberg, de Witsen, de l'Ambassadeur Ysbrand-Ides, de Muller, de Gmélin, & par le dernier Journal de Mr. Antermony, qui, dans son voyage à la Chine, a aussi visité les Tunguses, *& par tout ce que j'ai lu & ouï conter des habitants du Canada*, dit-il, *il n'y a point de nation au monde qui soit plus semblable aux Tunguses: ils ne sont pas même si éloignés les uns des autres qu'on le pense.* (*)

Cette distance que Mr. Antermony veut trouver si peu importante, est à peu près de huit-cent lieues Gauloises, au travers d'un Océan périlleux, & impossible à franchir avec des canots aussi chétifs & aussi fragiles que le sont, au rapport d'Ysbrand-Ides, les chaloupes des Tunguses. D'ailleurs, la langue des Canadiens est essentiellement différente du langage des Sibériaques; ce qui ne seroit pas s'ils descendoient les uns des autres, comme ce voyageur Anglais paroît l'insinuer. Il n'est pas le premier qui ait pensé à cette origine: un rêveur, nommé de Horn, a écrit sur cette prétendue filiation un gros livre, il y a plus

---

(*) *Voyage de Mr. Antermony, Gentil-homme à la suite de l'Ambassadeur de Russie à la Chine.* Cet Ambassadeur étoit, ainsi qu'Ysbrand-Ides, envoyé par le Czar Pierre I, pour établir un commerce réglé entre ses Etats & la Chine; mais les vues de ce grand homme n'ont pas eu en cela le succès dont on s'étoit flatté; puisque ce commerce, loin d'avoir prospéré, est entièrement tombé, & il y a déjà quelques années que la Caravane a cessé d'aller de la Russie à la Chine, qui paroit avoir exclu les Russes pour longtemps.

de cent ans. (*) En lisant cet ouvrage sans prévention, on ne peut s'empêcher de croire que la tête n'ait tourné à l'auteur, lorsqu'il place des lions dans la Sibérie encore inconnue de son temps, lorsqu'il avance que les Souriquois de l'Acadie viennent des Turcs qu'Hérodote nomme Yrcas; comme si l'analogie étoit bien concluante entre *Yrcas*, mot corrompu de *Circasses*, & *Souriquois*, nom que les Français ont donné aux habitants de l'Acadie, sans savoir pourquoi. De Horn a pû se tromper: c'étoit un Savant qui du fond de sa solitude répandoit ses rêveries dans le public; mais comment les compilateurs de l'*Histoire universelle* ont-ils pu renouveller cette opinion de de Horn, & imaginer des chimeres pour venir à l'appui d'un sistême oublié depuis si longtemps, & si digne de l'être? Ces compilateurs disent qu'au cinquieme siécle les Huns, sous la conduite de leur Tanjou, firent une incursion en Europe: or, ajoutent-ils, si les Huns ont fait une incursion en Europe, il s'ensuit nécessairement qu'ils ont fait aussi une excursion en Amérique. En vérité, je trouve ce raisonnement beaucoup plus grossier qu'il n'est permis à un sophisme de l'être. Parcequ'un million de fanatiques passa, pendant les croisades, de l'Europe en Asie & en Afrique, s'ensuit-il qu'un pareil nombre d'Européans alla en même temps au Spitzberg & à la nouvelle Zemble, pour peupler ces délicieuses contrées?

Les Scythes, les Tartares, les Huns, n'ont jamais eû d'autre but, en s'expatriant, que de conquérir

---

(*) *Georgii Hornii de Originibus American. Libri IV. Hag. comit.* 1652.

des pays plus opulents, plus fertiles que ne l'étoient les déserts où ils mouroient de misère. Les ours & les neiges du Kamschatka, les côtes toujours glacées du nord de la Californie, les marais impraticables des Assénipoils, le lac Huron, la mousse, les fougères & les forêts du Canada, sont-ce là des objets assez attrayants pour tenter la cupidité des voisins de la Chine, de la Perse, de l'Inde, & du centre de l'Asie, où la douceur du ciel, & la fécondité de la terre, toujours fleurie, semblent inviter toutes les nations pauvres à se réunir des extrémités de l'univers? Aussi les Tartares, bien plus sensés que les Ecrivains de l'Histoire universelle, ont-ils préféré ces climats fortunés aux affreux rivages de la Baye de Hudson.

C'est quelque chose de surprenant que la foule des idiomes tous variés entr'eux, que parlent les naturels de l'Amérique septentrionale. Qu'on réduise ces idiomes, à des racines, qu'on les simplifie, qu'on en sépare les dialectes & les jargons dérivés, il en résulte toujours cinq ou six langues meres respectivement incompréhensibles. (*) On a observé la même singularité dans la Sibérie & la Tartarie, où le nombre des idiomes & des dialectes est également multiplié, & rien n'est plus commun que d'y voir deux hordes

---

(*) On retrouve cette même multiplicité de jargons dans les provinces méridionales de l'Amérique: il y a beaucoup d'apparence que la vie sauvage, en dispersant les hommes par petites troupes isolées dans des forêts, occasionne naturellement cette grande diversité de langues, dont le nombre diminue à mesure que la société, en rassemblant les barbares vagabonds, en forme un corps de nation: alors l'idiome le plus riche, le plus sonore, devient prédominant & absorbe les autres.

voisines qui ne se comprennent point; mais malgré cette variété, on n'a point encore découvert jusqu'à présent, dans les langues Américaines & les langues Tartares, deux mots exactement semblables. Si l'on supposoit donc, pour un instant, que les Hurons du Canada descendent des Tungusès de la Sibérie, il s'ensuivroit que les Iroquois n'en descendent point; puisque les Hurons & les Iroquois, quoique placés à côté les uns des autres, parlent deux langues radicales, aussi opposées entr'elles que le sont le Latin & le Chinois.

Je reviens ici à ce grand principe dont j'ai déjà fait usage, & je dis qu'il est non seulement naturel, mais nécessaire qu'il y ait, entre des Sauvages situés dans des climats si analogues, autant de ressemblance que les Tungusès peuvent en avoir avec les Canadiens. Egalement barbares, vivant également de la chasse & de la pêche dans des pays froids, stériles, couverts de bois, quelle disproportion voudroit-on imaginer entr'eux? Là où l'on ressent les mêmes besoins, là où les moyens d'y satisfaire sont les mêmes, là où les influences de l'air sont si semblables, les mœurs peuvent-elles se contredire, les idées peuvent-elles varier? Non: les seules facultés de l'esprit peuvent être plus ou moins bornées.

Si l'on s'en tient à cette vérité, tout sera expliqué, tout sera applani. Les Tungusès logent dans des cabanes; les Américains y logent aussi, cela n'est pas étonnant: ils sont sauvages. Ils vivent les uns & les autres dispersés par petites familles, comme il convient à des chasseurs. Ils s'habillent de peaux de bêtes, parceque n'ayant que cette seule étoffe pour se couvrir en hyver, il est naturel qu'ils s'en couvrent en effet. Ils sont graves, phlegmatiques, & parlent laconiquement, parcequ'ils n'ont que peu de conceptions, & encore moins de mots pour les exprimer : le silence & la sombre horreur des solitudes qu'ils habitent, leur inspirent de la tristesse : ils préférent les liqueurs spiritueuses & enyvrantes, qui les tirent de cette léthargie & de cet assoupissement, à tout ce qu'on peut leur offrir de plus précieux.

Les Tunguses suspendent leurs morts aux arbres : les Illinois de l'Amérique les suspendent de même, parcequ'ils sont trop paresseux pour les bruler, & que la terre, souvent gelée à vingt, à trente pieds de profondeur, ne se laisse point ouvrir, & il est en tout temps difficile d'y creuser avec d'aussi mauvais instruments que le sont ceux des Sauvages. On ne soupçonneroit pas que les causes physiques & la nature du climat influent jusque sur la sépulture des nations : on en a néanmoins une preuve assez convainquante en Europe, où l'on avoit généralement la coutume de bruler les morts, il y a dix-neuf-cents ans. Il a fallu enfin les enterrer, parceque nos arts, notre population, nos défrichements, ont tellement déraciné les forêts, que des villes & des cantons entiers sont déjà menacés d'une prochaine disette de bois de chauffage. Dès le second siécle, les Romains pressentirent la nécessité de quitter l'ancienne méthode funeraire, de changer les buchers en cimetieres, & d'y abandonner les dépouilles de l'homme aux insectes & à la putréfaction, dont la seule idée leur faisoit hor-

reur : accoutumés à conferver les cendres de leurs ancêtres, & à les compter au nombre de leurs richeffes,
ils ne pouvoient fe réfoudre à les répandre au fein de
la terre.

La religion Chrétienne, quoiqu'originaire d'un
pays où l'on embaumoit groffiérement les cadavres,
n'a contribué en rien à la révolution générale de cette
partie de nos mœurs.

Les Tungufes ont des forciers qu'ils nomment
Schames: les Américains ont auffi des Sorciers que
nous avons nommés *Jongleurs*. Ne falloit-il pas que
des barbares euffent des Sorciers; puifque les peuples
les plus policés de l'Europe n'ont congédié les leurs
que depuis cinquante ans ? car quand on leur faifoit
l'injufte honneur de les bruler, on les refpectoit encore, fans quoi on les auroit laiffé vivre.

Lorfque les *Schames* de la Sibérie veulent prédire
ce qu'ils ne favent point, ils fe mettent fur le corps,
dit Ysbrand-Ides, un habit très-lourd, treffé de fil d'ar-
chal, d'où pend une infinité de ferrailles. (*) Quand
les anciens jongleurs Américains prédifoient, ils n'a-
voient garde de s'affubler d'une telle tunique, parcequ'on ne trouvoit pas un feul morceau de fer dans
dans tout leur pays.

Les Orientaux ont été de temps immémorial
adonnés à la magie aftrologique, & les Septentrio-

(*) Voyez *Drie - Jarige Reife naar China te lande ge-
daan, door den Moskovifchen Afgefant E. Ysbrants - Ides*, in 4to
pag. 35. Amfterdam 1704. Edition originale. L'auteur dit
qu'il a rendu vifite à un de ces *Schames* qui avoit douze femmes, & dont l'habit magique étoit fi pefant qu'il eut de la
peine à le foulever d'une main.

naux à la forcellerie par inspiration: il y a même une loi très-bizarre de Pierre I, concernant les habitants de la Sibérie: suivant cette ordonnance, celui qui s'excuse d'une prophétie dont il ne peut produire l'auteur, est réputé prophete lui-même: on le renferme jusqu'à ce que le temps marqué par la prophétie soit arrivé: si l'événement ne justifie pas la prédiction, le juge doit examiner sur quels fondements le prisonnier s'est risqué de pronostiquer, & doit le châtier suivant l'exigence du cas. (*) On peut dire que ce réglement du Czar ne réprime les petits prophetes que pour mieux encourager les grands qui n'annonceroient que des choses qui devroient s'accomplir dans cent ans, comme par exemple la fin du monde, la chute des étoiles, la conflagration de l'univers, &c.

Les Tungufes plantent un piquet par tout où bon leur semble, y étalent la peau d'une Zibeline, d'un Renard blanc, & disent *voilà notre Dieu! prosternons-nous, rendons lui hommage;* & ils adorent ou croient adorer cette fourrure. Les Sauvages du Canada prennent la dépouille d'un Castor, la fichent sur un bâton, & disent *voilà notre Manitou, notre Génie suprême! élevons nos cœurs vers lui.*

Il y a dans ces usages religieux, me répondra-t-on, une affinité si indubitablement marquée, qu'il n'est point possible de s'y méprendre: mais sans parler ici de tant d'analogies nationales, dûes simplement au

---

(*) *Voyage en Sibérie, contenant la Description des mœurs & des usages des peuples de ce pays, par Mr. Gmélin, Professeur de Chimie & de Botanique &c.*

hazard, il est sûr que l'adoration des peaux de bêtes chez des chasseurs qui ne connoissent rien de plus merveilleux au monde, que la robbe des Zibelines & des Castors, n'a rien qui doive nous étonner. C'est l'utilité qui a consacré & déifié presque tous les objets auxquels les nations, encore dans l'adolescence & l'égarement, ont adressé leurs vœux & leur encens. Le culte de la Vache, du Veau, des Oignons, du Feu, de Pomone, de Cérès, de Bacchus &c. en fournissent plus de preuves qu'on n'en peut exiger. La crainte & le besoin ont donc érigé les idoles: l'intérêt des hommes a donc fait la fortune des Dieux.

Tels sont à peu près les rapports qu'on observe entre les Tunguses & les Canadiens; mais il y a aussi des différences plus sensibles que les rapports. Les Sibériaques ont connu depuis longtemps le fer & l'art de le forger: ils ont captivé les Rhennes, ils les ont enchaînés à leurs traineaux, & réunis en troupes; d'où il s'ensuit qu'une partie de leur subsistance étant toujours assurée, ils ne font pas la chasse à des distances bien considérables de leurs cabanes, & suivant Mr. Gmélin, ils ne s'en écartent pas à plus de vingt-cinq Werstes: ils n'ont pas besoin d'être continuellement en guerre avec leurs voisins pour la possession du gibier. Les Canadiens, au contraire, ont laissé chez-eux dans l'état de nature ces mêmes animaux, assujettis par les Sibériaques: l'idée de les apprivoiser ne leur est jamais venue: ils errent à cent & cinquante lieues de leurs cases, pour tuer un Caribou qu'ils pourroient avoir en tout temps sous la main s'ils avoient eu la même industrie que les Tungufes. (*) S'ils avoient eu cette induſtrie, ils ne ſe ſeroient pas trouvés dans la triſte néceſſité de ſe battre ſans ceſſe avec les peuplades qui les environnent, & qui viennent chaſſer ſur le même terrein. Ces différences ont eu leur ſource, comme on le voit, dans la ſubtilité des organes, & les facultés intellectuelles plus avancées, plus perfectionnées dans les habitants de la Sibérie, que dans des créatures d'une complexion auſſi altérée que l'eſt celle des Indigenes du nouveau Monde.

Les naturels de la Zone Torride & de la partie méridionale de l'Amérique conſtituent une quatrieme variété qui ne reſſemble en rien aux races ſeptentrionales, ſi l'on en excepte le commun défaut de la barbe & du poil ſur toute la ſurface du corps. Elle ne reſſemble pas davantage aux Européans, aux Chinois, aux Tartares, aux Nègres, enfin on peut la regarder comme originale.

Les Péruviens n'ont pas la taille fort élevée; mais quoique trapus, ils ſont aſſez bien faits: il y en a, à la vérité, quantité qui ſont monſtrueux à force d'être petits; d'autres qui ſont ſourds, imbécilles, aveugles, muets; & d'autres à qui il manque quelque membre en naiſſant. (**) Ce ſont apparemment les

---

(*) Comme ceux d'entre les Tunguſes, qui habitent vers l'Orient de la Sibérie, n'ont point de Rhennes dans leur pays, ils attelent à leurs traîneaux des chiens dreſſés. Cette même race de chiens, à muſeau effilé & à oreilles droites, exiſtoit auſſi en Amérique avant la découverte; mais les Sauvages n'en tiroient preſqu'aucun ſervice & ne l'employoient à aucune eſpèce de travail.

(**) Voyez Ulloa pag. 233. T. 2.

travaux exceffifs auxquels la barbarie des Efpagnols les affujettit, qui y produifent tant d'hommes défectueux: la tyrannie y a influé jufque fur le tempérament phyfique des Efclaves. Ils ont le nez aquilin, le front étroit, la tête bien fournie de cheveux noirs, rudes, liffes; le teint roux-olivâtre, l'iris de l'œil noir, & le blanc un peu battu. Il ne leur croît jamais de barbe, car on ne peut donner ce nom à quelques poils courts & rares qui leur naiffent par ci par là dans la vieilleffe: les hommes & les femmes n'y ont point ce poil follet qu'ils devroient avoir généralement après avoir atteint l'âge de puberté; ce qui les diftingue de tous les peuples de la terre, & même des Tartares & des Chinois. C'eft le caractere de leur dégénération comme dans les Eunuques.

Le portrait des Péruviens peut fervir à repréfenter tout ce qu'on rencontre d'Indiens à la côte occidentale, depuis Panama jufqu'au Chily, où le fang femble avoir été le plus épuré, & l'efpèce moins affoiblie que tout ailleurs aux Indes occidentales. Cependant elle y eft encore bien éloignée de la perfection.

Quant aux nations qui occupent les isles & la plage de l'Orient, depuis la côte déferte des Patagons jufqu'au Tropique du Cancer, elles comprennent des hommes qui ne différent des premiers qu'en ce qu'ils ont la ftature un peu plus haute, le corps plus vigoureufement mufclé, les fourcils plus touffus, le blanc de l'œil plus net, le dos du nez plus plat, & les ailes plus grandes & plus charnues, ce qui fait que leurs narines font fort creufes & fort larges. Il y a dans la

Tom. I.   K

structure de leurs yeux quelque chose d'assez remarquable : les commissures des paupieres peu fendues ne se terminent pas de part & d'autre en pointes ou en angles aigus ; mais forment un arc, & masquent les glandes lacrymales, ce qui, au premier aspect, rend leur regard hideux & terrible.

A juger du goût ou de la fureur des Américains pour se contrefaire & se défigurer, on croiroit qu'ils ont été tous mécontents des proportions de leurs corps & de leurs membres : on n'a pas découvert dans cette quatrieme partie du monde un seul peuple qui n'eût adopté la coutume de changer par artifice, ou la forme des levres, ou la conque de l'oreille, ou le contour de la tête, & de lui faire prendre une figure extraordinaire & impertinente.

On y a vu des Sauvages à tête piramidale ou conique, dont le sommet se terminoit en pointe ; d'autres à tête applatie, avec un front large, & le derriere écrasé : cette bizarrerie paroît avoir été la plus à la mode ; au moins étoit-elle la plus commune. On a trouvé des Canadiens qui portoient la tête parfaitement sphérique : quoique la forme naturelle de la tête de l'homme approche le plus de la figure ronde, ces Sauvages qu'on nomme, à cause de leur monstruosité, *Têtes de boule*, n'en paroissent pas moins choquants, pour avoir trop arrondi cette partie, & violé le plan original de la nature, auquel on ne peut ni ôter ni ajouter, sans qu'il n'en résulte un défaut essentiel qui dépare toute la structure de l'animal.

Enfin, on a vu sur les bords du Maragnon des Américains à tête cubique ou quarrée : c'est à dire applatie sur la face, sur le haut, sur l'occiput, & les temples, ce qui paroît être le complément de l'extravagance humaine.

Il est difficile de concevoir comment l'on peut guinder & plier en tant de façons diverses, les os du crane, sans endommager notablement le siége des sens, les organes de la raison, & sans occasionner ou la manie ou la stupidité ; puisque l'on voit si souvent que de violentes blessures ou de fortes contusions, faites à la région des temples, jettent plusieurs personnes dans la démence, & leur ôtent pour le reste de leurs jours la fonction de l'intellect. Car il n'est pas vrai comme on l'assure dans les anciennes relations, que tous les Indiens à tête platte ou pointue étoient réellement imbécilles : il faudroit en ce cas, qu'il y eût eu en Amérique des nations entieres de frénétiques & de forcenés ; ce qui est impossible même dans la supposition. L'anarchie & mille causes destructives anéantiroient d'un jour à l'autre ces tumultueux assemblages de lunatiques : un homme de jugement régira plusieurs imbécilles, & plusieurs imbécilles attroupés ne sauroient se gouverner eux-mêmes ; ce sont des automates brisés ou affoiblis, dont une force étrangere doit animer les ressorts, si l'on veut les mouvoir. Cependant il ne faut pas croire non plus, qu'on n'ait pas trouvé des fous parmi les Sauvages du nouveau Monde : il y en avoit sans doute dans presque toutes les grandes peuplades, où l'on leur portoit le même respect qu'on leur porte en Turquie & dans tout l'Orient ; parcequ'on les regarde comme des Etres privilégiés, à qui la Providence a, par faveur, refusé le dangereux présent de la raison.

Les habitants du Vallais sont dans la même persuasion à l'égard des *Cretins*, ou des foux à longs goîtres, dont nous parlerons plus amplement dans la suite.

Si l'on pouvoit se dépouiller de ces préjugés barbares qui excusent tous les vices, & ne pardonnent aucun ridicule: si du milieu de la corruption, on pouvoit encore entendre la voix de l'humanité, peut-être avoueroit-on que les paysans Suisses & les Turcs qui tâchent d'adoucir le sort de ces créatures infortunées, sont moins cruels que nous, qui les envoyons dans des cachots, comme les rebuts de l'espèce qu'il faut enterrer tout vivants. Aux maux que leur a fait la nature, on ajoute les maux de la captivité, sans essayer si la maladie est incurable ou non: elle ne l'est sûrement pas dans tous.

Les Alexis ou les Jongleurs de la Louisiane ont été dans cette carriere aussi loin que nos Médecins, & peut-être les ont-ils devancés: ces Jongleurs entreprennent quelque fois de guérir la folie de leurs compatriotes par des drogues & sans saignée: la principale récette dont ils usent est, au rapport de Mr. du Mont, une composition faite avec de la graine de laitue, & des noix dans leurs coques & leur brou: ils prennent une portion égale de l'un & de l'autre, la broyent dans un mortier ou un pilon à la sauvage, jusqu'à ce qu'il s'en forme une espèce d'opiat, dont ils font prendre matin & soir le poids de deux à trois dragmes; (*)

___

(*) *Mémoires sur la Louisiane*, pag. 299. Tome 2. Paris 1753.

SUR LES AMERICAINS. 149

& le Relateur ajoute que tous les patients guérissent radicalement, soit qu'ils ayent perdu le sens à l'occasion de quelque peur, ou par tout autre accident.

Quand Mr. du Mont auroit sur lui-même éprouvé ce reméde, il seroit encore permis de douter si l'effet en est aussi infaillible qu'il le prétend. Rien n'empêche pourtant que la semence de laitue & des noix concassées ne puissent autant opérer sur des cerveaux malades, que l'Hellébore & l'Anacarde, dont le sort a été fort singulier: plusieurs Médecins ont soutenu qu'il restauroit toutes les facultés de l'ne & guérissoit la folie: une autre faction de Médecins, à la tête de laquelle étoit le célèbre Hoffman, (*) a soutenu, au contraire, que l'Anacarde donnoit la folie à ceux qui ne l'avoient point, qu'il bouleversoit les esprits vitaux, & que l'opiat qu'on en fait, devoit être nommé à juste titre la confection des sots.

Les Sauvages jugent si un homme est en délire ou non, par trois observations: s'il ne se marie point après avoir atteint l'âge convenable; s'il refuse d'aller

---

(*) Quoique Mr. Hoffman déclame avec force contre l'usage de l'Anacarde, il raconte cependant qu'un homme stupide, ignorant & incapable d'instruction, devint en peu de temps si sensé & si savant après avoir pris de *l'Electuaire d'Anacarde*, qu'il obtint *une Chaire en Droit*; mais peu d'années après il devint si sec, si altéré, qu'il buvoit jusqu'à s'enyvrer tous les jours, & devint par là inutile à lui-même, à ses concitoyens & mourut misérablement. Ce fait prouve, ou qu'on peut être Docteur en Droit & être imbécille, ou que l'Anacarde produit de meilleurs effets que Mr. Hoffman ne le suppose; puisqu'il est possible que cet homme seroit toujours mort à force de boire, quand même il n'auroit jamais pris de l'Anacarde.

à la guerre, lorsqu'elle est déclarée; s'il ne va pas à la chasse, il est réputé imbécille & jouit en conséquence de toutes les prérogatives attachées à cet état: chacun se fait une fête de le posséder dans sa cabane & de le régaler de ce qu'il a de mieux. Ces signes de démence, qui nous paroissent si équivoques, ne le sont pas parmi des peuples où la plus haute sagesse seroit la derniere des folies. Au reste, ce n'est pas par un sentiment de bienfaisance, que les Sauvages en agissent ainsi avec les imbécilles; mais par un préjugé superstitieux, qui heureusement produit un bon effet.

Quant à la méthode d'imprimer à la tête toutes ces horribles figures dont on a fait mention, on sait que la substance osseuse ne se durcit que par degrés dans tous les animaux, & qu'elle est très-molle & très-tendre dans les enfants nouvellement nés. La mere, deux ou trois jours après ses couches, à force de presser & de manier la tête de ces créatures, la façonne à son gré: pour l'applatir, elle met sur le front & l'occiput deux masses d'argile, qu'on comprime insensiblement, jusqu'à ce qu'on voie sortir des narines une matiere blanchâtre; alors l'opération tend à sa fin & le monstre paroît. (*) Les fibres & les nerfs encore souples & pliants s'adaptent à cette forme, le cer-

---

(*) Les femmes sauvages disent qu'elles applatissent la tête de leurs enfants, afin qu'elle puisse un jour ressembler à la pleine Lune. Il est vrai que plusieurs peuples Américains ont l'occiput écrasé, sans que la mere l'ait comprimé; ce qui vient de ce que leurs berceaux ne sont pas bourrés & ne consistent qu'en une planche contre laquelle la tête de l'enfant, à force de choquer, s'applatit insensiblement.

veau même y obéit: quand ces parties ont une fois acquis leur confiftance, & que la boîte du crane s'eft confolidée, on ne peut plus y rien déranger fans entraîner la perte totale des organes. Et voilà pourquoi les bleffures faites à la tête des perfonnes âgées font prefque toujours dangereufes à la vie ou à la raifon; pendant qu'elles ne nuifent pas tant aux enfants & aux impubères.

Je ne difconviens pourtant pas que ces compreffions n'ayent toujours des fuites plus ou moins mauvaifes: je doute même que le maniment des Accoucheufes d'Europe, pour accomplir la tête des enfants, foit une pratique & bien utile & bien néceffaire: on voit parmi les Européans une infinité de têtes mal-faites, fuivant qu'elles ont été plus ou moins preffées avec mal-adreffe par des mains ignorantes. Peut-être cet ufage dérive-t-il encore de la barbarie des peuples groffiers, qui ont de tout temps & dans tous les pays du monde enlaidi l'homme pour l'orner. On a déjà remarqué que les anciens Naturaliftes qui ont cru qu'il y avoit dans la Scythie & dans l'Inde des Acéphales & des Cynocéphales, s'étoient laiffés induire en erreur par des voyageurs mal-habiles, qui ayant vu des Sauvages à tête pointue, en avoient fait des monftres compofés des traits du chien & des traits de l'homme: il eft vrai que la plupart des Anciens n'ont rapporté ces prodiges que comme des oui dire; mais que penfer de St. Auguftin, le plus éclairé des anciens Chrétiens, qui en parlant férieufement dans un ouvrage de dévotion, affirme qu'il a vu dans la baſſe Ethiopie (*) des Cyclopes qui n'avoient qu'un œil au milieu du front, & à qui il eut le bonheur de prêcher l'Evangile? Il n'eſt pas facile de deviner comment il s'y prit pour catéchiſer des Etres qui n'ont jamais exiſté ni dans la baſſe Ethiopie ni ailleurs: il faut donc que cet Apôtre ait été extaſié par ſon zele, lorſqu'il a cru voir ce qu'il eſt impoſſible qu'il ait vu.   On pourroit en dire tout autant d'un autre Pere de l'Egliſe, qui parle des Satyres de la Thébaïde.

Il y a dans la Caribane une ſorte de Sauvages qui n'ont preſque point de col, & dont les épaules ſont auſſi exhauſſées que les oreilles. Cette monſtruoſité eſt encore factice, & pour la procurer aux enfants, on charge leur tête de poids énormes, de

---

(*) *Auguſt. Serm. 37, ad fratres in Eremo. T. 6. Edit. Paris. pag. 345.* „Vidimus & in inferioribus partibus Aethiopiæ, homines unum oculum tantum in fronte habentes, quorum ſacerdotes a converſationibus hominum fugiebant, ab omni libidine carnis ſe abſtinebant. . . . . . "
Ce Saint Pere ne ſe contente pas d'aſſurer, dans ce merveilleux Diſcours, qu'il a vu des Cyclopes; mais il ajoute qu'il a rencontré en même temps un grand nombre d'hommes & de femmes ſans tête; *vidimus ibi multos homines ac mulieres capita non habentes.*
Un Commentateur, nommé *Loup* ou *Lupus*, dit que ce Sermon de St. Auguſtin n'eſt pas de St. Auguſtin, comme ſi l'on ne trouvoit pas, dans les Ecrits de ce Docteur de l'Egliſe, une infinité de paſſages qui ne prouvent que trop qu'il a été capable d'écrire ce Diſcours en queſtion.
Dans l'Hiſtoire Allemande de l'Amérique, publiée par le Profeſſeur Baumgarten, on tâche de démontrer ſérieuſement, qu'il y a des peuples Acéphales, & par conſéquent, dit-on, St. Auguſtin en a vu. Nous avons cru que ce ſeroit abuſer du reſpect dû au lecteur, que de rapporter les puériles abſurdités qu'on lit, à cette occaſion, dans cette prétendue Hiſtoire de l'Amérique.

façon que les vertebres du col sont forcées de rentrer, pour ainsi dire, dans la clavicule. Ces barbares paroissent de loin avoir la bouche dans la poitrine; & feroient très-propres à faire renouveller à des voyageurs ignorants & enthousiastes la fable des Acéphales ou des hommes sans tête.

Je ne pense pas que l'envie d'inspirer de la terreur aux ennemis, ait engagé les Américains à se contrefaire aussi cruellement que le sont les Omaguas & plusieurs autres. C'est à une fausse idée qu'ils se sont formée de la beauté & du mérite corporel, qu'on doit rapporter ces usages déraisonnables qui ne sont pas incompatibles avec les institutions des sociétés les mieux ordonnées en apparence: les petits pieds écrasés des Chinoises feroient croire que les Chinois n'ont pas le sens commun, si ce n'étoit le propre de l'esprit humain de confondre, dans tous ses ouvrages, le bien & le mal, l'extravagance & la sagesse.

La belle mode de s'alonger les oreilles avoit aussi acquis beaucoup de faveur aux Indes occidentales: tous les Péruviens se les faisoient descendre jusque sur les épaules; & comme les premiers Castillans ne sûrent d'abord comment les nommer, ils les apellerent *Los Orejones*, les Oreillons, nom qui a subsisté jusqu'à présent dans quelques provinces de cet Empire.

Le lobe & l'ourlet de l'oreille, à force d'être chargés par l'extrémité, ou tirés continuellement de haut en bas, s'étendent & s'élargissent au-delà de ce que peuvent en croire ceux qui ne l'ont pas vu. Il est certain que les humeurs & les sucs nourriciers de la tête se jettent sur ces parties, & favorisent l'excrois-

K 5

sance qu'on veut y occasionner, sans quoi il seroit impossible que la simple extension pût produire une si grande circonférence, sans que l'épaisseur du lobe soit diminuée sensiblement.

Il y a, à la vérité, quelques nations qui ont naturellement & sans artifice les oreilles longues & pendantes, comme les Siamois en Asie, & quelques familles Espagnoles des environs de la Bissadoa en Europe; mais tous les Oreillons du nouveau Monde tenoient cette difformité de l'art & du caprice, & non du climat ou de la constitution de leur tempérament. Il n'en est pas de même des Indiens goîtreux qui séjournent au bas des Cordellieres: (*) les eaux de neige qui découlent des montagnes, & les sources froides qu'ils boivent, leur produisent cette extumescence au gosier, qu'ils nomment, en leur langue, Coto.

C'est un engorgement de la liqueur limpathique dans le tissu cellulaire, tel que celui qu'on voit aux Tirolois & aux habitants des Alpes, dont quelques-uns ont des goîtres si démesurés, qu'ils leur descendent au-delà de la poitrine: plus cette humeur est-elle chez-eux gonflée, & plus y respecte-t-on ceux qui en sont pourvus, là où personne n'en manque: c'est un moyen de s'attirer de la considération. Ces Montagnards ont eu raison, paroît-il, de se glorifier d'une singularité qui tient à la nature de leur pays, & dont ils se chagrineroient en vain; puisque tous les remedes imaginables ne sauroient dompter ce mal

---

(*) Voyez *dans la grande collection in folio de Thevenot, Tom. 2. le voyage du Sieur Acarette au Pérou*, pag. 11.

endémique qui a regné il y a dix-huit siécles comme il regne de nos jours.

Les Espagnols, très sujets aux écrouelles, qui sont aussi des espèces de goîtres, ont longtemps réussi à les cacher aux yeux des étrangers, en inventant les fraises froncées, qui leur couvroient non seulement toute la longueur du col, mais encore une partie des oreilles & le bas du menton : & comme l'Espagne a eu, avant la France, l'empire des modes, le reste de l'Europe adopta avidement la parure de ces colliers ridicules en apparence ; mais imaginés pour pallier un défaut choquant dont on ne se doutoit pas.

Un des plus rares phénomenes qu'on ait observé jusqu'à présent parmi les hommes goîtreux, c'est qu'il y en a quelques-uns doués de la faculté de ruminer comme les chevres & les brebis, mais par un autre mécanisme. Mr. Valmont de Bomare dit qu'on lui a montré à Coire en Suisse un homme qui étoit goîtreux, ventriloque ou gastri-mythe, & ruminant : Peyere fait aussi mention de deux Suisses goîtreux qui ruminoient. Apparemment que la pression de cet appendice sur l'ésophage y arrête quelques aliments qui rentrent une seconde fois dans la bouche, d'où résulte une espèce de rumination, comme dans ces animaux que les Physiciens ont nommés *Ruminantia spuria*.

Outre les Indiens goîtreux, les Historiens du Pérou parlent d'une peuplade entiere à qui il manquoit deux dents gélasines ou incisives, une en haut & une en bas. Cette défectuosité n'étoit rien moins que naturelle : Garcilasso dit, que les sujets de ce canton ayant massacré dans une rebellion le grand Sacrificateur de Cusco & le fils de l'Empereur, on envoya contre eux une forte armée qui les soumit, & l'Incas alors regnant, pour imprimer à toute cette génération le souvenir de sa désobéissance, lui fit arracher deux dents du milieu des machoires. (*) Mais ce qui avoit d'abord été une marque d'infamie, devint ensuite une distinction par l'opiniâtreté des peres & des meres, à ôter ces mêmes dents à leurs enfants, ce qui perpétua la mode de s'édenter dans cette Province jusqu'à l'arrivée des Espagnols.

Comme on a aussi trouvé dans le Congo & à Matamba en Afrique des peuples à qui ces mêmes dents manquoient, on a soupçonné que quelques Nègres employés d'abord aux mines du Pérou, y avoient contracté cet usage, & l'avoient à leur retour communiqué aux autres Africains. Quoiqu'il soit très-rare que des Nègres une fois entraînés en Amérique, reviennent jamais chez-eux, il se peut néanmoins que les commerçants en ont ramené de temps en temps quelques-uns, pour tirer les autres de la persuasion où ils ont été pendant tant d'années, que les Européans ne venoient les acheter que pour les manger, & ils ne se trompoient pas de beaucoup. Malgré la possibilité, dis-je, que les Africains ayent reçu cette bizarrerie de l'Amérique, je crois qu'on la pratiquoit au Congo, longtemps avant la découverte du nouveau Monde, d'autant plus que les Nègres de la nouvelle Guinée s'ôtent aussi les deux dents du milieu

---

(*) Zarate dit que l'on leur fit arracher toutes les dents, ce que Levinus & plusieurs autres contredisent.

de la bouche, quoiqu'il n'y ait jamais existé aucune correspondance entr'eux & les Indes occidentales: tant les hommes sont originaux, lors-même qu'ils paroissent se copier. L'idée que la bouche seroit plus belle, s'il n'y avoit que trente dents, aura suffi pour en rejetter deux, & pour se mocquer de ceux qui n'étoient pas de cette opinion.

Telles sont à peu-près les principales observations, qui ont paru mériter place dans cet article. Nous n'ignorons point qu'il y a encore de vastes contrées en Amérique, où l'on n'a jamais pénétré, & où l'histoire naturelle de l'homme pourroit faire de grandes acquisitions, si des Philosophes formoient le projet d'y voyager: nous savons qu'il y a d'autres contrées dont on a soustrait à dessein la connoissance au public. Ceux qui, en abusant à la fois de la sainteté de leur ministere & de la confiance d'un peuple bon & malheureux, se sont érigés en petits tyrans sous les deux tropiques du nouveau Monde, ont cru qu'il n'étoit ni de leur gloire, ni de leur intérêt de donner des Relations trop sinceres de leurs conquêtes: les Histoires du Paraguai par Charlesvoix & Muratori, sont écrites avec tant de partialité & si peu de discernement, qu'il n'est pas possible d'y ajouter foi: ce sont des espèces de Légendes, & je crois que le lecteur n'est pas médiocrement édifié, lorsque Charlesvoix lui assure que dans ce pays qu'il décrit, on voit d'énormes serpents qui ne font rien que violer les filles, malgré les efforts des Missionnaires qui se jettent quelquefois à corps perdu sur ces animaux entreprenants, pour sauver, au danger de leur vie, la virginité des Indiennes.

Il est surprenant qu'on ait toujours objecté aux Jésuites leurs Etablissements du Paraguai comme des usurpations de la derniere importance, & qu'on ait gardé le silence sur leurs possessions de la Californie, qui égalent peut-être, par leur étendue, leur situation, leur richesse, tout ce qu'ils occupent dans l'Amérique méridionale. Il est vrai que la proximité du Pérou & la récolte du Thé sont des trésors inestimables pour le Paraguai; mais c'est une Province méditerranée qui n'a de grand débouché que par la Plata, d'où l'on n'entre pas dans l'Océan sans toucher à Buénos-Aires; tandis que la Californie forme une Péninsule immense, baignée par deux mers, & bordée de ports commodes & favorables au commerce furtif & interlope.

Les Jésuites ont senti de quelle conséquence il étoit pour eux de dérober à l'Europe toutes les notions de la Californie le plus longtemps qu'il seroit possible. Le Lord Anson est le premier qui ait découvert, par hazard, que la Société étoit déjà dangereusement puissante dans ce coin du Monde, dès l'an 1744.

Pour oblitérer les impressions sinistres que pouvoit laisser dans les esprits, la Relation du Commodor Anglais, les Jésuites de Madrid, se déterminerent à publier une *Histoire naturelle & civile de la Californie*. (*) Cet ouvrage à tous égards original, donne

---

(*) Cet ouvrage parut à Madrid en 1758, sous le nom du Pere Miguel Venegas. De l'Espagnol on le traduisit en Anglais; ensuite en Hollandais sous le titre de *Natuurlyke Historie van California*, Haerlem 1761. On vient d'en publier une traduction française, dont on auroit pu se passer.

SUR LES AMERICAINS. 159

une haute idée de l'adresse de ceux qui l'ont composé; car quand on a lu avec attention cette Histoire de la Californie en deux volumes fort chargés, on ne sait absolument rien: on reste dans l'illusion ou l'ignorance & on s'étonne qu'on ait pu tant parler d'un pays, sans en rien dire: tant les auteurs ont su par des transitions bien ménagées voiler tous les objets intéressants, pour s'étendre à perte de vue sur des minuties, sur des miracles, & s'appesantir sur des détails étrangers au fond de la matiere: on y apprend seulement que le Lord Anson n'a pas rendu aux Jésuites toute la justice que méritoit, de la part même d'un Protestant, le zele saint & respectable qui a toujours caractérisé le génie de la Société, répandue dans l'un & l'autre Hémisphere.

La Californie forme, comme on l'a dit, une Péninsule d'une longueur indéterminée, parcequ'on ne sait quelles limites lui assigner du côté où sa base va se réunir à la côte occidentale du Continent. (*) Cette étendue doit être tout au moins de quatre à cinq-cents lieues sur une largeur très-inégale de 50, de 40, de 30, & de 10 milles, selon qu'on mesure vers le Nord ou vers le Tropique, où elle s'étrangle & se termine en pointe jusqu'au Cap de St. Lucar, gisant au 23ieme degré de latitude septentrionale; de sorte que ce pays a, dans notre Zone, à peu près le

---

(*) Mr. de Buache prétend, qu'il a réduit la Californie à ses justes bornes: mais la démarcation des limites d'un pays d'Amérique, n'est pas toujours de la compétence d'un Géographe d'Europe. D'ailleurs les latitudes du Cap de Mendocin & du Cap blanc, n'ont jamais été prises assez exactement pour qu'on puisse déterminer leur situation respective.

même climat qu'a le Paraguai dans la Zone tempérée Auſtrale. La qualité du ſol eſt aux environs de Loretto excellente & ſuſceptible de toute ſorte de culture & d'amélioration : la vigne réuſſit dans les montagnes : les rivages de la Mer vermeille ſont, à la vérité, fort marécageux & paroiſſent avoir été jadis totalement noyés : on y voit encore une infinité d'amas de ſable marin & des mares pleins d'eaux ſaumâches, mais dont on peut faire des ſavanes à peu de frais. Le cordon de rochers qui borde les *Los Virgines*, renferme quelques volcans dont les éruptions furent très-violentes en 1746. Le bois de conſtruction manque à la pointe du ſud, où il ne croît guères que des buiſſons & des arbuſtes rampants : les quartiers du Nord nourriſſent des forêts prodigieuſes, peuplées de gibier. Le principal animal carnacier qu'on y connoiſſe, eſt le Tigre-poltron ſemblable à celui du Canada : les loups, ſi l'on peut en croire les naturels du pays, ne s'y ſont introduits que depuis quelques années : avant cette époque, on n'y en avoit jamais vus. On y rencontre auſſi des Ours & des troupeaux entiers de Biſons.

En 1697, les Jéſuites pénétrerent dans cette région pour la premiere fois, ſous la conduite d'un de leurs Provinciaux nommé *Salva Terra*, homme élevé dans les affaires, plein de projets, fécond en reſſources, actif, infatigable, ardent pour le bien de ſa compagnie, initié dans toutes ſes maximes, & par conſéquent peu ſcrupuleux ſur la nature des expédients & capable de tout oſer : il examina l'état des choſes, vainquit les obſtacles, conçut des eſpérances, & poſa

SUR LES AMERICAINS.

la base de cet édifice des Missions de la Californie, que soixante & dix ans de politique & de travail ont conduit à son plus haut point, ou si vous voulez, à sa ruine.

Mr. Anson dit que le premier terrein où ces Religieux s'établirent, leur fut donné par un certain Marquis de Valero, qui n'a pu avoir lui-même aucun droit sur la Californie, dont la propriété appartenoit aux Indigenes, & ce n'est sûrement point sa donation qui y a attiré les Jésuites, mais voici les véritables causes de leur prédilection pour cette partie des Indes occidentales.

1. La pêche des Perles qui est, comme l'on sait, sur les parages de cette Péninsule & des Isles voisines, plus fertile & plus riche que sur ceux de Panama, d'Ormus, de Bassora & du Malabar ensemble.

Tous les coquillages qui croissent sur cette plage favorisée de la nature, se distinguent par le lustre & la finesse de leur émail qu'anime le coloris le plus éblouissant: les huitres nacrées y étoient anciennement accumulées par monceaux à de très-petites profondeurs, & une seule barque y pouvoit alors ramasser, de calcul fait pendant la saison, pour soixante mille écus de perles d'une belle eau & d'une forme presque régulière.

A peine *Salva-Terra* eut-il pris langue à la Californie, qu'on l'accusa de pêcher jour & nuit avec tous ses Esclaves. En effet on ne vit plus, comme de coutume, arriver des perles au Mexique & les barques des particuliers toujours devancées, ne purent plus payer à Sa Majesté Catholique le quint ordinaire qui se montoit à 12 mille écus: on envoya en cour plusieurs Mémoires pour se plaindre des rapines de Salva-Terra & de ses complices, qui se virent enfin dans la nécessité de se justifier, en dressant un *Factum* qu'on lit dans l'histoire de la Californie, publiée par les Jésuites Espagnols. Salva-Terra, en accordant dans ce *Factum* que des scélérats ont osé lui faire l'affreuse imputation de soustraire des Perles, prouve que loin d'en avoir conçu l'idée, il a toujours conseillé aux Espagnols & aux Indiens de les jetter à la mer, parceque ces instruments du luxe apportent un obstacle manifeste aux progrès du salut: c'est bien peu connoître, dit-il, notre désintéressement, que de nous objecter des crimes si bas, dont nous sommes incapables par état: d'ailleurs, ajoute-t-il, que ferions-nous avec des Perles?

Cette étrange apologie, appuyée du crédit si bien mérité dont jouissoient alors les Jésuites à la cour de Madrid, produisit tous les effets que la Société en attendoit: Sa Majesté aima mieux de croire que la propagation des Perles diminuoit à la côte de l'Amérique, que de soupçonner les Jésuites capables de les dérober contre le droit des gens: les Ministres firent semblant de penser la même chose.

Salva-Terra, après avoir repoussé si victorieusement les traits de la calomnie, pria humblement Sa Majesté de lui accorder le commandement de toutes les troupes Espagnoles stationnées en différents endroits de la Californie pour la défense des côtes: il allégua des raisons assez mauvaises pour démontrer que la chose, quoique sans exemple, étoit juste &

utile: auffi fa demande fut-elle accordée. Les officiers & les foldats reçurent ordre d'obéir aux Miffionnaires, & d'exécuter ponctuellement leurs volontés.

La poftérité ne croira point qu'on ait pu tellement méfufer de la piété d'un Monarque, fafciner fon efprit jufqu'au point de le plonger dans un total oubli de fes intérêts, & lui infpirer de la fécurité, lorfqu'on creufoit un abyme fous fes pieds. Quand on réfléchit au danger qui a environné l'Efpagne dans ce temps d'aveuglement, on eft furpris qu'elle foit encore en poffeffion du Pérou & du Mexique.

Les Jéfuites dirent, pour excufer cette démarche extraordinaire, que leurs jours étant à chaque inftant en danger en prêchant l'Evangile à un peuple auffi brut que le font les Californiens indigenes, ils devoient, malgré eux, fe faire accompagner par des gens armés, en travaillant à la converfion de ces furieux, qui font, au rapport de tout le monde, les fauvages les plus paifibles & les moins belliqueux de l'Amérique.

Les chefs & les foldats Efpagnols indignés de ramper fous le commandement des moines qui les accabloient de corvées, firent retentir le ciel & la terre de leurs plaintes, & les Jéfuites (*) avouent eux-mêmes, qu'on vit à cette occafion arriver en cour une foule de lettres remplies de clameurs & de termes féditieux, arrachés par le défefpoir de la bouche des mécontents: ils avouent que Salva-Terra caffa

―――――――――――――――――――――――
(*) Voyez *Natuurlyke Hiftorie van California.* E. D. pag. 493. & fuivantes.

de sa propre autorité un capitaine, un sergent, & licencia une compagnie entiere de la garnison de Loretto, qui avoit osé murmurer contre le gouvernement ecclésiastique.

2. Il est constant que les Jésuites se sont imaginé longtemps, qu'en étendant leurs missions dans la Californie, ils pourroient un jour parvenir, par le Nord-Est de cette Péninsule, à un grand pays habité par une nation riche & civilisée, dont tant de voyageurs ont soupçonné l'existence: il y a même des Auteurs, comme Acosta, qui prétendent qu'à l'arrivée de Fernand Cortez, & au bruit de ses massacres & de ses déprédations, un nombre considérable de Mexicains s'enfuirent vers ce pays inconnu, & y porterent avec eux des trésors inestimables. Cortez lui-même a été dans cette persuasion, à laquelle il est fort naturel d'attribuer l'expédition qu'il fit en Californie dans un temps où sa présence étoit si nécessaire au Mexique, dont la conquête ne put assouvir sa cupidité: il courut au travers de mille nouveaux dangers vers des côtes sauvages, pour y chercher des richesses qui n'y étoient pas. Enfin on feroit un volume, si l'on rassembloit tout ce que les Relations ont dit de cette contrée merveilleuse qu'on découvriroit un jour, & vers laquelle les Jésuites se sont flattés longtemps que la Providence les appelloit. La Société forma, dans des vues à peu près semblables, au commencement de ce siécle, ses nombreux établissements sur l'Orenoque: elle crut que c'étoit un moyen de rencontrer la route du fameux *Eldorado* qui lui paroissoit devoir être dans la nouvelle Grenade. Les rêves les plus

SUR LES AMERICAINS. 165

absurdes passent par la tête des avares: leurs richesses imaginaires sont infinies.

En lisant tout ce que le Jésuite Gumilla a écrit de cet Eldorado, on s'apperçoit qu'il en parle comme d'une Province réelle à la possession de laquelle il n'avoit point encore renoncé en 1740. Hélas, s'écrie-t-il, dans le transport de son zéle, si nous pouvions aller un jour porter la foi dans l'*Eldorado*, que de Sauvages nous pourrions y sauver! „Ce que l'on débite „des richesses & des trésors du *Dorado*, dit-il, n'a „rien qui doive nous étonner; car en laissant à part „ses montagnes d'or, il suffit qu'on y en trouve au-„tant qu'à *Choco*, à *Antioquia*, dans la vallée de *Neyva* „& dans plusieurs autres Provinces du nouveau Royau-„me, ce qui joint à ce que les Indiens en emporte-„rent dans leur retraite, forme un trésor équivalant „à celui qu'on dit être au *Dorado*. Ce que je viens „de dire pourra avoir son utilité, s'il arrive jamais „qu'on découvre ces Provinces, & que l'Evangile s'y „introduise; il en sera peut-être alors du *Dorado* „comme de la Province de la *Nueva-Sonora* près du „nouveau Mexique, qui unit le Continent avec la „Califotnie. Ses peuples viennent de recevoir l'Evan-„gile avec beaucoup de docilité, & l'on a trouvé chez „eux une infinité de mines d'argent, dont on n'a eu „connoissance qu'en 1739. (*)

Ce passage doit paroître un peu profane dans la bouche d'un Missionnaire, qui parle des mines & de l'Evangile, comme si c'étoient deux choses moralement

---

(*) *Histoire de l'Orenoque* pag. 147, & 148. T. II.

inféparables. Ceux qui allerent découvrir cette montagne d'argent, & convertir les Sauvages du Sonora, étoient apparemment des gens envoyés par ce même Salva-Terra dont nous avons eu occasion de parler.

3. Le troisieme motif de la venue des Jésuites à la Californie a été la commodité du Galion qui alloit tous les ans d'Acapulco à Manille. Quand le Lord Anson s'empara de ce navire en 1744, plus des deux tiers de sa cargaison appartenoient à la compagnie de Jésus. Ce commerce, dit le Commodor, coupe le nœud qui devroit tenir le Mexique & le Pérou dans une dépendance parfaite de l'Espagne: il choque toutes les loix de la saine politique, & ne sert qu'à enrichir quelques Religieux: aussi le Ministre Espagnol, Don Joseph Patinho voulut-il, en 1725, défendre l'allée & le retour du Galion de Manille; mais le crédit de la Société para ce coup. (*) Aujourd'hui que cette Société ne subsiste plus, & que son esprit de vertige & d'inévitables malheurs l'ont précipitée dans le néant, on a renouvellé le projet salutaire conçu par Patinho: une ordonnance de Sa Majesté Catholique vient de supprimer tout commerce entre les Indes occidentales & l'Asie par la mer du Sud; & l'on a dépéché ordre au Général du Galion *le bon Conseil*, de ne plus faire la traversée comme à l'ordinaire: l'industrie des Jésuites soutenoit donc la fortune de ce négoce préjudiciable qui a expiré avec eux. Par le moyen de ce Galion & des Commissionnaires établis à Acapulco, ils avoient un débouché certain pour faire

―――――――――――――――――――――

(*) *Voyage d'Anson*, liv. II. pag. 190. in 4to. Amsterdam 1749.

passer les perles de la Californie en Asie, où le prix de cette espèce de bijouterie s'est beaucoup mieux soutenu qu'en Europe.

En 1690, un colon Espagnol avoit planté à la Californie, aux environs du St Lucar, une petite vigne, dont le succès surpassa son attente. Cet essai inspira aux Missionnaires l'envie de posséder des vignobles à leur tour: un d'entr'eux nommé Picolo, qui avoit plus de goût pour la Botanique & l'agriculture que pour les disputes sur la grace versatile & efficace, se chargea de faire des plants, qui ont été tellement augmentés que quarante sept ans après la premiere exploitation, les Jésuites vendoient déjà assez de vin pour en fournir tout le Mexique, & en charger encore plusieurs barriques sur le Galion pour les Philippines, où l'on s'en sert à dire la messe; car il y a des climats où il ne croît naturellement rien de ce qu'exige le service des Autels.

Quoique les colonies Européanes, si multipliées en Amérique, ayent planté dans bien des endroits des vignes, & apporté beaucoup de vigilance à leur culture, on n'est point encore parvenu dans tout le nouveau Monde à faire du vin capable d'acquérir de la réputation: le meilleur n'égale pas les sortes médiocres de notre continent; ce que l'on doit attribuer à l'humidité de l'atmosphere & à la qualité froide des terres. La Californie paroît être le canton de toute l'Amérique où la vigne a rencontré le climat le moins défavorable, & le sol le plus propre à son instinct: cependant le vin qu'on y fait, quoique d'ailleurs potable, est bien éloigné d'être excellent; Mr. Anſon dit que ſon goût approche de celui du médiocre vin de Madere, & ſi l'on en fait quelque cas au Mexique, c'eſt que les bons vins de notre continent y ſont d'une grande rareté, & d'une cherté exceſſive.

Il ne s'agit point maintenant de calculer ce que la Société a pu gagner ou perdre par ſes travaux apoſtoliques : il eſt triſte qu'elle ait élevé des pépinieres ſi floriſſantes, défriché de ſi grands eſpaces, cultivé tant d'arbres utiles, dont des mains profanes moiſſonneront bientôt les fruits. On pourroit dire à tous les Ordres des moines, ſi occupés de s'agrandir, jettez vos regards vers ce coin de l'univers, & tremblez d'être puiſſants, ou de vouloir le devenir.

Les principaux établiſſements des Jéſuites, bornés d'abord aux ſeules miſſions de St Lucar & de Loretto, avoient-été, ſuivant la carte particuliere que j'ai de ce pays, pouſſés dès l'an 1762, par les côtes de la mer Vermeille & l'océan du Sud, juſqu'au Cap de St Michel, au vingt-neuvieme degré de latitude Nord, où l'on voit leur dernier couvent.

Les Naturels de la Californie, diviſés en trois tribus conſidérables, (*) ne paroiſſent pas avoir reçu de la Nature une portion d'intelligence ſupérieure à l'inſtinct des animaux de leur Péninſule. A l'arrivée des Miſſionnaires, quelques-uns n'avoient pas de cabanes, ſe logeoient dans les buiſſons, ſous les arbres, dans les creux des rochers, vivoient de bayes, de

-----

(*) Nommées *Edues*, *Cochimies* & *Périuches*. Ces trois tribus parlent neuf dialectes différens, dérivés de trois langues-matrices.

fruits sauvages, & de gibier : d'autres étoient entiérement nuds, & les premiers à qui l'on mit des juste-au-corps, furent hués & poursuivis par leurs compatriotes, jusqu'à ce qu'ils jetterent ces vêtements si ridicules à leurs yeux.

Le portrait que l'on nous fait de leur caractere moral, est conforme à celui que nous avons donné de tous les Américains en général. L'insensibilité est en eux un vice de leur constitution altérée : ils sont d'une paresse impardonnable, n'inventent rien, n'entreprennent rien & n'étendent point la sphère de leur conception au-delà de ce qu'ils voyent : pusillanimes, poltrons, énervés, sans noblesse dans l'esprit, le découragement & le défaut absolu de ce qui constitue l'animal raisonnable, les rendent inutiles à eux-mêmes & à la société. Enfin, les Californiens végétent plutôt qu'ils ne vivent, & on est tenté de leur refuser une ame. (*) Du reste leur figure est semblable à celle de tous les autres peuples de l'Amérique : leur corps est dépilé & leur teint un peu plus foncé que celui des habitants du nouveau Mexique, parceque leur pays plus aride, plus nu, plus dépourvu de bois, & semé de grands bancs de sable, augmente davantage la réverberation des rayons solaires ; mais il s'en faut beaucoup qu'ils soient des Nègres, comme le dit le capitaine Roggers. On a même remarqué que, quand on envoya du Mexique des Nègres Africains à la Californie, les Indigenes ne témoignerent aucune surprise à l'aspect de ces hommes singuliers, dont la

---

(*) Voyez *Natuurlyke Historie van California:* E. D. pag. 58. & 59.

noirceur & la physionomie bizarre épouvantent ordinairement ceux qui en voient pour la premiere fois; mais les Sauvages sont tous incurieux par caractere, & n'admirent rien par stupidité. D'ailleurs il est très-possible, comme le dit Torquemada, qu'avant cet envoi du Mexique, les Californiens avoient déjà vu des Noirs sur quelques vaisseaux venus des Philippines au Cap de St. Lucar. Quant à eux, ils se percent la cloison du nez, & le lobe des oreilles, pour y suspendre des colifichets, & se barbouillent tout le corps d'un onguent rougeâtre, pour se mettre à l'abri des *Nignas*, espèce de vermine insupportable, & extrêmement multipliée dans la Californie. Ils usent, à l'instar de tous les Indiens occidentaux, du *Cimaron*, ou du Tabac sauvage, végétal que la nature a refusé à très-peu de Provinces du nouveau Monde, quoique plusieurs Botanistes se soient imaginé qu'il ne croissoit que dans un seul canton, d'où l'on l'avoit transplanté aux Isles.

Comme la Californie est une de ces parties de l'Amérique qui s'approche le plus de l'Asie, les Jésuites s'étoient flatté qu'on pourroit y déterrer des traditions nationales, ou des monuments historiques, capables d'éclaircir l'origine de la population du nouveau continent; mais ils conviennent sincérement que toutes leurs recherches ont été à cet égard infructueuses. (*)

Les Californiens, loin d'avoir aujourd'hui aucune espèce d'écriture ou de caractere, sont tellement abrutis, tellement dépourvus d'industrie & d'idées,

___

(*) *Hist. van California* pag 53, jusqu'à 57. Tom I.

qu'on ne sauroit supposer qu'ils ayent jamais eu quelque communication avec les peuples de l'Asie. Quand on les interroge sur leur état primitif, sur leur antiquité, ils répondent qu'ils ont de temps immémorial respiré dans leurs solitudes, sans mécontentement, sans chagrin jusqu'à l'arrivée des Missionnaires.

Plus on remonte vers le nord de leur pays, plus l'aspect en devient effroyable, & les Jésuites, quoi qu'ils ayent pû croire de l'opulent Royaume de Quivira, sont maintenant très désabusés à ce sujet: ils savent qu'on perdroit ses peines à y chercher davantage la colonie Chinoise que Mr. de Guignes a fait venir par la route du Kamschatka, jusqu'aux rochers de glace qui bordent l'embouchure du Collorado, afin de répandre la politesse, les mœurs, les arts, les sciences, l'esprit d'invention & d'intelligence dans le centre de la Californie, où malheureusement pour ce sistême on n'a vu que des troupeaux de barbares si stupides, si dégénérés de l'homme, qu'on a même désespéré d'en pouvoir faire des esclaves.

En lisant l'histoire des Navigations de l'infortuné Capitaine Béering & de Tschirikow qui coururent, en 1741, pendant trois cents lieues le long des côtes du nord de la Californie, on peut se convaincre que cette partie du globe n'offre que des contrées désolées & des nations insociables. Les Russes n'y virent que des rivages presqu'inaccessibles, plantés de rochers en pic, & battus par une mer profonde & courroucée. On y fit descendre avec beaucoup de difficultés un pilote, un bosman, & quatre matelots qui ne reparurent point, parcequ'ils furent vraisemblablement massacrés à l'instant même de l'abordage par les habitants du pays, assez féroces pour user de ce droit affreux & insensé qu'on a eu tant de peine à extirper des côtes de l'ancienne Europe, où tous les peuples maritimes s'arrogeoient le *Droit de Naufrage* & de *Strand-Recht*, si l'on peut donner ce nom à un brigandage qui choquoit les premieres loix de la sociabilité, & les notions du sens commun.

Il faut remarquer que le capitaine Tschirikow, en faisant voile du Kamschatka, avoit embarqué sur son navire deux Kamschatkadales, dans l'espérance que ces Asiatiques pourroient lui servir d'interprêtes auprès des Sauvages de cette partie de l'Amérique qui est la plus voisine de l'Asie; mais cette précaution fut inutile: on ne put se faire comprendre des Américains, parceque leur langage n'avoit pas la moindre analogie avec l'idiome Tschuktschi qu'on parle au Kamschatka, ce qui prouve encore que les peuplades placées à ces extrémités des deux continents, ne sont pas filiations les unes des autres. (*)

Longtemps avant le voyage entrepris par les Russes en 1741, le Pilote Morera, délaissé par Drake au Cap de Mendocin, avoit déjà erré pendant plu-

---

(*) On ne sait pas au juste, à quel endroit de la côte de l'Amérique, le Capitaine Tschirikow fit son débarquement; soit que la Cour de Petersbourg ait, par des raisons d'Etat, supprimé & altéré plusieurs articles dans le routier de ce voyage, soit que le mauvais temps ait empêché Mr. de l'Isle de la Croiere de faire des observations astronomiques. Au reste, en se tenant à l'estime & aux observations fortuites faites à la hâte, dans un navire continuellement tourmenté par une mer orageuse & enveloppé d'épais brouillards, il paroît que les Russes toucherent à la côte située

sieurs années dans les terres situées au nord de la Californie: après des avantures, des travaux, & des incidents sans nombre, il arriva à la garnison Espagnole de Sombrerette: il conste par son rapport que tous les pays en-deça & au-delà du Cap de Mendocin sont incultes, affreux, couverts de bois, où l'on ne voit que des bisons, des ours, & des hordes peu nombreuses d'Américains Agriophages. Telle est cette Région fortunée où l'on suppose que les Chinois sont venus dans des canots vendre leurs soyes, leurs porcelaines, & leurs livres de morale, dont la lecture a policé toute la côte occidentale de l'Amérique jusqu'à l'isle de Chiloë, car Mr. de Guignes soutient que la politesse étoit très répandue sur toute cette plage, & il est impossible qu'elle soit venue, dit-il, d'ailleurs que de la Chine. Voilà jusqu'où l'esprit de sistême peut entraîner ceux qui s'y abandonnent: c'est un torrent qui se perd dans un précipice, d'où la raison ne se retire que rarement.

Je suppose pour un instant qu'il soit permis à un Littérateur désœuvré de mal traduire des Romans Chinois, & de publier ces mauvaises traductions comme si c'étoient des vérités historiques tirées des archives

---

au 56me degré de latitude Nord, entre le 235 & le 240 degrés de longitude. Quant à Béering, il est sûr qu'il aborda à la même plage, mais deux degrés plus vers le septentrion que Tchirikow.
Nicolas de l'Isle n'assigne pas ces endroits si intéressants, ni dans sa grande carte de 1750, ni dans celle de 1752. Bellin, dans sa carte Cylindrique, ne parle que des terres basses & noyées au 74 degré de latitude N, où il dit que les Russes allerent échouer en 1743; mais ces terres basses & ces Russes échoués sont des fables.

de Pekin: je suppose qu'il soit permis de faire aller des adorateurs du Dieu *Li*, à cinq mille lieues de chez eux, pour prêcher leurs dogmes dans un pays où ils ne comprenoient personne, & où personne ne se soucioit de comprendre leurs dogmes; il n'en est pas moins vrai qu'on ne devroit jamais s'appuyer sur de fausses cartes géographiques, pour donner du poids à de semblables bagatelles. La carte dont Mr. de Guignes a accompagné son Mémoire, pour démontrer la navigation des Chinois, est fausse en ce qu'elle place dans l'Amérique une immense mer méditerranée qui n'est pas en Amérique: c'est bouleverser le globe entier, pour faire valoir une idée.

Au-delà du Cap blanc on trouve, selon Mr. de Guignes, un canal qui conduit en droite ligne à cet espace de terre qu'il appelle la mer de l'Ouest: il n'y a qu'à consulter les journaux des Navigateurs & les Mappemondes les plus exactes & les plus récentes, pour s'appercevoir que tout cet arrangement est imaginaire, chimérique.

Les anciens Géographes, qui ignoroient que la Californie étoit une Péninsule, ont pû se tromper dans les positions relatives; mais depuis qu'on sait, à n'en pas douter, que la côte de la terre ferme court sans interruption, depuis la base de la Californie vers le Nord jusqu'à la proximité du cercle boréal, c'est une falsification manifeste de percer cette terre ferme, & d'y faire couler une mer de dix degrés de latitude. Il y a eu en Italie des Savants qui ont fait frapper de fausses médailles, supposé de faux manuscrits, de fausses inscriptions lapidaires, pour justifier des conjectures chronologiques, pour prouver des faits qu'ils avoient imaginés. Enfin, cette licence avoit fait tant de progrès qu'on a de nos jours dû défendre sous peine de mort aux savants Italiens de frapper des médailles Grecques ou Romaines, & de forger des inscriptions antiques. Réprimera-t-on par cette sévérité la fureur de conjecturer, & la vanité d'avoir raison dans ses conjectures? Hélas non.

SECTION II.

De la couleur des Américains.

Rien ne surprit davantage Christophe Colomb, comme il l'a avoué à ses amis, que de trouver au nouveau continent, à quatre degrés de l'Equateur, des peuples qui n'étoient pas noirs: il crut s'être trompé dans la latitude, & ne put comprendre que sous de mêmes paralleles de la Zone Torride, il y eût en Afrique des hommes Nègres a tête lanugineuse, & en Amérique des hommes seulement bronzés avec une chevelure longue & traînante. Cette diversité de couleurs, dans des climats si semblables en apparence, formoit en effet une difficulté qui désesperoit les Physiciens du quinzieme siécle.

On n'inférera point ici une dissertation complette sur la couleur des Nègres, d'autant plus qu'en parlant des Albinos & des Blafards, on reviendra à ce sujet dans la suite de l'Ouvrage. Il faut expliquer le phénomene dont il s'agit, sans y mêler trop de difcuſſions & des hors-d'œuvres : les détails préliminaires dont cette explication a beſoin, ſeront courts, & s'il eſt poſſible, clairs & lucides.

Les Théologiens de ce ſiécle, aſſez injuſtes ou aſſez prévenus pour ſe croire bien plus éclairés que les Théologiens du temps paſſé, diſent que les Nègres deſcendent en ligne directe de Caïn, (*) à qui Dieu écraſa le nez, & noircit l'épiderme, pour imprimer à ſa figure une marque capable de le faire reconnoître pour un aſſaſſin. Les Docteurs du temps paſſé enſeignoient, dans leurs écoles, avec autant de probabilité, que les Ethiopiens ſont la poſtérité ou de Chus, ou de Canaan, ou d'Iſmael : l'Abbé Pluche a défendu ce dernier ſentiment, avec autant de chaleur qu'il en employa enſuite à dire des injures contre Deſcartes & contre Newton : il devoit, pour n'être pas inconſéquent, attaquer les défenſeurs de la vérité, après avoir combattu contre la vérité même : il faut le plaindre.

Je ne ſais par quelle fatalité les Théologiens, comme faſcinés ſur leurs propres intérêts, ſe ſont ſi ſouvent approprié des queſtions du reſſort de la Phyſique : en ſortant de leur ſphère, en prononçant ſur des matieres qu'on leur pardonne d'ignorer, que pouvoit-il leur arriver ſinon d'avoir tort, d'être ridicules,

_____

(*) L'Auteur d'un prétendu *Eſſai ſur la population du nouveau continent* ſe glorifie d'être le premier qui ait expliqué la couleur des Nègres, en les faiſant deſcendre de Caïn ; il ignoroit qu'un *Labat*, qu'un *Gumilla* avoient déjà parlé avant lui de cette pieuſe extravagance ; il ne valoit pas la peine de copier ce que des Moines Français & Eſpagnols avoient penſé du teint des Africains.

& de divertir leurs ennemis? Après avoir si mal décidé, peuvent-ils raisonnablement se plaindre qu'on méprise leurs décisions? Peuvent-ils dire que le siècle décline, parce qu'on n'est occupé qu'à leur reprocher leurs erreurs? Ne vient-il pas dans l'esprit de tout le monde qu'après s'être trompés en Géographie, en condamnant l'Evêque Virgile; en Astronomie, en condamnant Galilée; en Métaphysique, en condamnant Jordan le Brun, & l'immortel Locke; en Physique, en brulant tant de Magiciens, tant de Sorciers, tant de bons livres, ils ne se trompent aussi en Histoire naturelle, lorsqu'ils attribuent l'origine des Nègres à des Héros de l'Histoire Juive? Pourquoi donc imaginer des systêmes si révoltants? ou pourquoi se plaindre de ce qu'on s'en moque?

Un Auteur qui abusa singulièrement du privilege de déraisonner, dit que la premiere femelle du genre humain avoit des ovaires, & qu'elle renfermoit dans ces ovaires des œufs blancs & des œufs noirs, d'où naquirent les Allemands, les Suédois, & tous les peuples blancs d'une part, & tous les peuples Nègres de l'autre. Cette hypothese, si vous en jugez par son absurdité, vous paroîtra avoir été inventée dans un siècle ténébreux, avant la naissance des Lettres, par un rêveur malade: si vous en jugez par la datte de la publication, vous serez surpris qu'un tel écrivain vivoit dans le dix-huitieme siècle. Or il faut choisir ou entre Ismael ou Caïn, ou entre les œufs blancs & noirs, si vous voulez soutenir un systême sur l'origine des Nègres; si vous voulez vous contenter de la

Tom. I. M

vérité, vous pourrez vous passer & des uns & des autres.

Si l'on ne s'étoit pas livré aveuglément à des préjugés systématiques, on n'auroit jamais recherché avec tant d'embarras pourquoi il y a des hommes noirs dans la Zone torride, & des hommes blancs dans les Zones tempérées : si l'on n'avoit pas été prévenu, on auroit vû clairement que la différente température des climats produit cette différence dans la couleur des habitants.

Il n'existe nulle part des Nègres, sinon dans les pays les plus excessivement chauds du globe : il n'y en a point hors des bornes de la Zone torride. Ils ne font pas, comme on l'a dit, la douzieme partie de l'espèce humaine, leur nombre relativement à celui des hommes blancs & bruns n'étant que comme 1 à 23. A mesure que l'ardeur de la Zone intermédiaire diminue, on voit le teint s'éclaircir, blanchir, les cheveux se détortiller, s'allonger, les traits s'adoucir : les Maures, quoique noirs en apparence, le font moins que les Nègres, parce qu'une plus grande distance les éloigne de l'Equateur. Il n'y a pas d'ancienne famille en Portugal qui ait les cheveux blonds, ou l'iris des yeux bleuâtre : les Portugais, les Espagnols, les Napolitains sont encore foiblement basanés, & terminent la nuance : au-delà des Pyrénées & des Alpes, tous les peuples sont blancs.

Ceux qui, comme la Peyrere & Mr le Cat, ont placé, je ne sais pourquoi, des Nègres dans le voisinage du Pole Boréal & au centre du Grœnland, se font extrêmement trompés : nous connoissons aujourd'hui ce dernier pays presqu'aussi bien qu'on connoit la Suede, & l'on verra dans la suite que ces Ethiopiens septentrionaux sont des êtres fabuleux, & aussi fabuleux que les Acéphales & les Cyclopes, quoiqu'un Saint Pere prétende en avoir vu.

Les effets de la chaleur sur la constitution de l'homme sous la ligne équinoctiale, sont des phénomenes qu'on a découvert en faisant l'anatomie des Nègres, & l'analyse de leurs humeurs les plus essentielles. Ils ont la substance moelleuse du cerveau noirâtre, la glande pinéale presqu'entierement noire, (*) l'entrelas des nerfs optiques brunâtre, le sang d'un rouge beaucoup plus foncé que le nôtre. Enfin leur liqueur spermatique est colorée par le même principe qu'on trouve répandu dans leur membrane muqueuse. Il est surprenant que les modernes ayent ignoré depuis si longtemps que la noirceur des Nègres-Simes est visiblement inhérente dans leur matiere séminale; on s'en apperçoit dès qu'on les compare à celle des individus blancs. Strabon & quelques Anciens disent que ce fait n'étoit pas même révoqué en doute de leur temps; aussi les observations les plus récentes n'ont-elles servi qu'à le confirmer dans tous ses points. En effet, comment expliquer autrement les variétés qui résultent des races croisées, tant parmi les hommes que parmi les animaux?

(*) Voyez deux Mémoires intitulés, *Recherches Anatomiques sur la nature de l'épiderme & la couleur de la substance médullaire dans les Nègres*, de Mr. Meckel. Voyez aussi un Mémoire offert à la société Royale sur la couleur du sang des Nègres, par le Docteur Towns.

Cette matiere colorante est si tenace dans le sperme des individus sains, qu'elle exige absolument quatre générations mêlées pour disparoître entierement: la troisieme postérité est encore basanée: la quatrieme est blanche. Comme la nature ne s'écarte presque jamais de ces loix, nous pouvons dire qu'elles sont immuables. (*)

Entre l'épiderme & la peau de l'homme on trouve une mucosité, une substance gélatineuse, que les Anatomistes nomment indifféremment le corps muqueux, & le réseau de Malpighi, qui le premier en fit la découverte.

Cette gelée est blanche dans les Européans, noirâtre dans les Nègres, brunâtre dans les Basanés, d'une couleur de neige ou de craie dans les Albinos ou Nègres blancs, & parsemée de taches rougeâtres dans les hommes extrêmement roux.

La membrane réticulaire des Nègres consiste en une mucosité plus coagulée, plus visqueuse que le réseau des autres hommes. Et voilà pourquoi la graisse subcutanée ne peut y passer si aisément: elle

---

(*) Voici l'ordre que la nature observe dans les quatre générations mêlées.
1. D'un Nègre & d'une femme blanche, naît le mulâtre, à demi-noir, à demi-blanc, à longs cheveux.
2. Du Mulâtre & de la femme blanche, provient le quarteron basané, à cheveux longs.
3. Du Quarteron & d'une femme blanche, sort l'octavon moins basané que le quarteron.
4. De l'Octavon & d'une femelle blanche, vient un enfant parfaitement blanc.

Il faut quatre filiations en sens inverse, pour noircir les blancs.
1. D'un Blanc & d'une Négresse, sort le Mulâtre à longs cheveux.

SUR LES AMERICAINS.

y séjourne davantage, suinte plus lentement, & de là il arrive que l'épiderme des Noirs paroît oléagineuse & graissée; & quand ils sont échauffés, leur sueur répand une odeur fort désagréable, à cause qu'elle entraîne des particules de cette graisse rance qui a longtemps résidé entre la peau & l'épiderme, & dont on distingue au microscope le sédiment formé en petits grains, qui noircissent le linge blanc avec lequel on essuie la face & les mains d'un Africain qui a longtemps & fortement transpiré.

Tous les poils du corps ont leurs racines bulbeuses dans la peau : ils percent & criblent par leurs sommités la membrane réticulaire & l'épiderme, qui n'est autre chose que la superficie endurcie de la gelée dont la peau est enduite. (*) Ces poils, ayant chez les Nègres à traverser un milieu plus tenace, plus condensé, s'entortillent, se frisent, & ne s'allongent pas, parcequ'ils trouvent moins de nourriture dans le tissu de la peau & dans son enveloppe.

La petite vérole se dessèche aussi lentement sur le corps des Nègres, parceque leur réseau, étant plus

---

2. Du Mulâtre & de la Négresse vient le Quarteron qui a trois quarts de noir & un quart de blanc.

3. De ce Quarteron & d'une Négresse, provient l'Octavon, qui a sept huitiemes de noir & un demi quart de blanc.

4. De cet Octavon & de la Négresse naît enfin le vrai Nègre à cheveux entortillés.

(*) Leuvenhoek, qui croyoit que l'épiderme de l'homme, étoit composée d'écailles à charnieres, s'est trompé, & ses microscopes ont dû lui faire en cela des illusions optiques fort singulieres, puisque ces écailles & ces charnieres n'existent pas dans la nature.

glutineux, empêche longtems les écailles de l'épiderme de fe détacher & de s'effeuiller. Leur pouls eft prefque toujours vif & accéléré, & leur peau, quand on la touche, paroît échauffée : auffi leurs paffions font-elles fougueufes, immodérées, exceffives, & n'obéiffent prefqu'à aucun frein de la raifon ou de la réflexion ; & comme ils ne peuvent fe gouverner eux-mêmes, ceux qui les gouvernent en font d'excellens efclaves. Les organes les plus délicats ou les plus fubtils de leur cerveau ont été détruits ou oblitérés par le feu de leur climat natal : & leurs facultés intellectuelles fe font affoiblies : ils diffèrent autant peut-être des peuples blancs, par les bornes étroites de leur mémoire & l'impuiffance de leur efprit, qu'ils en font différents par la couleur du corps & l'air de la phyfionomie.

La fubftance du fang, celle du fiel, celle du cerveau & du fperme étant, dans cette forte d'hommes, plus fombre, plus obfcure, plus noire enfin que dans les autres individus du genre humain, on conçoit qu'il doit par la fécrétion s'en échapper continuellement des atomes colorés, qui étant interceptés par la vifcofité du tiffu réticulaire, peignent tout le corps des Nègres.

Les Négrillons font blancs en venant au monde, parceque leur épiderme & fa gelée intérieure, ayant été baignés & détrempés par le fluide dans lequel le fœtus a nagé, n'a pu devenir affez compacte pour arrêter fous la peau la fubftance noire que les vaiffeaux exhalants y entraînent : auffi voit-on le corps des Nègres noyés redevenir blanc, après avoir refté quelques jours dans l'eau. Une autre raison de la blancheur de l'embrion, c'est que le fiel ne s'est pas encore épanché dans le sang, ce qui n'arrive qu'au troisieme ou quatrieme jour: alors cet épanchement se déclare par une jauniffe dans tout le corps, qui depuis cette époque noircit de plus en plus jusqu'à l'adolescence.

Les Négrillons ont, au sortir du sein de la mere, une tache noire aux parties de la génération; parceque ces parties se forment les premieres, devancent le développement des autres membres, croissent plus rapidement; & les téguments qui les recouvrent, sont plutôt serrés, & peuvent déjà retenir quelques particules noirâtres. Cependant cette tache n'est point dans tous les sujets: elle manque même très souvent; mais une marque qui ne manque jamais, c'est un filet noir que les Négrittes & les Négrillons ont à la racine des ongles, dès l'instant de leur naissance. Comme la substance cornée des ongles se durcit dans l'enfant, bien plutôt que la glu de la membrane réticulaire, les ongles peuvent, dans l'endroit où ils compriment le plus l'extrémité du doigt, intercepter quelques atomes noirâtres qui découlent du corps interne.

Les Physiciens ont gardé jusqu'à présent un profond silence sur ces deux signes qui caractérisent les enfants des Nègres, soit qu'ils ayent craint de se tromper, en voulant dévoiler les causes encore inconnues de ces phénomènes surprenants, soit qu'ils ayent négligé ces particularités comme indignes d'exercer leurs méditations réservées pour de plus grands objets. Comme nous avons donc osé, sans guide & sans chemin tracé, atteindre en tâtonnant cette branche de la

Physiologie, peut-être trouvera-t-on que notre explication ne satisfait pas abfolument à la difficulté. S'il est permis de hazarder des erreurs vraifemblables, parcequ'elles peuvent tôt ou tard conduire à la vérité des Obfervateurs plus heureux, on nous pardonnera à plus forte raifon des probabilités très-fondées, qui ne nuiront jamais à ceux qui entreprennent des recherches ultérieures & analogues à ce fujet.

Si l'air brulant, fi le ferein & la réverberation des rayons du foleil dans la Zone torride noirciffent la moelle & le cerveau des Africains, on demande fans doute fi les hommes blancs, tranfplantés dans ce climat ardent, voient auffi à la longue leur peau brunir, & devenir enfin couleur d'ébene? Il eft fingulier qu'on forme des doutes fur un effet néceffaire: c'eft encore l'efprit de fiftême qui a fi longtemps empêché les Naturaliftes d'acquérir des idées claires fur ces efpèces de métamorphofes.

Le voyageur Mandelslo croit qu'il ne faut aux hommes blancs, pour noircir parfaitement, que trois générations fuivies fous la ligne équinoctiale, dans les terres où la réverberation eft la plus forte; mais il eft fûr que le nombre des générations doit être plus multiplié, & qu'il faut plus de temps pour que ce changement s'exécute que Mandelslo ne fe l'étoit préfiguré, parceque les étrangers, & furtout les Européans qui vont fe fixer dans la Zone torride, confervent leurs mœurs, leurs ufages, leurs habitudes pendant plufieurs années, s'expofent d'abord moins aux influences de l'atmofphere, font plus longtemps à fe dépouiller de leurs vêtements, & n'adoptent que fort tard & même jamais, sinon par nécessité, l'éducation & le misérable genre de vie des Africains indigenes: aussi longtemps que la fortune du commerce les soutient, ils vivent en Afrique à l'Européane, gardent leurs enfants dans des appartements frais & ombragés, & commandent du fond de leur cabinet à des esclaves qui cultivent pour eux. Il y a bien peu de commerçants qui fassent même par avarice ce que Mr. Adanson a fait par passion pour les Sciences sur les bords du Niger: il suffit de lire le Journal de ses courses & de ses travaux, pour se former une idée de ce que peut, dans ces contrées toujours enflammées, l'excès de la chaleur sur ceux qui n'y ont pas été accoutumés dès l'enfance: le premier accident qu'on éprouve, est que la surpeau des pieds, des mains, du visage, se hâle, se durcit, & se détache du corps par feuilles & par lambeaux: la fievre survient bientôt, & il faut une complexion vigoureuse pour la vaincre.

Mr. l'Abbé de Manet, qui a publié la plus nouvelle & la meilleure histoire de l'Afrique, & qui l'a enrichie d'observations très-précieuses pour la Physique, (*) dit qu'en 1764 il baptisa les enfants de quelques pauvres Portugais établis à la côte d'Afrique depuis l'an 1721, & que la métamorphose étoit déjà si avancée dans ces créatures, qu'elles ne différoient des Négrillons que par des teintes de blanc qu'on discernoit encore sur leur peau.

(*) Voyez *Nouvelle Histoire de l'Afrique françoise, enrichie de cartes, d'observations astronomiques, géographiques*: à Paris 1767.

Quant aux defcendans des premiers Portugais qui vinrent fixer leur demeure dans cette partie du monde vers l'an 1450, ils font devenus des Nègres très achevés pour le coloris, la laine de la tête, de la barbe, & les traits de la phyfionomie, quoiqu'ils ayent d'ailleurs retenu les points les plus effentiels d'un Chriftianifme dégéneré, & confervé la langue du Portugal corrompue, à la vérité, par différents dialectes Africains.

La poftérité des Européans n'a point tant changé pendant neuf filiations aux isles du Cap verd; elle s'eft feulement peinte en jaune, parceque les vapeurs de la mer & la diftance de ces isles à l'Equateur contribuent fenfiblement à y diminuer le feu de l'air. D'un autre côté, ces Infulaires ont mieux maintenu les mœurs originelles de la premiere colonie, qui émigra de l'Europe pour le diftrict des établiffements Portugais. Ceux au contraire qui ont été féjourner à la Côte de la terre ferme, entre le Cap blanc & le Cap verd, fe font familiarifés avec le genre de vie des Naturels.

Les débris des Arabes qui envahirent, comme on fait, une partie de l'Afrique équinoctiale au feptieme fiécle, ne font plus reconnoiffables aujourd'hui: le climat en a fait de vrais Nègres, auffi noirs que les Sénégals & les Angoles.

Le fameux Juif Benjamin de Tudelle, qui parcourut à pied une grande partie de l'ancien continent vers l'an 1173, fit déjà de fon temps une obfervation intéreffante: il remarqua que les Juifs qui s'étoient enfuis dans les Provinces de l'Afie méridionale & en Afrique, étoient tous métamorphosés plus ou moins, suivant le degré de chaleur du pays qu'ils avoient choisi pour leur retraite ; ceux de l'Abyssinie étant devenus aussi noirs que les habitants indigenes, dont on ne pouvoit plus les distinguer à la seule physionomie. Si l'on fait attention que ces bandits, insociables par fanatisme, ne croisent pas leur race avilie, & qu'ils regardent le mélange du sang étranger avec le leur comme une abomination & un sacrilege, on ne pourra nier que le climat n'ait noirci ces Hébreux expatriés.

Tous ces faits réunis forment une preuve complette, & il est par conséquent démontré que la chaleur est la véritable cause de la variété de couleur dans les hommes.

Si l'on avoit voulu tenter l'expérience de blanchir des Nègres, en les faisant propager entr'eux dans des pays froids, si l'on avoit pris toutes les précautions nécessaires, pour garantir les enfants & empêcher l'abatardissement & le mélange, on auroit vû que ces individus, n'étant plus exposés aux influences des causes immédiates qui colorient la peau, auroient enfin donné des filiations d'un teint aussi blanc que celui des habitants du pays où les expériences se feroient faites.

Les Maures ont pû fournir, pendant leur séjour en Espagne, vingt-une ou vingt-deux générations non interompues ; mais le climat de l'Espagne est encore trop chaud, trop analogue à celui de la Mauritanie, pour que le changement de couleur ait pu s'y effectuer & devenir total. On dit néanmoins que les Maranes, qui expulsés par Ferdinand le Catholique, vinrent se jetter dans Rome où le Pape Alexandre VI leur vendit un asyle, n'étoient pas plus basanés, que ne le sont les paysans de la Calabre.

Je ne doute nullement qu'il ne fallût aux Nègres transmigrés dans les Provinces de l'Europe septentrionale, un temps plus long pour perdre leur noirceur qu'il n'en faudroit à des Européans établis au cœur de l'Ethiopie, pour devenir Nègres; parceque la liqueur spermatique & la substance moelleuse & glanduleuse des Africains, étant une fois colorées & impregnées de cette *matiere âtre* qu'on nomme *Æthiops animal*, conserveroient très-longtemps ce principe de pere en fils, & ne s'effaceroient que par une suite très-nombreuse de générations: les Blancs au contraire, étant sans cesse assujettis à une cause active & violente, parviendroient en un moindre laps d'années au point d'engendrer des Négrillons, comme ils en engendrent en effet, après un long séjour entre les Tropiques. Tous les corps poreux reçoivent plus aisément la couleur dont on veut les teindre qu'ils ne la perdent, lors même qu'on essaye de les dépouiller des impressions de la teinture.

Le voyageur Atkins qui se croyoit un grand philosophe, parcequ'il avoit fait une promenade en Afrique, & qui n'étoit réellement qu'un raisonneur diffus, dit que „c'est une hérésie de supposer que le „genre humain n'a point eu un même pere, mais, „ajoute-t-il, quoique ce sentiment soit ouvertement „& manifestement hérétique, je ne puis m'empêcher „de l'adopter à l'égard des Nègres, que je regarde „comme une espèce d'hommes singuliere, très-di-

„ſtincte de la nôtre, & par conſéquent iſſue d'une au-„tre tige." On pourroit répondre qu'il eſt très-vrai que les hommes noirs ſont différents des hommes blancs; mais qu'il eſt très-faux que la couleur ſeule conſtitue les eſpèces dans aucune famille du regne animal: la forme du nez & l'épaiſſeur des levres ne ſont pas des caracteres eſſentiels: il ne reſte donc que la chevelure des Africains & leur ſtupidité qui pourroient les différencier, ſi l'on ne trouvoit tant d'hommes qui ſans être Nègres, n'en ſont pas moins ſtupides, & tant d'autres qui ſans avoir le nez plat & les levres gonflées, ont les cheveux friſés & entortillés.

Si l'on diviſoit par la couleur ſeule le genre humain en eſpèces, il s'enſuivroit néceſſairement, que ſi les Nègres forment une claſſe ſpécifique parcequ'ils ſont noirs, les Olivâtres & les Baſanés formeroient auſſi une claſſe, parcequ'ils ne ſont pas blancs: il s'enſuivroit encore que les Eſpagnols & les Suédois ſont deux eſpèces d'hommes différentes entr'elles. Ainſi à force d'accumuler les diviſions, à force de trop prouver, on ne prouveroit rien, ou l'on prouveroit une abſurdité.

Que le genre humain ait eu une tige, ou qu'il en ait eu pluſieurs, queſtion inutile que des Phyſiciens ne devroient jamais agiter en Europe; il eſt certain que le climat ſeul produit toutes les variétés qu'on obſerve parmi les hommes: il eſt certain encore que les Nègres forment une de ces variétés qu'Atkins prenoit pour une eſpèce, & c'eſt en cela qu'il s'eſt trompé comme dans tant d'autres idées qui lui ont paſſé par l'eſprit, lorſqu'il rédigeoit ſon journal. Les

Européans, métamorphosés en Nigritie, prouvent assez qu'il n'existe aucune ligne réelle qui circonscrive ces variétés, puisqu'on va des unes aux autres, sans que les races ayent été mêlées par la combinaison des liqueurs prolifiques.

La Zone Torride embrasse dans notre hémisphere une prodigieuse bande du globe, qui a 180 degrés de longitude & 46 degrés & 48 minutes de large: il paroît au premier coup d'œil, que cette terre devroit être habitée dans tout son milieu par des Nègres-simes à cheveux crêpés, & sur ses deux lisieres, par des Maures couléur de suie ou bistres: cependant on y découvre une variété presqu'infinie de nuances: on y voit des peuples olivâtres, bronzés, basanés, jaunes, cendrés, gris, bruns, & rougeâtres. Ces différences sont occasionnées par l'inégalité de la chaleur, qui n'est pas la même sous les mêmes paralleles: là où elle est la plus excessive, là où le Thermometre monte à trente huit degrés, on rencontre les véritables Nègres. Par tout ailleurs, où l'air est plus tiede & plus rafraichi par les vapeurs de l'Océan, les exhalaisons des marais & des rivieres, par les vents de mer, par la diminution du reflet des rayons solaires sur un terrein moins nud & moins sablonneux, il n'y a que des nations plus ou moins basanées.

L'élévation du terrein contribue aussi beaucoup à refroidir l'atmosphere, & les sommets des montagnes ne sont nulle part, dans la Zone torride, aussi chauds que les campagnes. Au haut du Pic Adam, qui n'est qu'à 6 ou 7 degrés de la Ligne, on éprouve un froid très-âpre: on gele sur le Pic de Ténérife, quoique de fa cime on découvre, à l'œil fimple, la plage toujours brulée de l'Afrique occidentale, & que le voyageur qui tremble dans fa peliffe auffi longtemps qu'il fe tient fur cette énorme boffe du globe, puiffe à peine fouffrir fa chemife lorfqu'il en eft defcendu dans la plaine.

Le teint plus ou moins obfcur, plus ou moins foncé des habitants qui effuyent ces différentes températures de l'air entre les Tropiques, prouve donc, indépendamment de toute autre démonftration, que le climat feul colorie les fubftances les plus intimes du corps humain.

Les fauvages Jalofes, qu'on trouve cabanés dans les fables mouvants au Sud du Sénégal, à treize degrés de l'Equateur, font des Nègres achevés qui ont le teint d'un noir luifant, & la tête couverte d'une laine auffi nopée que celle des agneaux d'Aftracan. Les Infulaires de Quiola, qui ne font éloignés que de huit degrés & demi de l'Equateur, ont la face foiblement hâlée, & la chevelure flottante, parceque fitués à la plage orientale de l'Afrique, ils n'effuient point, comme les Jalofes, ce vent fec & igné qui traverfe les déferts fablonneux de l'intérieur du continent. L'Isle de Ceylan peut elle feule fournir une preuve décifive aux yeux des obfervateurs: les naturels répandus dans les campagnes & fur les plages découvertes y ont le vifage couleur de cuivre jaune: les Bedas, qui fe font opiniâtrés à refter dans les forêts les plus épaiffes, & à y vivre, en fauvages, de miel, de gomme, de gibier & de végétaux, ont la peau d'une blancheur prefqu'auffi éclatante que celle des Italiens.

Il est absurde de faire venir ces Bedas de l'Europe, & de controuver des avantures impossibles & un naufrage romanesque, pour les jetter dans une isle de l'Asie; puisqu'ils ne parlent point d'autre langue que celle du Royaume de Candy.

En général, tous les peuples des Isles de l'Archipélague Indien, quoique placés sous la Ligne, ou à peu de distance, ont le visage basané, & on n'en voit presque pas à cheveux crêpés. Les vapeurs de l'Océan qui les environne, & les vents alisés qui y ébranlent continuellement la colonne de l'atmosphere, ôtent beaucoup d'ardeur aux rayons du soleil.

Si nous nous sommes expliqués avec assez de netteté & de précision pour faire comprendre que les causes de la noirceur des Nègres, n'existent que dans la qualité du climat, & non ailleurs; on ne rencontrera aucune difficulté dans l'exposé qu'on va faire relativement aux nations Américaines habituées entre les Tropiques, & où l'on n'a pas découvert des hommes noirs; parceque tout l'espace compris entre ces deux lignes est, au nouveau continent, plus tempéré & plus froid à peu près de 12 degrés, que les parties correspondantes de l'Asie & de l'Afrique. La quantité immense d'eaux stagnantes & fluviatiles répandues sur la surface du terrain, y envoyent, par l'évaporation, des rosées & des vapeurs qui rompent les rayons solaires: aussi y pleut-il à peu près huit fois davantage que dans l'Afrique. La réverberation y est encore diminuée, parcequ'il n'y a pas de terrain composé de pur sable, de trente lieues en quarré; & si l'on en excepte les côtes du Pérou, le sol y est par tout pâteux, les terres les plus arides & les plus pauvres étant encore couvertes & tapissées d'herbages, de joncs, de bruyeres & d'arbustes du genre des lianes.

Les plus grands espaces sablonneux qu'on connoisse sont en Afrique; les plus grandes forêts de l'univers sont en Amérique: il y en a qui ont cinq-cents lieues de diametre, & chaque arbre y est encore offusqué par des touffes de plantes excroissantes & parasites, de sorte que jamais la clarté du jour n'a pénétré dans ces affreuses retraites de la nature sauvage. Cela doit beaucoup varier la température de l'air dans des contrées qui ont d'ailleurs les mêmes latitudes, l'expérience ayant démontré que tous les pays à bois sont plus froids que les lieux découverts & défrichés: les arbres ombragent, attirent les nuées, recelent l'humidité dans leurs feuilles, & tous leurs rameaux sont autant de ventilateurs qui agitent la moyenne région de l'air.

Si à toutes ces causes réelles & sensibles, on joint les neiges éternelles dont la tête des Cordellieres est couverte, les brumes qui s'en élevent, & la projection de l'ombre de ce vaste groupe de rochers & de montagnes les plus hautes du monde, on concevra que ce n'est point tant le vent d'Est qui rafraîchit ainsi l'atmosphere entre les Tropiques du nouveau continent; car si ce vent prenoit tant de froid en passant le trajet de mer qui sépare la Guinée & le Brésil, il devroit en prendre cinq fois d'avantage en traversant l'Océan du Sud, & la Mer des Indes: il rendroit par conséquent les côtes orientales de l'Afrique plus tempérées que ne l'est le Chili : ce qui est visiblement contredit par l'expérience.

Comme le terrein est, sans comparaison, plus exhaussé en Amérique, que sur les côtes de Guinée, d'Angola, & de Congo, cette élévation doit elle seule occasionner une différence considérable dans le climat : aussi a-t-on trouvé dans les Cordellieres, & presque sous l'Equateur, des peuples blancs, tels que les Cagnares, dont le teint éblouissant surprit Pisarre & les autres déprédateurs Espagnols.

Si l'on calcule maintenant les nuances du teint sur les degrés du Thermomètre, on verra que les Américains ne pouvoient noircir, ni dans le Bresil, ni dans la Guiane, ni dans les Antilles ; quoique la chaleur y soit plus grande que dans tout le reste de leur continent, on n'y a découvert que des hommes couleur de cuivre rouge & jaune.

Les sauvages parfaitement noirs que Raleig dit avoir vus dans la Guiane, lorsqu'il tenta la conquête de cette province sous le regne d'Elisabeth dans l'espérance d'y envahir l'*El Dorado*, formeroient une assez grande difficulté, si le fait étoit vrai. Il en faut dire tout autant des esclaves noirs que Vasco Nunnez prétendit avoir trouvés à la cour du Roi de Quarequa, lorsqu'il fit déchirer ce prince par ses chiens. On lui assura que ces Noirs appartenoient à une peuplade particuliere, qui avoit son langage à part & des mœurs très-différentes du reste des Américains, avec qui elle entretenoit une perpétuelle animosité.

Les Espagnols eurent tort de ne pas mieux examiner cette particularité : ils crurent, sur le simple rapport de Nunnez, que ces noirs étoient réellement des Africains, qui ayant échoué sur ces côtes, s'y étoient cantonnés & maintenus. Alors il seroit vrai qu'avant l'arrivée des Européans au nouveau Monde, il y avoit passé d'autres nations occidentales de l'Afrique, ce qui n'est nullement probable. On ne voit pas de ces naufrages de vaisseaux venus de fort loin par l'effort du vent contraire, comme les Ecrivains spéculatifs ont osé en feindre plusieurs, pour peupler à peu de frais les îles les plus éloignées de la terre ferme. Si en doublant le Cap de bonne Espérance, on n'étoit contraint de côtoyer le Brésil, jamais le bâtiment monté par Cabral n'eût été jetté sur les côtes de ce pays dont il étoit si proche, lorsqu'un coup de vent d'Est l'y porta. On peut douter si Gumilla a été bien informé, quand il assure qu'en 1731 une barque chargée de vins de Canarie, ayant été accueillie par une bourrasque en allant de Ténériffe à Palme, fut conduite par l'opiniâtreté du vent contraire, jusqu'aux isles de l'Amérique, & entra à la Trinitat de Barlo vento, malgré toute la résistance du pilote & des matelots entraînés contre leur destination dans un autre hémisphere. Cet événement, s'il étoit vrai, seroit unique.

Je suis persuadé que le philosophe Raleig n'avoit aucune intention d'imaginer & d'écrire des absurdités, pour en imposer à ses compatriotes; mais il est sûr que les Arras de la Guiane, qu'il a pris pour des Nègres, ne sont que des Sauvages bronzés par la nature, & noircis par des drogues, selon la coutume & la nécessité du pays. Quant à Vasco Nunnez, comme c'étoit un scélérat ignorant, il a pu forger ce qu'il ne vit jamais; aussi n'a-t-on pas retrouvé le moindre débris, le moindre vestige de cette petite nation qui habitoit les environs de Quarequa, ou de Caretta.

On a dit qu'il étoit impossible de vérifier aujourd'hui ces deux faits, à cause de la multitude de Nègres émérites, rançonnés, marons & fugitifs, qui ont formé dans l'intérieur du nouveau continent des peuplades fortes de cinq à six-mille hommes; mais les voyageurs modernes qui ont parcouru la Guiane, assurent que l'on y reconnoît infailliblement, aux seuls traits de la physionomie, les veritables Américains d'avec tous les étrangers, & sur tout d'avec les Africains. Ces voyageurs sont d'accord que la plus forte nuance du teint n'est, dans cette province, que d'un brun olivâtre, tirant sur le roux. Mr de la Condamine dit positivement qu'il a observé que le plus ou moins d'éloignement de l'Equateur affoiblit ou obscurcit, aux Indes occidentales, la peau des Indiens.

Quant à ces peuplades nègres que le navigateur Rogers ne soupçonnoit pas en Amérique, & qu'il trouva pourtant, en 1709, sur les rivages de la Californie; il ne faut qu'être superficiellement versé dans les Relations, pour savoir que les Métifs, les Mulâtres, & les Nègres envoyés du Mexique au Cap de St. Lucar pour le service de la pêche des perles, ont construit dans ces cantons des villages entiers, dirigés par les Jésuites. Ainsi Rogers a pu y voir à la vérité des hommes noirs; mais ce sont des esclaves Africains, comme il y en a par toute l'Amérique méridionale où les Européans ont des plantations, des mines, & des pêches.

Ceux qui n'ont point assez réfléchi sur la constitution du climat de l'Amérique, & le tempérament de ses habitans, ont cru qu'on pouvoit les prendre pour des étrangers, pour des peuples nouveaux, qui n'ayant été exposés que depuis peu à l'action & aux influences de leur ciel, n'avoient pas eu le temps de se noircir entiérement entre les Tropiques. Mr. de Buffon semble avoir penché vers ce sentiment, qui est insoutenable, malgré l'autorité d'un Naturaliste si ingénieux, & quelques fois plus ingénieux que la Nature elle même. On ne peut accorder moins de six siécles d'antiquité aux Péruviens attroupés, avant l'arrivée à jamais mémorable de Pisarre & d'Almagre; depuis cette usurpation, il s'est encore écoulé au de-là de deux-cents ans. Or les débris de cette nation ne sont point de nos jours plus basanés, qu'ils ne l'étoient au temps de la découverte de leur pays.

Le teint des Brésiliens, des Caraïbes, des Mexicains, des Florides n'a pas changé, & ne changera point si le climat ne vient à éprouver une révolution générale par les effets de la culture, des défrichements, par la dégradation des forêts, & l'écoulement des eaux débordées & stagnantes.

Si l'on admet, d'après les meilleurs auteurs, la réalité d'une inondation considérable, arrivée plus tard dans le nouveau continent que dans l'ancien; on conçoit que les individus échappés à cette catastrophe n'ont pu avoir d'asyle que sur les montagnes & les principales élévations, d'où leurs descendants se seront successivement dispersés vers les différents points de la surface habitable. En ce sens, il est possible que la

chaleur étoit plus violente dans l'Amérique Equinoctiale avant cet événement, qu'elle ne l'a été depuis.

Il importe d'obferver, que c'eft aux pieds des
montagnes, & fur leur cime, qu'on a découvert les
peuples les plus anciennement réunis & les plus nombreux; comme les Péruviens fur le penchant des grandes Cordelieres à la côte occidentale, les Bréfiliens au
bas des petites Cordelieres à la côte oppofée : toutes
les hordes répandues dans la Floride, dans la Virginie, dans les Antilles & les Lucafes, étoient venues
jufque là du haut des monts Apalaches : la mémoire
de cette émigration fubfiftoit encore au moment de
l'arrivée de Chriftophe Colomb. Les Guianais qui occupoient les rivages de la mer, étoient defcendus de
Parimé : les Louifianais avoient auffi nouvellement fixé
leur féjour vers l'embouchure du Miffiffipi, où l'on
voit encore aujourd'hui plufieurs cantons d'où les eaux
ne fe font pas retirées. Les Chiliens difoient que leurs
ancêtres avoient vécu au haut des Andes, & que leur
defcente dans la plaine étoit récente. Quant aux
Mexicains, autant qu'on peut pénétrer dans la téné-
breufe confufion de leur hiftoire barbare, il eft probable qu'ils tiroient leur origine d'un peuple qui avoit
d'abord féjourné dans la partie méridionale des Apalaches.

On peut regarder tout le pays fitué entre l'Orénoque & le fleuve des Amazones, & traverfé par
l'Equateur, comme la province de l'Amérique où l'on
reffent la chaleur la plus exceffive, relativement à
l'autre portion du nouveau continent; cependant,
comme on l'a dit, il n'exifte fur cet immenfe emplace-

ment que des Sauvages plus ou moins basanés, selon qu'ils habitent les forêts ou les endroits découverts. (*) Ceux qui sont de la plus obscure nuance, de la plus forte teinte, paroissent naturellement bronzés; mais il est surprenant, sans doute, que cette couleur rougeâtre soit si inhérente dans leur liqueur prolifique qu'ils doivent nécessairement fournir quatre générations toujours mêlées à l'instar des Nègres, pour procréer enfin des enfants parfaitement blancs, & qu'on ne puisse plus distinguer des blancs de l'Europe: ce que le tableau généalogique suivant rendra plus sensible.

I. D'une femme Européane & d'un sauvage de la Guiane, naissent les Métifs; deux quarts de chaque espèce: ils sont basanés, & les garçons de cette premiere combinaison ont de la barbe, quoique le pere Américain soit, comme l'on sait, absolument imberbe: l'Hybride tient donc cette singularité du sang de sa mere seule, ce qui est très-remarquable.

II. D'une femelle Européane & d'un Métif provient l'espèce quarterone: elle est moins basanée, parcequ'il n'y a qu'un quart de l'Américain dans cette génération: le Pape Clement XI a même déclaré, par une Bulle, qu'on devoit regarder la race quarterone comme

---

(*) Quant à la couleur de quelques uns de ces peuples, dit Gumilla, elle est si variée que je n'en dirai rien de fixe & de certain, crainte de me tromper. Les Indiens qui vivent dans les bois, sont en général presque blancs: ceux qui vivent à découvert dans les champs, sont basanés à moins qu'ils n'ayent soin de se peindre. Les Otomacos qui navigent sur les rivieres & qui vivent sur les plages, sont bruns & noirâtres. *Histoire de l'Orénoque*, Tome premier page 108. Avignon 1758.

étant déjà blanche, & ne plus la traiter sur le pied qu'on traite les autres Américains.

III. D'une femelle Européane, & d'un quarteron ou quart d'homme, vient l'espèce Octavone, qui a une huitieme partie du sang Américain : elle est très-foiblement hâlée, mais assez pour être reconnue d'avec les véritables hommes blancs de nos climats, quoiqu'elle jouisse des mêmes priviléges, en conséquence de la Bulle dont on vient de parler.

IV. D'une femelle Européane & de l'Octavon mâle sort l'espèce que les Espagnols nomment *Puchuela*. Elle est totalement blanche, & l'on ne peut pas la discerner d'avec les Européans. Cette quatrieme race, qui est la race parfaite, a les yeux bleus ou bruns, les cheveux blonds ou noirs, selon qu'ils ont été de l'une ou de l'autre couleur, dans les quatre meres qui ont servi dans cette filiation.

Les enfants des Nègres naissent blancs : ils n'ont du noir qu'aux ongles, & quelques fois aux parties génitales : les enfans Américains naissent aussi blancs dans la Guiane, sans avoir aucune tache ni aux ongles, ni aux organes de la génération : mais, si l'on peut en croire Gumilla, ils apportent, en venant au monde, une tache ronde, grisâtre, de la grandeur d'un écu, placée au bas des reins & à la partie postérieure de la ceinture : cette tache s'évanouit à mesure que l'enfant perd sa blancheur, pour prendre le teint rougeâtre qu'il conserve le reste de ses jours. Il seroit téméraire, & peut-être ridicule, de rechercher les causes d'un effet encore si incertain, & dont on n'a d'autre garant qu'un Jésuite Espagnol, qui a donné, dans le cours de son ouvrage, tant de preuves & de superstition & d'imbécillité, en discutant des matieres physiologiques où il ne comprenoit rien, & où il vouloit tout décider. Si l'on suppose, en toute rigueur, que Gumilla a bien observé, qu'il a bien vu ce caractere dans les enfants Américains, on ne peut en trouver la raison que dans l'épaisseur du tissu muqueux, qui est plus dense au bas des reins que dans le reste du corps: aussi Mr. Meckel a-t-il trouvé que la noirceur des Nègres est, dans cette partie, plus foncée que dans les autres endroits de la peau.

Je suis persuadé que plus les hommes ont le teint basané, plus leur liqueur spermatique est coloriée, puisque dans le Pérou, où le visage des habitants n'est pas si obscur que dans la Guiane & sur les rivages de l'Orenoque, il ne faut quelques fois que deux ou trois générations pour produire des individus d'une blancheur parfaite, tandis qu'il faut nécessairement quatre générations dans la Guiane pour obtenir le même effet.

„Au Pérou, dit Ulloa, on appelle Métifs ou „Métices ceux qui sont issus d'Espagnols & d'Indiens: „il faut les considérer selon les mêmes degrés déjà ex- „pliqués à l'égard des Noirs & des Blancs; avec cette „différence que les degrés des Métifs à Quito ne „montent pas si haut, étant réputés Blancs dès la se- „conde ou la troisieme génération. La couleur des „Métifs est obscure, un peu rougeâtre, mais pas tant „que celle des Mulâtres clairs; c'est là le premier de- „gré, ou la procréation d'un Espagnol & d'une In- „dienne; quelques uns néanmoins sont aussi hâlés

„que les Indiens mêmes, & ne différent d'avec eux
„que par la barbe qui leur vient: au contraire il y en
„a qui tirent sur le blanc, & qui pourroient être regar-
„dés comme Blancs, s'il ne leur restoit certaines mar-
„ques de leur origine qui les décelent, quand on y
„prend garde. Ces marques font un front si étroit
„que leurs cheveux paroissent toucher à leurs sourcils,
„& occupent les deux temples, se terminant au-des-
„sous de l'oreille; ces mêmes cheveux sont d'ailleurs
„rudes, gros, droits comme du crin, & fort noirs. Ils
„ont le nez petit & mince, avec une petite éminence à
„l'os, d'où il se termine en pointe, & se recourbe vers
„la levre supérieure. Ces signes, aussi bien que quel-
„ques taches noires qu'ils ont sur le corps, décelent
„ce que la couleur du teint semble cacher." (*)

Il faut faire attention que l'Auteur ne parle que
de la première génération de l'Européan & de la Péruvienne, car la seconde est déjà plus perfectionnée,
& n'a pas tous les caracteres qu'on trouve dans les
Métifs.

Les Américains du Nord, exposés à l'inclémence
de l'air, au serein, au froid, aux chaleurs, & à tous
les changemens des saisons, ont aussi le visage fort
hâlé; mais ils seroient beaucoup moins noirs, s'ils ne
se frottoient avec des drogues & des graisses. Cette
coutume de se mâtacher la physionomie & de se peindre le corps, qu'on a retrouvée parmi tous les sauvages de l'Afrique, de l'Asie, & des Indes occidentales,
n'est point une mode dictée par le caprice de ces hom-

(*) *Voyage au Pérou*, Tome I. liv. V. Ch. 5. page 228.

mes grossiers; c'est un vrai besoin, que les Gaulois, les Bretons & les Germains ont senti de leur temps en Europe, comme les Hurons le sentent encore de nos jours en Amérique.

Dans les pays incultes, les insectes ailés & non ailés germent & multiplient au delà de l'imagination, ils paroissent être dans leur élément favori: au printems ils obscurcissent le ciel & couvrent par leur multitude la surface de la terre. De quelque côté que les hommes se tournent, ou se cachent, ils sont poursuivis, persécutés, dévorés par des essaims de mouches, de taons, de Moustiques, de Cousins, de Mazingouins, de pucerons, de fourmis, qui contiennent dans leurs dards & dans leurs trompes, un venin plus caustique que dans les lieux défrichés, où l'atmosphere est plus pure. On ne connoît jusqu'à présent que deux moyens pour se garantir de cette incommodité, qui rend la vie & la sensibilité à charge dans ces climats sauvages: c'est de se tenir dans un tourbillon de fumée, comme les Lappons en font autour de leurs cases, (*) ou de se munir comme les Tunguses, qui

_____

(*) Les Lappons font cette épaisse fumée qui environne leurs cabanes avec des éponges & des espèces d'agarics qu'ils cueillent sur les arbres, & qu'ils jettent dans un petit feu, qui ne les consume que lentement. Ce brouillard suffit pour écarter les insectes ailés, mais il ne peut délivrer ces Sauvages de la vermine dont leurs habits fourrés sont toujours pourvus.

Les petits Tartares, qui sont très-sujets à la maladie pédiculaire, qui paroît être endémique entre le Bas-Danube & le Nieper, portent en tout temps des soubrevestes & des chemises enduites de graisse & de suif: sans cette précaution, ils seroient dévorés tout vivants par des insectes dont les humeurs de leur corps & l'air de leur pays favorise singulierement la propagation, comme le climat de l'Ukraine celle des sauterelles.

ne marchent jamais sans avoir une espèce d'encensoir ou de petit réchaud suspendu au bras : en jettant continuellement sur ce feu portatif du bois & des herbes à demi seches, ils excitent beaucoup d'odeur & de fumée, que tous les insectes craignent, parce que les particules salines & huileuses, en pénétrant dans leurs trachées, les étouffent sur le champ ; mais comme cette fumigation est presque aussi génante, que la piquure des mouches mêmes, & qu'elle occasionne des maux d'yeux, & la cécité, à laquelle les Lappons sont si sujets, d'autres peuples ont imaginé de s'appliquer sur toute la peau un vernis impénétrable à l'aiguillon des Moustiques, ou une pâte imprégnée de quelque odeur que ces animalcules ne peuvent soutenir. Dans cette vue, ils ont eu recours à la graisse & aux huiles, qu'on sait être, par leur nature, le véritable poison de tous les insectes. Dans plusieurs cantons de l'Irlande & de la Suede, on est contraint de graisser, avec du goudron, les troupeaux qu'on laisse paître jour & nuit dans les prés & les forêts, sans quoi les Taons, à force de les tourmenter & de déposer leurs œufs dans leurs toisons & dans leurs cuirs, les précipitent dans la rage & dans d'autres maladies cruelles.

Les Américains possedent une infinité de drogues différentes dont ils se vernissent & s'arment contre les moucherons, & ils font entrer dans toutes ces préparations des matieres rouges, soit qu'ils ayent pour cette couleur un goût particulier, soit qu'ils ayent découvert par expérience qu'elle est la plus propre à écarter les insectes.

SUR LES AMERICAINS.

Ces onguents, en séjournant quelque temps sur la peau, se rancissent & répandent une exhalaison très-désagréable pour ceux qui n'y sont pas accoutumés. Cette odeur est quelque-fois si pénétrante qu'elle laisse une traînée & une piste par tout où un homme ainsi barbouillé a passé depuis peu. Les Espagnols en voyant que les Américains retrouvoient, par l'odorat seul, la route que leurs compatriotes avoient tenue au travers des bois, attribuerent cette prétendue sagacité à la finesse du sens; mais on s'est convaincu ensuite que les Européans acquièrent bientôt ce discernement en fréquentant les peuples sauvages, & il n'y a en cela rien que de très-naturel. On sent un Hottentot à un quart de lieue sous le vent. (*)

Du besoin de se barbouiller on a passé à la façon de se peindre avec quelque élégance, & de tracer des

---

(*) C'est peut-être aussi à cette forte exhalaison que répand le corps des certains Indiens, qu'on doit attribuer ce que l'on rapporte des bêtes féroces qui poursuivent ces Indiens, dit-on, avec plus d'acharnement qu'elles n'en témoignent aux Européans, qu'elles ne peuvent éventer de si loin. Les anciens ont cru qu'il y avoit des drogues qui produisoient un effet contraire: ils ont cru qu'en se frottant de couperose & de suc de citron, on pouvoit approcher impunément les tigres & les lions. Il y a toute apparence que ce *Maricus* qui se disoit Dieu incarné, sous l'Empire de Vitellius, avoit eu soin de se munir de quelque odeur, pour dégoûter les lions auxquels on l'exposa en présence du peuple Romain. Comme ces animaux ne voulurent pas le toucher, on alloit le déclarer Dieu; mais heureusement un Licteur fort adroit lui abattit la tête avec une promptitude admirable, d'où l'on conclut que ce scélérat n'étoit pas invulnérable: aussi ne ressuscita-t-il pas, quoiqu'il eût eu, pendant sa vie, huit mille disciples & sectateurs, que Tacite nomme très-bien une populace de fanatiques, *fanaticam multitudinem*: Tacit. Hist. lib. II. 62.

figures sur la peau avec des sucs différents : il y a aux Indes occidentales quelques nations qui ont surpassé toutes les autres dans cette sorte de cosmétique, & dont les membres paroissent de loin comme brodés d'Arabesques, de fleurs & d'animaux passablement dessinés. Enfin la coutume de se peindre a produit la mode de se ciseler la peau, de la graver, de la piquer, & d'y incorporer des couleurs ineffaçables.

Il est vrai que cette opération, si commune parmi des sauvages placés à des distances immenses les uns des autres, & sans qu'on puisse soupçonner qu'il y ait jamais existé aucune communication entr'eux, a pu tirer son origine de la nécessité où se sont vues les tribus errantes de se connoître elles-mêmes, & de prévenir le mélange & la confusion avec d'autres tribus également vagabondes & dispersées : chacun s'est donc inscrit, en se traçant sur le front, sur la poitrine, sur les bras, la marque permanente & distinctive de sa nation : il est certain au moins que les Nègres à front cicatrisé ne se font ces taillades dans le visage, que pour être reconnus de leurs chefs & de leurs compatriotes. (*)

En Europe, les Législateurs ont conservé l'usage des stigmates pour en faire le caractere de l'infamie : il y a une loi de Constantin qui défend de les imprimer dans le visage, non parcequ'il est contre le droit de la nature de blesser la majesté du front de

---

(*) Les Nègres se ressemblent si fort qu'il doit leur être plus difficile qu'aux autres hommes de se reconnoître : les cheveux, le teint, les yeux, le nez, les levres n'offrent presque aucune différence sensible.

l'homme, comme il est dit dans cet Edit, mais parcequ'il est injuste d'infliger à des coupables qui n'ont pas mérité de perdre la vie, une peine plus cruelle que la mort.

SECTION III.

Des Anthropophages.

Quand l'Abbé Duclos lut son *Mémoire sur les Druides* à l'Académie des Inscriptions en 1746, plusieurs membres de cette compagnie, poussés par un zèle indiscret & ridicule, dirent qu'il n'étoit pas vrai que les Gaulois eussent jamais sacrifié des hommes dans des paniers d'osier aux pieds de Hésus & de Teutates: ils auroient dû ajouter que le massacre de la St Barthelémi étoit un événement fabuleux, imaginé par le Président de Thou, ou par quelque autre écrivain aussi peu véridique; comme s'il ne s'agissoit que de nier les crimes les plus avérés, pour absoudre les hommes les plus coupables. Pourquoi n'auroient-ils pas, dans leur enfance, dans leur état d'aveuglement, égorgé des malheureux sous mille prétextes, puisqu'au milieu d'un siécle philosophique, ils n'ont rien de plus pressé que de courir aux armes, de se ranger en lignes ou en colonnes, & de se détruire, pour de vils intérêts, avec une industrie surprenante & un acharnement incroyable?

Si les Académiciens qui insulterent l'Abbé Duclos, avoient voulu entreprendre l'apologie de l'humanité, ils n'auroient pas risqué d'affoiblir leur cause, en accordant que l'homme sauvage est quelquefois emporté, cruel, & sanguinaire : la difficulté eût été d'excuser les grands & continuels excès de l'homme social, & de prouver que les guerres des peuples civilisés, quelque nom qu'on leur donne, quelque parti qu'on y défende, quelque gloire qu'on y acquière, ne sont ni horribles, ni criminelles aux yeux de la Nature.

Il n'est pas question ici de faire la satyre ou l'éloge du genre humain; que ni le blâme, ni les louanges n'ont jamais corrigé : trop trompé par ses maîtres, trop avili par la servitude, trop corrompu par ses passions dégénérées en foiblesses, c'est un malade incurable, abandonné à son destin, ou à la providence. Il faut s'attacher aux faits, les exposer comme ils sont, ou comme on les croit être, sans haine, sans prévention, sans respect, sinon pour la vérité.

Si les Espagnols n'avoient pas senti d'intolérables remords après avoir arraché la vie aux Indiens, ils ne les auroient pas calomniés avec tant de fureur après leur mort : il falloit bien rendre odieux ceux qu'on avoit injustement exterminés, pour être moins odieux soi-même. Cependant l'exagération porte toujours un caractere si frappant qu'on la reconnoît, dès que dégagé de toute espèce de préjugé, on s'étudie à séparer le vrai d'avec le faux dans les ouvrages suspects.

Les Espagnols ont dit que Montezuma égorgeoit annuellement vingt-mille enfants, & qu'il baignoit de leur sang les idoles du Mexique. Ici l'exagération est si grossiere & si sensible qu'on ne doit pas s'attacher à la démontrer. On offroit des victimes humaines dans tous les temples de Mexico, & il y avoit, dit Antonio Solis, deux mille temples dans cette capitale. La vérité est, qu'il n'y avoit qu'une seule chapelle bâtie en amphithéatre dans toute cette ville barbare: on avoit, à la dédicace de cette chapelle par Ahuitzol, immolé, dit Herrera, soixante quatre mille hommes: on trouva cent & trente mille crânes de personnes dévouées & sacrifiées, en différents temps, dans cette boucherie sacrée, où l'on respiroit un air cadavereux, & dont les murs étoient enduits de sang caillé, depuis les lambris jusqu'au plafond. Il est constant que Herrera a multiplié le nombre des victimes, presque dans la même proportion que Solis a multiplié le nombre des Temples; & que l'un & l'autre a moins pensé à instruire la postérité, qu'à excuser les grandes & infames actions des conquérants Espagnols. C'est ainsi que Tite-Live, dans l'espérance d'indisposer son lecteur contre les ennemis de Rome, rapporte sérieusement qu'Hannibal faisoit distribuer & manger de la chair humaine à ses soldats, pour les encourager: si les Carthaginois avoient à la fois sacrifié des enfants à Saturne, mangé des hommes en Italie, & tourmenté leurs prisonniers jusqu'à la mort en Afrique, il faudroit qu'ils eussent conservé, au sein de la vie sociale, les trois véritables caractéristiques des mœurs sauvages; ce qui n'est pas vraisemblable, ou du moins ce seroit un phénomène sans exemple, dont on pourroit exiger d'autres preuves que le témoignage des auteurs Romains.

Au reste il est étonnant que les Portugais & les Espagnols se récrierent plus que personne contre l'abominable cruauté d'un peuple foible & imbécille: ils auroient dû réfléchir, que leurs *Auto da fé* sont moins excusables à mille égards que les repas des Cannibales & les sacrifices des Mexicains. Mais tel a toujours été l'aveuglement de l'homme égaré dans ses contradictions, il croit qu'on achete la clémence du ciel par des cruautés, & qu'il faut détruire, pour adorer celui qui a créé. Tels sont ses préjugés & sa prévention, il abhorre dans ses voisins ce dont il est lui-même coupable. Là où l'on défait les races futures, en renfermant la nature mourante dans les cachots du Fanatisme, on déteste ceux qui brulent des hommes sur les buchers de la Superstition ; la vérité est que les uns & les autres sont également plongés dans l'oubli de la raison, & que leur triste erreur ne differe que du plus au moins.

Quelques philosophes ont cru que l'usage de sacrifier des victimes humaines dérivoit primitivement de l'Anthropophagie : en ce sens, tous les anciens peuples, qui ont indubitablement immolé des hommes aux pieds des autels, ont dans des temps plus reculés encore, mangé des hommes sur leur table. (*)

_____

(*) Cluvier, en parlant dans ses *Commentaires sur l'ancienne Germanie*, des victimes humaines que les Bardes Allemands immoloient au Dieu Thuilton ou à Irmensul, qui n'étoit autre chose qu'Arminius déifié, prétend qu'on a commencé à sacrifier des hommes avant qu'on n'en ait mangés ; & que la barbarie des fanatiques a dans l'ordre des temps précédé la barbarie des Anthropophages. Le Docteur Kraf, dans ses *Fortæling af de vilde volkes*, est aussi de cet avis insoutenable ; puisqu'on ne peut nier que les hommes n'ayent eu besoin de manger avant qu'ils ayent eu besoin de prier : d'ailleurs plusieurs Sauvages de l'Amérique rôtissoient leurs prisonniers, sans avoir & sans jamais avoir eu aucune idée, aucune notion de la Divinité & des sacrifices humains, qui tirent par conséquent leur origine de l'Anthropophagie : on a

SUR LES AMERICAINS.

Il n'y a pas de nation dans l'Histoire, à qui on ne puisse malheureusement reprocher d'avoir plus d'une fois fait couler le sang de ses concitoyens dans des cérémonies saintes & pieuses, pour appaiser la Divinité lorsqu'elle paroissoit irritée, ou pour l'émouvoir lorsqu'elle paroissoit indolente. Ce fanatisme monstrueux, enorgueilli par ses succès, auroit dans la suite des siècles dépeuplé ou dévasté la terre, si l'établissement & les progrès du Christianisme ne l'avoient fait cesser. On est saisi d'horreur, quand on réfléchit sur le génie de la plupart des religions fondées sur des idées affreuses de vengeance, de massacre & de désolation : aussi les immolations, les victimes, les holocaustes, les hosties, les sacrifices ont-ils fait la partie principale des cultes religieux, parce qu'on a plus souvent craint les Dieux en colere qu'on ne s'est flatté de les avoir pour amis. Dès qu'on les dépeignoit comme des tyrans avides du sang de tous les êtres animés, il falloit bien ensanglanter leur sanctuaire. Quand les prêtres du Mexique avoient envie de donner une

---

fini par offrir aux Dieux les prisonniers qu'on avoit anciennement dévorés soi-même. Delà sont dérivés, chez les Latins, les mots d'*Hostie* & de *Victime*, qui signifient un *ennemi vaincu* ou *enchaîné*, étant analogues aux mots *hostis* un ennemi, & au mot *victus* ou *vinctus* vaincu, enchaîné, lié. Pour exécuter cet abominable sacrifice de victimes humaines qu'on fit à Rome pendant les guerres Puniques, on choisit les deux nations les plus ennemies des Romains, les Grecs & les Gaulois : on enterra vifs un Gaulois avec une Gauloise, & un Grec avec une Grecque : on n'avoit apparemment point de prisonniers Carthaginois, qui auroient dû marcher devant tous les autres : ou si l'on en avoit, on n'osa les sacrifier de peur de représailles.

fête, ils annonçoient que leur Dieu Vitzilipultzi avoit soif, & dans l'inſtant on aſſommoit un captif au piédeſtal de ſa ſtatue.

Les Scythes, les Egyptiens, les Chinois, (*) les Indiens, les Phéniciens, les Perſans, les Grecs, les Romains, les Arabes, les Gaulois, les Germains, les Bretons, les Eſpagnols, les Nègres, & les Juifs, ont eu anciennement la coutume d'immoler des hommes avec profuſion: s'il n'eſt pas poſſible de prouver qu'ils ont été tous Anthropophages dans leur état d'abrutiſſement, c'eſt que cet état a précédé les temps hiſtoriques, & par conſéquent une nuit obſcure a dérobé aux yeux de la poſtérité une partie de ces atrocités.

On peut ſe figurer comment & par quels degrés on aura, dans les ſociétés naiſſantes, combattu la barbarie de la vie ſauvage: chez les Mexicains, on ſacrifioit encore des victimes humaines, & quand il ſeroit vrai, comme le prétend Las Caſas, qu'on n'en avoit ſacrifié que cent-cinquante ſous le regne de Montezuma, ce nombre ſeroit plus que ſuffiſant. En même temps on y nourriſſoit un priſonnier dans le temple, qu'on tuoit en cérémonie à la fin de l'an,

---

(*) Dans l'ancienne relation de la Chine, publiée par l'Abbé Renaudot, il eſt dit qu'il y avoit encore des Anthropophages dans cet Empire au neuvieme ſiècle; ce qui n'eſt pas vraiſemblable. Au reſte Marc Paolo, qui n'avoit jamais lu cette relation écrite par des Arabes, rapporte auſſi que les habitans des provinces de *Xandu* & de *Concha* mangeoient leurs priſonniers. La barbarie des Chinois à l'égard des enfants qu'ils ne veulent pas nourrir, & qu'ils font étouffer dans des baſſins d'eau chaude, n'eſt pas auſſi un fait vraiſem-

& dont on donnoit la chair à manger aux dévots de la capitale. Les Péruviens, apparemment policés depuis plus longtemps que les Mexicains, n'égorgeoient plus des créatures humaines pour le service des autels: ils se contentoient de tirer de la veine frontale, & des narines des enfants, une certaine portion de sang, qu'on répandoit sur de la farine dont on pétrissoit des gâteaux, que tous les sujets de l'Empire étoient obligés de manger à une grande solennité annuelle. (*) Il paroît que cela prouve assez que les Péruviens avoient été de vrais Anthropophages; mais que leurs mœurs & leurs habitudes s'étoient adoucies, & que la religion y avoit suivi la révolution du caractere. Un peuple qui perfectionne ses loix & ses arts, est bien malheureux & bien à plaindre, quand il ne peut perfectionner sa religion.

Comme dans la combinaison possible des idées, il n'y a pas une seule proposition dont on n'ait soutenu la proposition contraire, un Auteur a mis en question si l'usage de vivre de chair humaine étoit conforme, ou opposé aux intentions de la Nature. La destruction, quoique nécessaire, d'un être animé est un acte de violence & de cruauté, parcequ'il entraîne une sensation douloureuse: & toute sensation doulou-

---

blable, & cependant il est vrai: on étouffe ainsi plus de trente mille enfans nouvellement nés dans tout l'Empire chaque année. Il est surprenant que l'idée d'envoyer des colonies ne soit pas venue aux magistrats d'un pays si fécond.

(*) Voyez Garcilasso, *histoire des Incas.* Tome second. Chap. XXVI. Nous parlerons plus au long de cette fête des Péruviens dans notre second volume; en traitant de la religion des Américains.

reufe eft un mal phyfique pour le moindre infecte, pour le plus imperceptible animalcule qui végéte ou refpire fur la furface de cette planete: la façon de décompofer les éléments bruts & matériels d'un être qu'on a dépouillé de fon organifation intime & de fa fenfibilité, eft fans doute une action indifférente par elle-même, & il n'importe fi les vers, les Cannibales ou les Iroquois rongent un cadavre. Cependant plufieurs actions réellement indifférentes ceffent de l'être dans l'ordre civil & focial, où les Légiflateurs ont dû régir les hommes plus par les préjugés que par les loix: ils ont dû amollir leurs cœurs par les erreurs de leurs efprits, & captiver ces animaux terribles autant par l'illufion que par la force; il a fallu, à la fois, leur infpirer de l'horreur pour le crime, & pour l'image & l'ombre du crime: afin que les vivants appriffent à fe refpecter d'avantage, il a fallu rendre les morts mêmes refpectables, en confacrant, par des cérémonies impofantes, les déplorables reftes de leur exiftence paffée.

Il paroît que la coutume de fe nourrir de la chair des hommes a plutôt été le vice d'un âge ou d'un fiécle, que d'un peuple ou d'un pays; puifqu'elle a été répandue fur toute la terre; cependant Mr Rœmer fait mention, dans fa defcription de la Guinée, d'une race de Nègres à phyfionomie de tigres, qui font, felon lui, Anthropophages par inftinct, & quand il s'en trouve quelques uns fur les vaiffeaux Négriers, ils déchirent les autres efclaves qu'on a à bord. Ce fait feroit furprenant, s'il étoit vrai; mais il a été contredit par des perfonnes qui font pour nous d'une toute autre autorité que Mr. Rœmer.

SUR LES AMERICAINS. 215

Des Naturalistes qui ont voulu expliquer physiquement pourquoi il y a des sauvages Anthropophages, ont imaginé, dans la membrane de l'estomac de certaines nations & de certains individus, une humeur pleine d'acrimonie, qui en picotant les parois de ce viscere, occasionnoit une voracité extraordinaire & déréglée, qu'ils ont comparée à la *Pica* à laquelle les femmes enceintes sont quelques fois sujettes.

Cette explication est si près du ridicule ou de l'absurde, qu'elle ne mérite aucun examen. D'autres ont cru que le genre humain renfermoit des espèces d'hommes armées de plus de dents canines que les autres, & par conséquent plus carnacieres. Il est vrai que les Tartares ont les dents autrement arrangées que nous, que les Chinois ont le rang supérieur saillant, & l'inférieur plus incliné en dedans: les anciens Syriens avoient les dents plus courtes que le reste des Asiatiques: il faut que les habitants de la Palestine ayent eu un défaut à peu-près semblable; puisque St. Jérome s'étoit fait limer ses dents, pour prononcer plus élégamment la langue Juive, qui n'en valoit assurément point la peine. Mais ces différences quelconques entre la position, la figure, & le nombre des dents qui est quelques fois incomplet, n'autorisent pas à conclure qu'il existe des familles entières d'hommes dont les dents canines soient multipliées jusqu'au nombre de six, de huit, de dix ou de douze. Jamais les voyageurs les plus éclairés & les plus attentifs n'ont rencontré ce phénomène, qu'un écart extrême de la Nature a pu produire dans quelques individus, qu'on doit plutôt compter pour des monstres par

surabondance, que pour des êtres régulièrement con-
formés sur le modele commun de l'ordre animal auquel ils appartiennent.

Les Septentrionaux ont en général les dents plus
longues, plus séparées que les nations du Midi: si ce
n'est pas cette obfervation qui a trompé, il faut qu'on
ait été induit en erreur par l'artifice de quelques
Nègres de l'Afrique qui s'éguifent les dents avec une
lime; (*) de sorte que leurs deux machoires paroif-
sent contenir douze canines, les huit incifives ayant
été effilées aux deux angles avec tant de subtilité,
qu'on pourroit s'y méprendre, si l'on n'en étoit auparavant instruit. C'est vraisemblablement cette bizarrerie qui a donné naissance à la fable des Nègres à
physionomie de tigre dont Rœmer fait mention: si
entre les habitants de Matamba & de Congo, où l'on
est dans la pratique de se défigurer la denture, il y a
en effet quelques hordes Anthropophages, cela auroit
suffi pour faire soupçonner à des voyageurs superfi-
ciels, que le goût pour la chair humaine vient de la
multiplication des dents canines. Cette explication
ne mérite donc pas plus d'égards que la matiere aci-
de de l'estomac, puisqu'elle n'est appuyée sur aucun
fait, & que tant d'autres faits la détruifent. D'ailleurs les Caraïbes de la Guiane, qui se nourriffent encore quelques fois de chair humaine, n'ont rien d'extraordinaire dans les dents.

Pigafetta paroît être persuadé que la haine violente qui regne entre les différentes peuplades Amé-

---

(*) Voyez *Description de l'Afrique occidentale par Cavazzi*,
T. 2. page 82.

SUR LES AMERICAINS. 217

ricaines, les a portées à manger leurs prisonniers pour assouvir toute leur vengeance: il rapporte que dans un canton du Brésil, où les Sauvages n'avoient point été anciennement Anthropophages, cette coutume s'étoit introduite par l'exemple d'une femme qui se jetta avec tant d'emportement sur le meurtrier de son fils, qu'elle lui mangea l'épaule. On a vu chez les nations les plus civilisées des excès aussi funestes de l'animosité publique contre des magistrats faussement accusés, ou des tyrans véritables; on a dévoré à Paris le foie & les poulmons du Maréchal d'Ancre, & en Hollande le cœur de De Wit; mais ces instans de rage de quelques scélérats obscurs & furibonds n'ont, dans aucune société du monde, dénaturé le caractere des membres; & on auroit tort de conclure que les Français étoient Anthropophages sous Louis XIII, ou sous Charlemagne, parceque les loix Saliques défendent, sous peine de deux cents sols, aux sorcieres de manger de la chair humaine: on auroit tort d'inférer que les Hollandais étoient Anthropophages au 17me siécle, ou les Egyptiens du temps de Juvenal, parceque les fanatiques de la ville de Tentire avoient dévoré un fanatique de la ville d'Ombe, sans le rôtir, dans un combat de religion où il s'agissoit de savoir si Dieu s'étoit incarné sous la figure d'un vautour, ou sous la forme d'un crocodile. Cette dispute, si humiliante pour la raison, auroit dû dégoûter à jamais des querelles Théologiques, si les hommes pouvoient s'en dégoûter: mais cet exemple fut contagieux, & annonça l'instant où l'on verroit l'Europe, l'Asie & l'Afrique désolées par la superstition armée contre elle-même.

Quand on recherche plus avant les caufes qui ont pû porter les hommes à fe repaître des entrailles de leurs femblables, il y a toute apparence que la dure néceffité de la vie fauvage doit être envifagée comme le principe de cette barbarie : la coutume qui fait rendre tous les abus tolérables, aura encore agi, après que la néceffité ne fubfiftoit plus. S'il n'eft pas vrai que la difette puiffe être affez urgente parmi une troupe de fauvages pour les contraindre à fe dévorer mutuellement, comme quelques écrivains le prétendent, quoiqu'à tort ; il faudroit alors chercher l'origine de cette atrocité dans le droit affreux & arbitraire de la guerre & de la conquête.

On fait que, dans les différents âges de la raifon, on a différemment jugé de la condition des prifonniers, & qu'on les a traités fuivant le droit plus ou moins rigide qu'on s'eft arrogé fur eux : les plus fauvages des hommes les tourmentent, les égorgent & les mangent, c'eft le droit des gens chez eux : les fauvages ordinaires les maffacrent fans les tourmenter : les peuples fémi-barbares les réduifent en efclavage : les nations les moins barbares les rançonnent, les échangent ou les reftituent pour un équivalent quelconque, quand la guerre eft terminée, ou que la poffibilité de nuire ne fubfifte plus.

Les premieres nations de l'Amérique difoient qu'on y mangeoit des hommes, comme on mange des poulets ou des brebis en Europe ; mais on s'eft convaincu dans la fuite que quelques Sauvages n'en ufoient ainfi qu'à l'égard de leurs captifs, ou des étrangers qu'ils prenoient pour des ennemis. En 1719, les Atac-apas de la Louisiane se saisirent de Mr de Charleville & du Chevalier de Bellisle, égarés à la chasse au-dessus de la Baye de St Bernard dans le golfe de Mexique: les Français n'étoient alors ni en guerre ni en paix avec les Atac-apas, dont on ignorait jusqu'au nom & à la demeure, fort reculée de tous les établissements de la colonie: ces barbares conduisirent néanmoins ces deux étrangers dans leur village, assommerent à coups de massue Mr de Charleville qui étoit fort corpulent, le couperent en piéces & le mangerent le jour même, à un répas général de toute la horde assemblée, réservant Mr de Bellisle pour un autre festin, dont un hazard inespéré l'exempta (*) de se trouver.

Qu'une même nation se soit continuellement entre-dévorée, comme l'Historien de la nouvelle France l'assure des Savanois, cela n'est point vrai; parcequ'il est impossible qu'il y ait un état de guerre civile de tous contre tous: une société qui essuyeroit une telle combustion, seroit du jour au lendemain détruite ou dispersée.

S'il est vrai que les Caraïbes avoient mangé, en douze ans, six-mille hommes enlevés à la seule isle de Porto-rico, il faut sans doute qu'ils ayent regardé ces insulaires comme leurs principaux ennemis, & usé à leur égard du droit de conquête, poussé aussi loin qu'il peut jamais l'être entre des barbares.

Il y avoit en Amérique trois espèces d'Anthropophages; ceux qui tuoient leurs captifs pour s'en nourrir;

(*) *Mémoires de Mr du Mont sur la Louisiane.* Voyez aussi *l'Histoire de la Louisiane par le Page du Pratz.*

ceux qui ne touchoient qu'aux appendices du corps humain, tels étoient les Topinambours & les Tapuiges, qui au témoignage de Pifon dévoroient la tunique & une partie du cordon ombilical des enfants nouvellements nés; les Péruviens, qui arrofoient de fang humain leur pain facré, ne s'éloignoient guères de cette abomination : enfin viennent ceux qui mangeoient les morts de maladie ou de bleſſures, & dont le nombre étoit fort petit : peut-être n'a-t-on pas connu trois peuplades où la mode d'enterrer les parents dans les entrailles de leur poſtérité fut réellement établie. Quoiqu'on puiſſe à cette occaſion citer pluſieurs voyageurs, & réunir beaucoup de lieux communs, fans oublier le conte que les Grecs ont fait fur le deuil d'Artémife, il n'en eſt pas moins difficile d'approfondir l'origine d'un ſi étrange uſage. Comme les hommes font capables de tout penſer & de s'abandonner aveuglément à l'extravagance de leurs idées, leurs actions ne font que trop fouvent dictées par des accès de délire & des caprices momentanés, qui défefperent ceux qui prétendent en rendre raifon, ou qui veulent en dévoiler les caufes; cependant ces actions deviennent des exemples, & ces exemples font érigés en autorités tyranniques. Voilà la fource commune de tant de coutumes gênantes qui outragent inutilement le bon fens, comme d'écrafer le nez, de rétrécir la fole des pieds, d'étrangler le corps, au défaut des côtes, d'aplatir la tête, de l'arrondir, de l'équarrer, de percer les oreilles, les joues, les levres, la cloifon du nez, de diminuer la longueur du col, & d'augmenter la longueur du lobe de l'oreille, de fe couper quelques articles des doigts, de s'ôter un testicule, de s'enlever une membrane, d'arracher quelques dents, de les effiler, de dépiler le corps, d'abattre les paupieres, de déraciner les cils & les sourcils, de s'éplucher la barbe, de déchiqueter la peau, de la diaprer par des incisions figurées, d'incruster des cailloux dans la peau du visage, de se ficher de longues aiguilles ou de belles plumes dans la carnosité des fesses, de se damner, de se bruler, de se manger les uns les autres, & d'écrire des traités de morale sur la bienveillance & la charité.

 Les Américains, à qui la nature avoit reparti une moindre portion de sensibilité qu'au reste des hommes, avoient aussi moins d'humanité, moins de commisération: le nombre des Anthropophages qu'on a découvert parmi eux, en est une preuve: il en existoit du Nord au Sud, dans toute l'étendue du nouveau continent; & nous avons déjà observé que les Mexicains & les Péruviens, qui paroissoient être les plus policés, ou les moins féroces, n'avoient retenu que trop de traits de la vie agreste & brutale. D'un autre côté, leur paresse excessive, l'ingratitude de leur terre natale, l'impuissance de leurs instruments grossiers, l'instinct farouche & revêche de leurs animaux, qu'ils ne pouvoient apprivoiser, ni réduire en troupeaux sédentaires comme nos bœufs, nos brebis, nos chevres, leur ôtoient une infinité de ressources. Il est constant qu'on n'a point vu dans toutes les Indes occidentales un seul peuple Nomade ou Pasteur, comme il y en a tant dans l'Asie & l'Afrique. La chasse, dont les Américains s'occupoient uniquement, ne fournit qu'une subsistance précaire, familiarise le cœur de l'homme avec le carnage, & fomente des mésintelligences & des guerres éternelles. Cet état est donc le plus désavantageux où les hommes puissent être réduits; & si tant d'anciennes nations ont été Anthropophages, ç'a été lorsqu'elles ignoroient encore l'art de multiplier les graines comestibles, & qu'elles n'avoient amené à la servitude aucune espèce de quadrupedes & de volatiles, de sorte que les chasseurs & les animaux étoient également sauvages; car on ne peut ajouter foi à ce qu'ont rapporté quelques Portugais des Etats du Grand-Macoco, qu'ils dépeignent comme un monarque puissant, magnifique, & qui sert de la chair humaine sur sa table & celles de ses courtisans. (*) Il paroît presque impossible qu'un peuple assez civilisé pour avoir élu un souverain, construit des villes & cultivé les arts, se repaîtroit encore de mets si révoltants. Il ne faut pas objecter l'exemple des Mexicains, qui engraissoient un prisonnier dans le temple, & dont on servoit annuellement les membres sanglants aux plus ardents d'entre les dévots: cette barbarie étoit plutôt une expiation

―――――――――

(*) „Il faut au Roi qu'on nomme le Grand-Macoco, „vers le Congo, des centaines de personnes par jour pour sa „table, & pour la nourriture de sa maison. Et il y a plusieurs „peuples où on a des haras d'hommes & d'enfans, qu'on va „tuer pour manger comme on fait ici les moutons. Mr „Toynard disoit qu'on lui contoit en Portugal qu'en ..... „quand on exposoit des hommes au marché tout vivans, & „qu'on marchandoit, l'un l'épaule, l'autre la cuisse, & que „les Portugais qui avoient besoin d'esclaves, alloient là en „acheter. M. Toynard ayant dit, ils vous ont bien de „l'obligation; point du tout lui répondit le voyageur Portu„gais, ils croyent que nous ne les trouvons pas assez gras. *Recueil de l'Abbé de Longuerue pag. 17.* On ne peut regarder tout ce passage que comme un conte ridicule que le P. Lobo avoit fait à Mr Toynard.

légale, dictée par le fanatisme le plus outré, qu'un moyen adopté pour sustenter la vie de ces enthousiastes.

Les Européans ont exterminé totalement la plupart des peuplades Américaines qui traitoient le plus inhumainement leurs captifs; & ils en ont accoutumé quelques autres à être moins féroces, moins excessives dans leur ressentiment.

Dans le traité que les Français firent avec les Atac-apas, on exigea d'eux qu'ils ne goûteroient plus de la chair humaine; ce quils promirent solennellement, & ils ont mieux tenu leur parole que ne firent jadis les Carthaginois, qui s'étant engagés à ne plus sacrifier des enfants à Saturne, s'abandonnerent derechef, malgré la foi des traités, à cette superstition épouvantable.

Il y a aujourd'hui moins d'Anthropophages au nouveau Monde que bien des personnes ne se l'imaginent: on n'en connoît plus qu'à la pointe méridionale, dans l'intérieur des terres où l'on ne pénètre pas souvent,

---

Dans les cartes de l'Afrique qu'on fait en Allemagne, on voit une infinité de cantons auxquels on ne donne pas d'autre nom que celui d'*Anthropophages* : il y en a sans doute quelques uns en Afrique, mais ils ne sont pas si multipliés que ces cartes l'indiquent. Et l'auteur qui a rédigé dans l'*Encyclopédie* l'article *Jagas*, seroit fort en peine de constater, par des témoignages irrécusables, toutes les horreurs dont il accuse ce peuple de brigands: il est surprenant d'ailleurs, qu'il ne se soit pas apperçu que ce même article avoit déjà été inséré dans le Tome VII au mot *Galles*. Les judicieux compilateurs de l'*Histoire universelle* ont aussi donné une aveugle confiance à tout ce que des Missionnaires capucins ont débité de ces *Jagas*, dont on peut lire la révoltante & fabuleuse relation dans Cavazzi.

& sur les bords de l'Yupura, où au rapport de Mr de la Condamine, l'on trouvoit encore, en 1743, des tribus entiéres qui mangeoient leurs prisonniers. (*) Il est vrai aussi que les Gallibis & quelques familles Caraïbes, expulsées par les Espagnols de leurs isles natales, & réfugiées à la côte du continent entre l'Orenoque & le fleuve des Amazones, ont retenu leur naturel atroce, & ont même dans ces derniers temps écharpé & dévoré quelques Missionnaires, qu'elles regardent comme des ennemis dangereux & opiniâtres, car tous les Indiens de ces cantons ont une aversion singuliere à assister au sermon.

 Les anciens Auteurs, qui ont écrit avec beaucoup de simplicité de la découverte de l'Amérique, & de la situation où l'on surprit ses habitants abrutis, sont entrés dans les plus grands détails sur la diversité de goûts qui regnoit entre les Anthropophages: on ne peut garantir toutes ces particularités, qu'aucun observateur n'a été à portée de vérifier. Quoi qu'il en soit, ces anciens Auteurs assurent que les Cannibales, & les peuples du Cumana, & de la nouvelle Grenade, châtroient les enfants destinés à la boucherie, afin de les attendrir. Il est avéré que la castration sur les hommes étoit connue & pratiquée aux Indes occidentales avant l'arrivée des premiers Européans, & il y avoit des Eunuques à la cour du Cacique de Puna, que Zarate nous dépeint comme l'individu le plus vicieux & le plus jaloux du nouveau Monde. La castration y avoit donc été imaginée, ainsi que dans notre continent,

---

(*) *Voyage de la Riviere des Amazones. Edition de Paris* 1745. *page* 84 & 97.

SUR LES AMÉRICAINS.

plutôt par l'esprit sombre & inquiet de la jalousie, que par le prétendu raffinement des Anthropophages.

Ceux d'entre les Sauvages qui se rassasioient avec les membres de leurs prisonniers, les régaloient & les nourrissoient largement pendant trois semaines, afin de les engraisser, & ils s'engraissoient en effet, si l'on peut en croire Pierre d'Angleria, cet ami intime de Christophe Colomb, qui avoit vécu plusieurs années aux Antilles, & dont les écrits, assez judicieux pour leur siécle, ne décelent pas tant d'avidité pour les fables que les compilations d'un Pere Charlevoix, qui après avoir conté que les Américains du Nord trouverent la chair des Anglais & des Français extrêmement mauvaise, parcequ'elle étoit naturellement salée, (*) ajoute ensuite dans son histoire du Paraguai, que les nouveaux chrétiens de cette province voulurent un jour massacrer le très-digne Pere Ruitz, dans l'espérance de faire un excellent repas de sa chair qu'ils croyoient devoir être fort délicate, parceque les Jésuites sont malheureusement les seuls au Paraguai,

---

(*) Le Baron de la Hontan contredit formellement le récit de Charlevoix, en assurant que les sauvages de l'Amérique septentrionale se plaisoient beaucoup, de son temps, à manger des Européans. On rencontre cent contradictions également puériles dans le commun des Voyageurs. Atkins a voulu tirer de ces contradictions une preuve pour démontrer qu'il n'y a jamais eu des Anthropophages en aucun endroit de la terre habitée: comment seroit-il possible, demande-t-il, que des animaux formés à l'image de la Divinité eussent pu dégrader jusqu'à un tel point la dignité de leur nature? Demandons à notre tour au raisonneur Atkins, comment ces mêmes animaux ont pu s'avilir jusqu'au point de devenir calomniateurs, avares, envieux, barbares, superstitieux, traîtres, meurtriers, parricides, despotes, esclaves.....

qui faſſent uſage de ſel. Il ſemble que ces deux paſſages comparés ſe contrediſent; non que nous doutions un inſtant, que les Indiens n'ayent eu plus d'une fois l'envie ſincere de manger du Jéſuite; mais il eſt fort probable qu'ils avoient pour cela des raiſons plus graves & plus ſérieuſes que celles qu'alléguent Charlevoix & Muratori, qui prétend que les Paraguais voulurent auſſi mettre à la broche le Révérend Pere Dias, qui ſe promenoit fort paiſiblement, dit-il, en priant Dieu, le long des *Rancerias*; comme ſi l'on n'avoit plus rien à craindre de la vengeance, lorſqu'on prie Dieu pour ceux que l'on outrage.

Les Iroquois ne trouvoient rien de plus fin, ni de plus tendre, dit-on encore, que le col & tout ce qui enveloppe la nuque: les Caraïbes au contraire préféroient les mollets des jambes & les carnoſités des cuiſſes: (*) ils ne mangeoient jamais des femmes ou des filles, (**) dont la chair leur paroiſſoit peut-être moins ſavoureuſe, ou plus dégoutante, ſi quelque choſe peut l'avoir été pour de tels convives.

Les chiens dogues, que les Eſpagnols employerent à la deſtruction des Indiens, préféroient de même la chair des hommes à celle des femmes, auxquelles ils ne vouloient quelquefois pas toucher du tout.

(*) *Torulos brachiorum & femorum & ſurarum pulpas.* Petri Mart. Decades Ocean.

(**) Cavazzi, dans ſa *Relation de l'Ethiopie occidentale*, rapporte la même choſe des *Giages* ou *Jagas*, peuple Anthropophage de l'Afrique; mais on ne peut preſque faire aucun fond ſur le témoignage de ce Miſſionnaire, qui a eu plus de piété que de jugement: on lui auroit de grandes obligations s'il n'avoit jamais écrit des livres, ou des Relations de l'Afrique.

SUR LES AMERICAINS. 227

Oviedo affure que le plus furieux des mâtins qui fût à la foide de Sa Majefté Catholique, ayant été lancé fur une Américaine, refufa de la mordre, quoiqu'il eût étranglé la veille plus de vingt guerriers; ce qui fit crier tous les foldats Caftillans au miracle: le plus grand des miracles étoit la brutalité des Caftillans mêmes, auxquels j'ai vu, dit Las Cafas, arracher du fein des Indiennes des enfants à la mamelle, & les jetter à leurs chiens pour les repaître. Il eft trifte que l'hiftoire de cette malheureufe planete foit fouillée par de tels faits, & fi notre poftérité ne nous reffemble point, elle croira que ce monde a été habité par des Démons.

Il y a des voyageurs qui difent que les Américains Anthropophages paroiffoient plus mélancoliques, plus mornes, & moins portés aux divertiffements & à la danfe que ceux qui étoient purement frugivores ou rhifophages: ceux-ci avoient des accès de joie qui tenoient du délire ou de la fureur; ce qu'on doit attribuer aux liqueurs enivrantes, exprimées des fruits & des racines dont ils s'abreuvoient fans retenue: les parties captieufes de ces boiffons dérangeoient leurs cerveaux, & faifoient reffembler leurs affemblées & leurs feftins à ceux des Lapithes.

Depuis que les Iroquois, les Hurons & les autres nations de cette partie du Nord, fe font adonnées à la Guldive, au Tafia, & à l'eau de vie, elles fe réjouiffent auffi davantage & même immodérément. Il eft prefqu'incroyable combien ces excès ont éclairci leur population, quoiqu'on dife dans l'hiftoire de la nouvelle France, que Dieu fit un jour trembler la terre au Canada pour épouvanter les Sauvages qui abufent des liqueurs spiritueuses que des empoisonneurs d'Europe leur vendent: ce miracle n'a pas suffi pour extirper l'ivrognerie, & les Hurons n'ont jamais tant bû que depuis ce temps-là. Les Caraïbes des isles sont les seuls qui ayent retenu leur caractere sombre & leur air chagrin & rêveur: on croiroit qu'ils regrettent le temps où ils rôtissoient leurs captifs, & dépeuploient l'isle de Portorico.

Pour completter ce qui reste encore à dire sur les Anthropophages, nous examinerons, en peu de mots, si l'horrible coutume de manger des hommes avoit engendré, en Amérique, le mal Vénérien, comme plusieurs écrivains du seizieme siécle l'ont soutenu. J'avoue que ce paradoxe ou cette hypothese n'auroit peut-être jamais acquis du crédit parmi les savants, si l'illustre Chancelier Bacon ne lui avoit fait, pour ainsi dire, l'honneur de l'appuyer: il se fondoit sur la malignité des humeurs, & du sang humain, avec lequel des scélérats de l'Afrique composent un poison redoutable: cette malignité peut être poussée si loin par la fermentation, qu'il en résulte un vésicatoire ou un caustique si actif, qu'il ulcere & brule les parties extérieures sur lesquelles on l'applique; comme un fait rapporté par Mr de Mead, dans sa *Mécanique des venins*, ne laisse aucun moyen d'en douter. D'un autre côté, la grande quantité de sel que les Chymistes rencontrent dans le sang de l'homme, (*) & qui surpasse

---

(*) Il réside dans le sang humain un sel volatil sec, qui se ramifie contre les bords du vase qu'on emploie à l'Analyse; & qui fait, à peu près, la cinquantieme partie du sang: le sel fixe qu'on retrouve dans la lessive, constitue à peu près la quatre-vingtieme partie de la masse. Outre ces substances

de beaucoup celle qu'on recueille dans le sang des animaux, avoit porté quelques Médecins à croire que les Anthropophages pouvoient être, en effet, sujets à une maladie particuliere; mais il y a toute apparence que le sel n'abonde, dans la substance de l'homme, qu'à cause de l'usage continuel qu'il en fait pour imprégner ses aliments: si l'on avoit analysé la liqueur sanguine de quelques-uns de ces Sauvages du Nord de l'Amérique qui se nourrissent de choses parfaitement insipides & trempées dans aucune espèce de saumure, on auroit, sans doute, obtenu une moindre portion de sel animal. Ainsi cette observation est sans justesse relativement à l'origine ou à la cause immédiate du virus vénérien. Le premier qui ait cru que cette maladie avoit sa vraie source dans l'Anthropophagie, a été, si je ne me trompe, un Empirique Italien, nommé Fioravanti, dont il nous est resté un ouvrage écrit en langue vulgaire, & intitulé *mes caprices médicinaux*: dans cette étrange production, il rapporte qu'un vieillard de Naples lui avoit attesté, que les vivres ayant manqué aux troupes Espagnoles & Françaises qui dévastoient la malheureuse Italie en 1456, les pourvoyeurs avoient ramassé en secret des cadavres humains, & en avoient préparé différentes espèces d'aliments, qui occasionnerent une affection vérolique dans tous ceux qui en gouterent. Fioravanti, pour donner un ton de vraisemblance à ce conte, qui en est

---

salines, il existe encore dans le sang une assez grande quantité de fer obéissant à l'aiman. Cette matiere ferrugineuse revient dans certaines personnes à une masse de quatre onces sur vingt-quatre livres de sang, dans d'autres elle est infiniment moindre.

abſolument deſtitué, ajoute qu'il a fait des expériences ſur des cochons, ſur des éperviers, & des chiens nourris, pendant deux mois, avec la chair d'autres chiens & d'autres éperviers; & au bout de ce temps, dit-il, je ſuis parvenu à envénimer ces animaux, à les déplumer, à les dépiler, à les couvrir de puſtules, & à les inoculer enfin d'une maladie qui ne différe point du mal Vénérien.

Le Chancelier Bacon, convaincu qu'il y avoit dans ce récit un anachroniſme de plus de vingt ans, puiſque le mal Vénérien ne s'eſt déclaré en Italie qu'en 1494, rapporte une autre anecdote plus conforme à la date de l'événement, mais également oppoſée à la vérité de l'hiſtoire: il raconte que des marchands de vivres, ayant fait ſaler & encaquer de la chair humaine ſur les côtes de la Mauritanie, vinrent la vendre aux troupes Françaiſes perſécutées par la diſette au blocus de Naples: cette ſalaiſon les infecta, ajoute-t-il, de cette même indiſpoſition qu'on a enſuite retrouvée chez les Cannibales du nouveau Monde; ce qui paroît prouver que cette peſte tire ſon origine de l'abus de manger des hommes. (*)

Mr Bacon, & tous ceux qui ont penché vers ſon ſentiment, auroient dû réfléchir qu'à l'isle de St Domingue, où les Naturels n'étoient pas Anthropophages, la contagion vénérienne ſéviſſoit plus qu'ailleurs: ce qui ruine abſolument cette hypotheſe, puiſqu'en ce ſens le ſiége, ou le principal foyer de la maladie, auroit dû être dans les isles Caraïbes, & non dans les Antilles.

(*) *Sylva Sylvarum Cent. 1. Edit. in fol. Lipſiæ.*

Mr Aſtruc, qui a voulu vérifier les expériences de Fioravanti ſur les phénomènes de la nutrition des animaux avec la ſubſtance des individus de leur eſpèce reſpective, a eu la conſtance de repaître, pendant ſix mois, un chien avec de la chair canine, ſans que la ſanté de cet animal ſe ſoit altérée, ſans qu'il ait eſſuyé ni le dégoût, ni la dépilation, ni aucun des ſymptomes décrits par l'Empirique ultramontain. Il eſt poſſible, à la vérité, qu'une circonſtance importante a mis une différence ſenſible dans le cours de ces expériences, & a par conſéquent offert des réſultats contradictoires aux yeux des obſervateurs. Si Fioravanti a employé des chairs fétides & putréfiées, & ſi Mr Aſtruc les a employées ſanglantes & ſaines, il eſt ſûr que les accidents qui s'en ſont ſuivis, ont dû plus ou moins varier entr'eux. (*)

Mais comme il n'eſt queſtion ici que de l'effet produit par l'aliment tiré des ſubſtances animales, en tant qu'elles ne ſont pas viciées par la fermentation ou d'autres germes corrupteurs, le procédé du Médecin Français paroît ſuffiſant pour démontrer, indépendamment de tant d'autres preuves, que tous les animaux qui s'entre-dévorent, & qui ſont Anthropophages dans leur eſpèce, ne ſouffrent rien de la qualité de cette nourriture ſi analogue à leur propre eſſence.

Scultet, qui dit que la chair humaine, quoique fraîche, produit la lepre dans ceux qui en mangent,

---

(*) Monconis rapporte, dans ſes Voyages, qu'un fameux Médecin de ſon temps, ayant répeté les expériences de Fioravanti, avoit obſervé les mêmes phénomènes ; mais la prévention peut, au milieu des expériences, tromper les obſervateurs.

ainsi que la viande de cochon affecte les Levantins d'une espèce de Mentâgre, a été plus hardi encore que Fioravanti : il ne cite aucune expérience, vraie ou fausse, pour justifier cette assertion, qui n'a pas la moindre réalité.

Le pain d'os humains moulus que les Parisiens mangerent pendant la Ligue, pour désobéir jusqu'à l'extrémité au meilleur des Rois, engendra, à la vérité, dans leurs entrailles une maladie qui les conduisit au tombeau plus rapidement que n'auroit fait la faim même, & ils trouverent, sans qu'on pût les plaindre, l'excès de leurs maux dans le plus affreux des remedes. Cependant ce fait, que les Iroquois n'entendroient lire qu'avec effroi dans les Annales de la France, ne prouve pas que les humeurs du corps humain contiennent des particules vénimeuses; si l'on avoit composé du pain avec des ossements broyés d'autres animaux, il en auroit résulté des inconvénients exactement semblables, & l'on peut dire que l'Ambassadeur d'Espagne, qui indiqua cette prétendue ressource aux Ligueurs faméliques, étoit à la fois un Politique dénaturé & un mauvais Physicien. Le *Digesteur*, inventé depuis par le célebre Papin, a enseigné le vrai moyen de tirer des substances osseuses une nourriture innocente.

Au reste, ce qui a induit en erreur & le Chancelier Bacon & plusieurs autres Naturalistes de son temps, c'est qu'ils ont supposé des peuples entiers qui ne se sustentoient uniquement que de chair d'homme, supposition absurde s'il en fut jamais. Nier tout ce qu'on lit dans les Relations les plus véridiques ou les moins suspectes des Atac-apas de la Louisiane, des anciens

Caraïbes des Isles, des Caraïbes modernes du Maragnon, des Tapuiges du Brésil, des Criftinaux, des Pampas, des Peguanchèz, des Moxes, ce feroit établir un pyrrhonifme hiftorique prefqu'infenfé : quoi de plus naturel qu'un fauvage rendu furieux par la faim, & mangeant fon prifonnier, fon ennemi ? L'idée qu'a ce fauvage que fon prifonnier lui appartient, paroît affez fondée : qu'il peut le manger, s'il aime cette viande, voilà une conféquence qu'il tire régulierement de fes principes ; mais il y a loin encore delà, à une nation qui expoferoit au marché de la chair humaine, qui auroit des haras d'hommes, qui marchanderoit de fang froid les membres de fes femblables. Quoique les Auteurs de *l'Hiftoire Univerfelle* prétendent que les Jagas pratiquoient toutes ces abominations, & avoient fait une loi de ne vivre que de chair d'homme, on peut hardiment dire que cela n'eft point vrai, ni vraifemblable. *Non cadit in quemquam tantum nefas.*

Comme plufieurs Médecins du feizieme fiécle ne connoiffoient point, ou prefque point, la fource originelle du mal Vénérien, ils s'abandonnerent inconfidérément à une foule de conjectures fur les caufes qui avoient infecté l'armée Françaife, campée au Royaume de Naples en 1494, d'une pefte fi meurtriere qu'elle faifoit craindre la mortalité du genre humain en Europe : ces conjectures ne font remarquables aujourd'hui que par l'atrocité fur laquelle on les fondoit, & par les idées qu'on fe faifoit alors du génie noir & frauduleux de Ferdinand le Catholique. Au rapport de Céfalpin, les Efpagnols, bloqués dans la bourgade de Somma près du Vésuve, ayant mêlé de la fanie de lépreux dans du vin grec, livrerent à deffein ce pofte aux troupes de Charles VIII, qui burent avidement ce vin mortel dont toutes les caves étoient pleines. La force du venin engendra dans leurs inteftins cette contagion qu'on a nommée enfuite le mal de Naples.

Si l'on peut, à jufte titre, s'étonner que Céfalpin ait adopté ce conte digne d'Elien ou d'Hérodote, on n'eft pas moins furpris que Fallope foutienne que les Efpagnols délayerent de la céruse dans le vin qu'ils firent boire à leurs ennemis, pour délivrer le Royaume de Naples. Ignoroit-il donc que toutes les préparations dangereufes qu'on tire du plomb, entraînent des accidents bien différents de ceux qui accompagnent le virus vénérien dans fes périodes fucceffifs? Il fe feroit épargné ces raifonnements pitoyables, s'il avoit voulu s'inftruire de la vérité dans Guichardin; s'il avoit confulté Rodérigue Dias de Isla, Médecin de Séville, & auteur contemporain, qui dit dans fon ouvrage intitulé *Contra Las Bubas*, (*) que le mal Vénérien fe manifefta à Barcelone en 1493, & qu'il fe répandit de

---

(*) Comme ce paffage de Dias de Isla eft fort remarquable, nous placerons ici les termes de l'Auteur, cité par Mr. Aftruc.

„In Hifpaniâ morbus ille vifus eft anno 1493, Bar-
„cionæ, quæ primum infecta, & fic deinceps Europa cum re-
„liquo orbe univerfo, cujus partes hodiè innotuerunt. Ori-
„ginem traxit in Infulâ Hifpaniolâ, quod fatis longâ, certâ-
„que experientiâ compertum fuit. Cum enim a Chriftophoro
„Colono (five Columbo) Thalaffarchâ reperta & detecta ef-
„fet, militibus cum incolis converfantibus, quod affectus con-
„tagiofus effet, facile communicatus eft, & quam citiffimè
„in exercitu graffabatur; cumque dolores ejusmodi numquam
„ab illis confpecti aut cogniti effent, caufam in maris labore

SUR LES AMERICAINS. 235

là comme une épidémie sur l'Europe & le reste de l'Univers connu. Cette contagion, ajoute-t-il, ainsi que l'expérience l'a prouvé, est originaire de St Domingue en Amérique. Cette Isle ayant été découverte par l'Amiral Colomb, ses compagnons y contracterent cette maladie par leur commerce avec les Indigènes : elle passa rapidement au reste des troupes d'embarquement, qui n'ayant jamais vû ni éprouvé des symptomes semblables, en attribuerent l'origine aux fatigues de la mer & à d'autres causes vagues, chacun selon ses conjectures. Et comme au moment que Colomb, de retour du nouveau Monde, vint débarquer à Palos, le Roi & la Reine d'Espagne résidoient à Barcelone, où l'on alla leur rendre compte du succès de l'expédition & du voyage, le mal Vénérien se déclara tout d'un coup dans cette derniere ville, & en atteignit presque tous les habitants à la fois. La nouveauté du fléau jetta chacun dans la consternation : on ordonna des processions publiques, des jeûnes ; on exhorta les citoyens à faire des aumones, pour fléchir le Ciel irrité : on pria avec ferveur, & on ne se guérit point. L'année suivante, (1494) Charles VIII, Roi

---

„ & navigationum molestias referebant, aliasque occasiones, ut
„ cuique probabile visum erat. Et cum eodem tempore, quo
„ Colonus Stolarcha appulerat, Reges Catholici Barcinonæ de-
„ gerent, quibus itineris rationem reddebat, nuperque ab eo
„ reperta denarrabat, mox tota urbs eodem morbo corripi
„ cœpit latissimè se diffundente. . . . . Sed quia incognitus
„ hactenus valdèque formidabilis videbatur, jejunia, religiosæ
„ devotiones aliæ, & eleemosynæ institutæ sunt, ut Deus illos
„ a morbo tueretur. At sequente anno 1494, cum Rex Gal-
„ liarum Christianissimus Carolus, qui tum rerum potiebatur,
„ ingentem exercitum in Italiam duxisset, multi Hispanorum
„ qui hostes illorum erant, ibidem hac lue infecti vivebant,

de France, ayant conduit une armée formidable en Italie, plusieurs régiments Espagnols, qu'on y envoya pour s'opposer à l'invasion de Charles, y porterent avec eux les germes du mal d'Amérique, & le communiquerent aux troupes Françaises, qui ne sachant d'où leur venoit cette épidémie, en accuserent le climat insalubre du Royaume de Naples, & imaginerent le nom de *mal de Naples*, pour signifier cette maladie, dont ils ne connoissoient que les ravages, sans en connoître l'origine. Les Italiens, qui n'avoient jamais entendu parler de ce nom inventé par des Français, appellerent cette même indisposition le *mal Français*. Ensuite chacun le nomma comme il jugea à propos, selon le pays d'où il le crut originaire.

  Ce passage paroît prouver décisivement que la maladie vénérienne étoit dans son principe, & peu après sa transplantation, extrêmement maligne, contagieuse, & qu'elle se propageoit sans contact immédiat, sinon par celui de l'atmosphere ambiente. Comment eût-il été possible autrement que trente à quarante personnes, de retour de l'Amérique à Barcelone en 1493, (**) cussent infecté tout d'un coup cette ville

---

„adeo ut mox regiæ copiæ inficerentur; ignaræ tamen quis „qualisve morbus esset, aut quo nomine appellandus, crede„bant ex ipso aëre regionis subortum. Vocarunt igitur *Ma„lum Neapolitanum*: Itali autem & Neapolitani, quibus nulla „ejus hucusque notitia, *Gallicum* nominabant. Deinceps vero, „prout acciderat, quisque pro lubitu aliud nomen impone„nebat. *Astruc de Morb. venereis*, Lib. I Cap. IX.

  (**) Christophe Colomb ramena, à la vérité, de son premier voyage de l'Amérique, 82 personnes tant soldats que matelots, & neuf Américains; mais il n'y eut guères plus de quarante personnes qui l'accompagnerent à Barcelone: le reste de l'équipage étant resté dans le port de Palos, pour s'y refaire des fatigues de la mer.

immense, trois fois plus peuplée alors qu'elle ne l'est de nos jours, au point qu'on s'y crût menacé de la derniere calamité qui puisse accabler l'humanité ? La progression & la marche rapide de ce fléau confirme encore qu'il se transmettoit primitivement par d'autres organes, que ceux de la génération. Ceux qui ont prétendu qu'il n'est parvenu en Russie que sous le regne de Pierre premier, ignoroient apparemment qu'il sévissoit déjà en Sibérie dès l'an 1680, & s'étoit manifesté plus de soixante ans auparavant à Moscow, de sorte qu'il avoit achevé le tour du Globe, si l'on en excepte les Terres Australes, en 1700.

On a accusé les médecins du quinzieme & du seizieme siécle de n'avoir pas prévu tout ce que les générations futures auroient à souffrir de cette épidémie, & de n'avoir pas essayé tous les remédes possibles pour en détruire les germes radicaux, ou les préservatifs convenables pour en retarder les progrès : on souhaiteroit qu'ils eussent renouvellé les loix Egyptiennes & Mosaïques contre la Lepre, ou qu'ils eussent employé, de leur temps, les précautions dont on use aujourd'hui, quand la peste arrive du Levant ; mais ce reproche n'est pas fondé, puisque l'Edit du Parlement de Paris dont on a donné un extrait dans la premiere partie, doit nous convaincre qu'on consulta à la fois la prudence des magistrats & l'art des médecins, qu'on pressentit les suites d'un tel malheur, & qu'on mit tout en œuvre, & même ce qui étoit inutile, pour garantir la postérité.

La vivacité des atomes pestilentiels étoit telle dans son origine qu'on ne pouvoit les contenir dans un lieu donné : ils s'échappoient de toute part, & éludoient les moyens imaginés pour arrêter leur propagation. Au-reste, c'est un grand bonheur que la découverte de l'Amérique n'ait pas été faite deux siécles plutôt, & dans un temps où notre ancien continent étoit défolé par la lepre, & qu'il y avoit, felon Mathieu Paris, dix-neuf-mille hôpitaux *dans la Chrétienté* remplis de lépreux. Si ces deux maladies fi analogues s'étoient réunies & comme alliées dans le centre de l'Europe, leur funeste combinaifon auroit pu porter fes ravages à un degré qu'il est impossible aujourd'hui de déterminer.

Pline dit qu'on obferva, à l'arrivée de l'Eléphantiafe Egyptienne en Italie, qu'elle atteignit les perfonnes de qualité avant que de defcendre au petit peuple : fi le mal d'Amérique n'a pas exactement fuivi cette marche, en Europe, d'abord après fa tranfplantation, au moins est-il certain qu'il attaqua la plûpart des princes contemporains, dont les médecins ont été affez indifcrets pour publier les foibleffes de leurs maîtres, afin de confoler apparemment le refte des hommes. L'Italien Braffavole ne fait aucune difficulté de dire qu'il a adminiftré le bois de Gayac au Pape Pie fecond, & que Sa Sainteté en a été foulagée. Maître le Coq dit qu'il a adminiftré des frictions au Roi François I. (*) Les médecins de l'Empereur Charles-quint nous apprennent qu'ils avoient confeillé à Sa Majefté de quitter le bois de Gayac, pour fe fervir de la Squine Orientale, dont ce prince fit ufage jufqu'à fa mort.

(*) „Il mourut à Rambouillet d'un ulcere entre l'anus & „le fcrotom caufé par fon incontinence, & qui l'avoit déjà mis „en danger de mort à Compiegne, fix ou fept ans auparavant. *Daniel, Hiftoire de France p. 434.*

Fin de la feconde Partie.

RECHERCHES PHILOSOPHIQUES SUR LES AMÉRICAINS.

TROISIEME PARTIE.

TROISIEME PARTIE.

SECTION I.

Des Eskimaux.

Les Eskimaux habitent les parties les plus septentrionales de l'Amérique, & s'étendent depuis l'intérieur de la Terre de Labrador, par les côtes & les isles de la Baye de Hudson, très-avant vers le Pole. Ambulants & dispersés en petites troupes, ils embrassent un terrain immense: si l'on les rassembloit en un corps de nation, ils n'occuperoient pas cent hameaux.

Avant que de continuer leur histoire, recherchons jusqu'à quel degré vers le Nord notre globe est habité: recherchons si l'espèce humaine peut résister au centre des Zones glaciales, comme elle résiste sur leurs extrémités.

Aux plages les plus lointaines, aux isles les plus reculées dans le sein de l'Océan où les Navigateurs ayent abordé, on a rencontré des hommes plus malheureux, plus foibles, plus abrutis les uns que les autres, & tous également mécontents de leur sort, & incertains de leur origine. Il y a néanmoins beaucoup d'apparence qu'au-delà du 80ieme degré de latitude, des êtres constitués comme nous ne sau-

Tom. I.   Q

roient refpirer pendant douze mois, à caufe de la denfité de l'atmofphere.

Je fais qu'on a foutenu plus d'une fois, que le froid n'augmente pas en raifon de la plus grande obliquité des rayons folaires, parcequ'il y a au Pole, dit-on, des volcans dont les exhalaifons & les feux toujours renaiffants tempérent les pays voifins: on ajoute que les vaiffeaux qui fe font le plus élevés, ont eu moins de glaces au 85ieme degré, qu'on n'en a ordinairement fur les parages de la Zemble & aux embouchures des fleuves de la Sibérie. Oui fans doute, parce que les glaces font plus rares dans la haute mer que fur les côtes, où elles trouvent un point d'appui pour fe former. Du refte, tout confidéré & abftraction faite de quelques caufes fingulieres & locales, j'avoue qu'on ne peut guères douter de la progreffion réelle du froid pendant l'hiver en raifon de l'éloignement de l'Equateur, ou de la proximité du Pole. Les expériences font à cet égard trop décifives: les faits qu'on leur oppofe, font ou incertains, ou faux.

Le feu qui s'échappe du bout de l'axe terreftre, eft un feu imaginaire, qui n'exifte que dans les hypothefes auxquelles les Aurores boréales & les globes enflammés, qui fe montrent quelquefois fur l'horizon des Terres Arctiques, ont donné lieu; comme fi ces météores puifoient directement leur fubftance des entrailles d'un volcan intariffable, & toujours allumé; ce qui eft en Phyfique une abfurdité.

Le traité de Mr Mairan fur la formation des lumieres feptentrionales porte tous les caracteres d'une Théorie fondée, fuivant laquelle il eft manifefte que ce ne sont ni les exhalaisons chaudes, ni les vapeurs sulfureuses élevées des Terres Polaires, qui occasionnent ces aurores, & les autres phénomenes aériens qui étonnent les observateurs placés dans la Zone froide. D'ailleurs, la matiere de ces lueurs paroît purement phosphorique, & la plus grande illumination ne fait pas la moindre impression sur le corps du Thermométre le plus sensible. On voit souvent, dans le Grœnland, le ciel s'éclaircir tout à coup au milieu de la nuit, & rayonner de mille couleurs lumineuses & flambées ; mais l'air, loin de s'échauffer pendant cet instant, reste aussi froid que si l'obscurité eût continué de voiler tout le firmament.

Pontoppidan, qui veut que les clartés du Nord soient produites par le frottement, ou l'agitation violente que l'atmosphere éprouve, aux deux extrémités de l'axe, par la rotation du globe, n'a pas fait attention qu'en ce cas ces lumieres électriques seroient constantes, perpétuelles, & éclateroient en un temps comme en un autre : mais on sait que ces phénomenes ont été beaucoup plus communs, beaucoup plus brillants depuis l'an 1716 qu'avant cette époque, sans que le mouvement diurne de la Terre ait été accéléré ; ce qui auroit dû arriver si Pontoppidan ne s'étoit pas trompé. On omet ici la discussion du sentiment de Mr le Monnier, qui croit que les Aurores boréales & australes sont de la même substance que les queues & les chevelures des Cometes : c'est substituer une difficulté à une autre difficulté, sans avancer d'un point l'état de la question, puisqu'on connoît bien moins les queues des Cometes que nos lueurs Arctiques.

Le Capitaine d'un vaisseau Hollandais, qui s'est élevé, à ce qu'il a dit, à vingt lieues du Pole, n'y a apperçu qu'une vaste étendue de mer, sans la moindre apparence de quelque base terrestre qui supportât des montagnes brulantes; mais sans entrer ici dans la question de l'aplatissement du globe, qui ne sauroit être aussi considérable qu'on l'a prétendu, qu'on admette, si l'on veut, la réalité de ces montagnes brulantes. Quelles conséquences en déduira-t-on respectivement à la température de l'air? l'Islande possede un des plus terribles volcans qu'on connoisse: il est fort souvent en travail, & vomit d'immenses tourbillons de flamme; cependant tout le feu qui s'élance par les quatre nouvelles bouches du Hécla, n'est pas en état de faire fondre les lits de neiges & de glaçons qui recouvrent les racines communes de ce prodigieux groupe de rochers ardents à leur cime. Aussi ressent-on dans l'Islande, malgré la présence de ce foyer, un froid très-âpre, & le Thermométre de Réaumur y descend souvent à quatorze degrés audessous du point de la glace. On peut juger, après cela, de quelle nature, de quelle activité devroit être le volcan qui échaufferoit les régions Arctiques à deux-cents lieues de circuit: la conflagration de tout le Pole n'y suffiroit pas.

Quand j'ai dit que notre Planete est probablement habitée par des hommes, jusqu'au 80ieme degré de latitude; je n'ai point hasardé une conjecture vague. Voici les preuves sur lesquelles je me fonde.

Boerhave & d'autres médecins de nos temps, en voulant déterminer le vrai degré de froid qui coagu-

leroit le fang humain dans les veines, ou le degré de
chaleur qui nous étoufferoit, (*) ont produit des
calculs fi fautifs qu'on ne peut les adopter fans contredire l'évidence. Là où l'efprit de vin bien déflegmé
fe géleroit annuellement, a-t-on dit, la chaleur
vitale s'éteindroit, ou ce qui eft la même chofe en
d'autres termes, la circulation du fang feroit interdite.
Cet axiome reffemble à tant d'autres décifions philofo-
phiques, il n'y manque que la vérité.

Au 68ieme degré de latitude, l'efprit de vin le
plus pur, le plus rectifié, fe gele régulierement tous les
ans; l'aiguille de la Bouffole ceffe de s'y diriger vers
le Nord; & le mercure s'y fige très-fouvent. Cela
n'empêche pas que les Européans, bien moins aclima-
tés que les Eskimaux & les Grœnlandois, n'ayent des
établiffements encore plus voifins du Pole que le point
de la congélation de l'efprit de vin à l'air libre. Il n'y
a, pour s'en convaincre, qu'à jetter rapidement un
coup d'œil fur l'état des colonies Danoifes, telles
qu'elles fubfiftoient au Grœnland en 1764, fuivant un
extrait des Régîtres de la Compagnie du commerce de
Norvege. (**)

(*) Mr. Boerhave, en voulant fixer le point de la plus
grande chaleur que le corps humain puiffe effuyer, auroit dû
porter fon calcul au moins à dix degrés de plus du Thermomètre de Farenheit, & il fe feroit trouvé alors moins éloigné
de la précifion; quoiqu'il foit difficile de déterminer ce qui
varie d'un individu à l'autre, fuivant la conftitution & l'habitude. Il en eft de même du froid; les Nègres ne fauroient
fupporter le degré de froid auquel les Grœnlandois réfiftent:
les Grœnlandois, tranfportés fubitement dans la Zone torride,
feroient étouffés en débarquant par la chaleur que les Africains fupportent toute leur vie.

(**) Mr Des Roches de Parthenay a publié, en 1763,
une lifte des colonies Danoifes au Grœnland, dont toutes les

A Egedesminde, au 68ieme degré, 10 minutes de Latitude, habitent, pendant toute l'année, un marchand, un affiftant, & des matelots Dancis:

Les loges de Chriftians-haab & de Claus-haven au 68ieme degré, 34 m. font occupées par deux négociants en chef, deux aides, & un train de mouffes. Ces loges touchent l'embouchure de l'Eysfiord, cette baye fi fameufe par les prodigieux glaçons qui en fortent, & qu'on prendroit de loin pour des montagnes flottantes: ces maffes, après avoir nagé quelque temps dans le Détroit de Davis, vont échouer avec un fracas horrible contre les côtes oppofées de l'Amérique.

A Jacobs-haven, au 69ieme degré, cantonnent en tout temps, deux affiftants de la Compagnie du Grœnland, avec des matelots & un Prédicateur pour le fervice des fauvages. Les trois colonies dont on vient de faire mention, pêchoient ordinairement affez de baleines pour former à chaque faifon une charge de quatre-cents tonnes d'huile; mais en 1762, & pendant les années fuivantes, leur vaiffeau a ceffé de voyager faute de cargaifon, les poiffons cétacés ayant difparu de ces parages, pour chercher ailleurs un abri contre les harponneurs.

A Rittenbenk, gifant au 69ieme degré, 37 m. eft l'établiffement fondé, en 1755, par le négociant Dalager: il y a là un commis, des pêcheurs pour les chiens marins, & un convertiffeur pour les Grœnlandois.

---

latitudes font fautives & tous les noms corrompus: nous avons corrigé ces erreurs d'après nos mémoires mss. envoyés de Dannemark fur la fin de 1765.

SUR LES AMERICAINS.

Enfin, la maison de pêche de Noogfoak, au 71ieme degré, 6 m. est tenue par un marchand avec un train convenable. Les Danois, qui féjournent depuis dix ans dans cet effroyable canton de la Zone glaciale, sont aujourd'hui sur le point de reculer encore cette habitation de quinze lieues plus vers le Nord, pour la commodité de la traite.

Si les Européans résistent, comme on le voit, dans toutes les positions indiquées, il est aisé de concevoir que les naturels, ou les indigenes des terres Arctiques peuvent vivre au de-là du dernier terme des possessions Danoises. L'on doit être surpris de ce qu'Ellis dise qu'il n'existe déjà plus des hommes, en Amérique, sous le 67ieme degré de latitude N: n'ayant pas voyagé au-delà de cette hauteur, il lui a été impossible de s'en assurer; mais on peut démontrer la fausseté de sa conjecture par le témoignage du navigateur Baffins, qui en remontant le Détroit de Davis trafiqua avec des Eskimaux au 73ieme degré, & découvrit à trente lieues plus haut des tombes septentrionales & des ruines de cabanes.

Les Grœnlandois de l'isle de Disco, qui se hasardent en canots très loin vers le Nord, rapportent unanimement qu'il y a des habitations humaines au de-là du 78ieme degré, qui s'étendent probablement jusqu'au point marqué vers le 8oieme, sous lequel on peut encore vivre même en hiver, puisque les Hollandais y ont hiverné sur une roche du Spitzberg en 1633, sans perdre un seul homme de leur équipage.

Si les dernieres demeures des habitants de ces contrées approchent du 8oieme degré, il ne faut pas douter qu'ils ne puiffent, pendant trois mois de l'année, & au fort de leur été; faire des courfes à quarante lieues plus avant vers le Pole; mais au de-là de cette latitude le froid doit devenir, dans le mois de Novembre, mortel aux hommes & peut-être auffi aux animaux terreftres, quoiqu'on en ait trouvé par tout où l'on a pénétré; & au Spitzberg, qui paroît être la derniere terre de notre hémifphere, il croît des ours à pieds palmés, des renards & des rhennes fort chargés d'une graiffe qui a la funefte qualité d'engendrer la dyffenterie boréale dans ceux qui en mangent.

Quoique ces animaux y foient en petit nombre, & que l'excès du froid rende leur efpèce, ainfi que la nôtre, foible & peu prolifique, la nature n'eft pourtant morte qu'en apparence dans ces climats extrêmes: elle y dépenfe peut-être autant de force à animer les Baleines, les Phoças, les innombrables effaims de harengs & de morues, qui ont leur principal féjour dans le baffin du Pole, & ces nuées d'oifeaux aquatiques qui obfcurciffent quelque fois la furface de l'Océan glacial, qu'elle emploie ailleurs de puiffance pour faire croître des plantes, des arbres, & produire une variété furprenante de créatures terreftres. Cette obfervation ne doit-elle pas nous convaincre qu'il y a par-tout une même tendance à l'organifation, qu'il y a, tout autour du globe, une égale portion de cet efprit actif qui vivifie la matiere modifiée à l'infini, fans que la différente température de l'air puiffe mettre un obftacle fenfible à ce développement continuel? Là où il y a moins d'animaux quadrupedes, il y a plus de végétaux, plus d'infectes, plus de reptiles, plus d'oiseaux : là où le gibier & les animaux sauvages se multiplient, les hommes manquent : la population de l'homme arrête celle du gibier, celle des insectes, celle des reptiles, celle des oiseaux, celle des plantes, & met des bornes à l'accroissement des forêts, qui tendent naturellement à envahir tous les pays inhabités qui n'éprouvent pas un degré de froid excessif, ou une chaleur trop brulante.

Dans le voisinage des Poles, où l'atmosphere & les substances terrestres sont si comprimées qu'aucune herbe ne peut s'y fonder, ni préserver sa seve & ses tissus subtils, on voit que la mer a reçu, par compensation, ce qui manquoit à la terre : sous d'épouvantables voutes de glaçons amoncelés, nagent des Baleines qui surpassent tout ce que le regne animal & végétal enfantent ailleurs de plus gigantesque. Mr de Buffon dit qu'un grand arbre peut être comparé à une grosse Baleine : si l'on ne s'attache qu'au volume & à la masse, cette comparaison peut avoir quelque justesse ; mais elle n'en aura plus, si l'on considere que les Cétacées sont tous carnaciers, (*) & que le Nord-câpre ne peut se rassasier qu'en avalant par jour un million de harengs : à chaque fois qu'il respire, il en coute la vie à une multitude surprenante d'êtres organisés & sensibles. La réproduction doit donc être

___

(*) Ce que l'on nomme dans le Nord *Walfisch-aas* ou aliment de Baleine, n'est qu'une prodigieuse quantité de petits insectes à deux nageoires, qui s'enveloppent d'une sorte de glu, & qui flottent sur la surface de la mer ; de façon que les Baleines à fanons, qui ne mangent presqu'autre chose que ces insectes, sont des animaux aussi véritablement carnaciers que les Fourmilliers, qui ne vivent que de fourmis.

& très-rapide & très-abondante, par tout où cette engeance si énorme & si vorace vient se repaître. La végétation de mille sapins ne coute pas tant à la Nature.

On a vu quelque-fois, dans un espace de cinquante lieues de mer, entre le Spitzberg & l'isle de Mayn, trois-cents-cinquante vaisseaux pêcheurs de différentes nations, accompagnés de dix-sept-cents chaloupes, harponner, en moins de trois mois, près de deux mille Baleines, sans compter celles qui étant blessées à mort avoient coulé à fond avec le dard, ou étoient allées échouer sur des côtes perdues. (*) L'imagination est effrayée, lorsqu'on calcule la quantité de nourriture qu'exigeoient tant de monstres : Horrebow assure, dans sa Relation de l'Islande, qu'en éventrant une Baleine ensablée sur un banc, on avoit retiré de son spacieux ventricule six-cents morues, beaucoup d'oiseaux aquatiques, & une provision de harengs de plusieurs tonnes.

L'homme, quoiqu'il soit le plus téméraire des animaux, n'auroit jamais osé, dans une barque fragile, se montrer devant les Cétacées des mers du Nord, si l'instinct de ces machines flottantes n'étoit aussi obtus, aussi borné que leurs organes sont grossiérement construits : on les détruit sans les combattre : & la chasse d'un seul lion est, sans comparaison, plus dangereuse dans les plaines de la Mauritanie, que la pêche de cent Baleines sur les rivages de la nouvelle Zemble. Cette facilité singuliere à prendre de si gros poissons

---

(*) *Cranz Historie von Grœnlund.* Tome I. pag. 144 Barby 1765.

a tellement diminué leur nombre, que plusieurs peuples maritimes se sont dégoutés aujourd'hui d'y envoyer des navires, puisque les produits de la capture n'égalent plus les frais de l'équipement. La meilleure station pour cette pêche étoit jadis entre le Grœnland, l'isle de Mayn, le Spitzberg, & la Zemble, depuis le 77ieme jusqu'au 79ieme degré de latitude; mais les Baleines, à force d'être inquiétées à cette élévation, ont cherché une autre retraite, & se sont probablement plus rapprochées vers le pole, d'où on les verra revenir, quand elles se seront repeuplées & que le défaut de subsistance les contraindra une seconde fois à se répandre sur un plus grand espace.

Je n'étendrai point davantage cette digression sur l'histoire naturelle du Septentrion: on peut remonter à la source, & puiser dans l'ouvrage de l'Evêque Pontoppidan; mais il convient de le lire avec précaution: il est souvent fabuleux, quelque-fois déraisonnable, & de temps en temps aussi enthousiaste que l'ont été Olaus & Rudbek.

Il faut également se défier du Consul Anderson: sa crédulité n'ayant pas connu de bornes, il s'est reposé indifféremment sur des traditions vagues, des rapports infideles, contradictoires, & sur des observations qu'il n'avoit point faites: la partie de ses écrits qui concerne l'origine, l'histoire, & l'état actuel des habitants de la Zone glaciale, n'est qu'un Roman médiocre. Niel Horrebow a corrigé Anderson avec aigreur: meilleur naturaliste que lui, observateur plus passionné, il n'auroit rien laissé à désirer, s'il avoit moins flatté ses peintures, & si ses recherches, étendues audelà des rivages de l'Islande, avoient embrassé un champ plus vaste.

Je ne parle pas de la description qu'a donnée du Grœnland le moine Mesanges, qui paroît avoir été en démence lorsqu'il a compilé cet absurde ouvrage: il peuple le Septentrion de Démons & d'oyes sauvages, qui toujours en guerre ouverte avec les Grœnlandois, les transportent au-delà des nues dans les espaces imaginaires: c'est une froide copie de la fable des Pygmées & des Grues.

Jamais un voyage n'eût pu devenir plus intéressant que celui du Breton Ellis à la Baye de Hudson, si au lieu d'y chercher un passage impossible à la mer du Sud, au travers des terres, au travers du centre des rochers, il s'étoit attaché davantage à considérer les Sauvages de ces contrées; & si muni de Thermométres moins fragiles, il eût fait de meilleures expériences pour éprouver la qualité du climat. Exact dans la description des objets qu'il a bien vus, il eût dû moins se livrer au plaisir de conjecturer sur ce qu'il n'a pu voir: en-vain s'appuie-t-il sur le témoignage de Charlevoix pour étayer des conjectures forcées: elles n'en acquièrent pas plus d'autorité, parceque Charlevoix est lui-même un Relateur suspect, qui a tant écrit que le temps lui a manqué pour observer ou pour réfléchir.

L'Evêque Egede a fait un long séjour au Grœnland, ce qui l'a mis a portée d'étudier les mœurs des habitants; car une telle étude exige du temps, & un voyageur qui traverse une contrée en est incapable. Si ce zélé Norvégien avoit possédé la moitié des connoissances physiologiques qui lui manquoient, ses ouvrages, plus riches, plus approfondis, au ent acquis infiniment plus de célébrité en Europe, & plus de confidération parmi les Savants.

Cranz a fuivi Egede, & a continué l'hiftoire du Grœnland jufqu'en 1765 : le premier volume de cet ouvrage contient des obfervations très-précieufes & des recherches fort intéreffantes : le fecond, qui renferme les triftes égarements des Zinzendorfiens, & leurs prédications fanatiques fous le cercle polaire, ne prouve que trop que l'enthoufiafme eft de tous les climats.

Entre les écrivains du feizieme fiécle, l'on ne peut compter que Blefkein : dans le fiécle fuivant, il n'y a que la Peyrere, qui plein de fes idées fur les Préadamites, s'appliqua à l'hiftoire du Nord dans l'efpérance d'y découvrir les preuves de fon fyftême, qui n'avoit pas befoin de preuves : on lit encore aujourd'hui avec plaifir les Relations qu'il a publiées de l'Iflande & du Grœnland; mais cela n'empêche pas que la partie géographique n'en foit défectueufe, qu'il n'y ait de grandes fautes, & des faits abfolument controuvés.

Avec tous ces fecours, il ne feroit pas poffible de donner des éclairciffements & des notions fatisfaifantes fur les Eskimaux, fi rarement vifités par des voyageurs éclairés, fi l'on n'avoit fait depuis peu une découverte très-importante, qui vérifie ce que le favant Wormius avoit toujours foupçonné. On a reconnu que les Eskimaux de l'Amérique ne différent en rien des Grœnlandois, & qu'ils conftituent tous enfemble un même peuple, une même race d'hommes, dont l'idiome, l'inftinct, les mœurs, & la figure font parfaitement femblables. La Peyrere avoit avancé de fon temps, fans la moindre preuve, que la langue qu'on parle au Grœnland, n'étoit pas intelligible pour les fauvages placés à l'Occident du détroit de Davis: Anderfon avoit répété la même opinion; de forte que tous les Savants modernes de la Suede & du Danemark s'étoient confirmés dans ce commun préjugé; mais en 1764 un Miffionnaire Danois, qui avoit appris à fond le Grœnlandois, entreprit à la follicitation de Mr Hugh Pallifer, Gouverneur de Terre-Neuve, le voyage de l'Amérique feptentrionale: il pénétra fort avant dans le Labrador; & après plufieurs courfes, il rencontra, le 4 Septembre de la même année, une troupe de deux-cents Eskimeux, auxquels il parla Grœnlandois. Ces Américains le comprirent fans difficulté, & lui répondirent dans la même langue, qui eft l'idiome national de leur pays: (*) charmés de voir un étranger fi inftruit, ils l'accablerent de careffes, le nommerent leur ami & l'ami de leur nation, & ne confentirent à fon départ qu'après lui avoir arraché une promeffe folennelle de revenir l'année d'enfuite: ils lui dirent qu'on ignoroit parmi eux les dénominations d'*Eskimaux* ou d'*Eskimantfik*, que le véritable nom de leur nation en général étoit *Innuit* ou *Karalit*, & qu'ils qualifioient à leur tour tous les Européans & tous les étrangers du titre de *Kablunet*, (**)

(*) En 1752 un Capitaine de navire Anglais avoit déjà formé un vocabulaire de mots Eskimaux & Grœnlandois, & s'étoit apperçu que ces mots avoient exactement la même fignification chez ces deux peuples; mais il n'avoit fu tirer aucun fruit de cette découverte. *Cranz Hift. v. Grœnland* T. 1. pag. 337.

(**) Les Grœnlandois fe nomment auffi eux-mêmes *Innuit* & *Karalit*, ce qui fignifie *hommes* dans leur langue,

SUR LES AMÉRICAINS. 255

ce qui revient à peu près à l'épithete de *barbares*, dont on se sert si indistinctement, & quelque-fois à l'égard de ses voisins, parceque les hommes sont excessifs en tout.

Le voyageur Danois, qui avoit longtemps vécu chez les Grœnlandois, leur compara les Eskimaux, sans pouvoir démêler la moindre différence entre les usages, les physionomies, les vêtements, les cabanes, les canots, & même entre les idées & les inclinations de ces sauvages.

Il est superflu de rechercher vers quelle époque les Américains se sont jettés dans le Grœnland : ils avoient vraisemblablement déjà occupé cette partie de leur continent avant l'an 700 de notre Ere, puisque les Islandois & les Norvégiens, qui formerent à à la fin du huitieme siécle leurs premieres colonies au Grœnland, trouverent dès lors dans ce pays des habitants qu'ils nommerent les *Skralings*, & avec lesquels ils vécurent dans une défiance & une inimitié continuelles : ne comprenant pas leur langue, ils ne purent les apprivoiser, & en voulant envahir une partie de la côte Occidentale, ils ne donnerent pas une haute idée de leur modération.

On voit maintenant que c'est une erreur extrême de croire que les Danois ayent primitivement peuplé le Grœnland, & que de là leurs filiations se soient avancées dans l'immense continent de l'Amérique. Cette méthode d'introduire les premiers hommes au

---

dont les mots de *Skralings* ou *Skrelingers*, qu'on rencontre dans les anciennes Relations, ne sont que des corruptions. Egede *Histoire naturelle du Grœnland* p. 9.

nouveau Monde a semblé si commode, si plausible aux yeux de quelques savants, qu'ils ont adopté sans examen ce systême romanesque comme une vérité historique : cependant rien n'est moins vrai ; on auroit dû faire attention que toutes les Chroniques septentrionales conviennent que les Danois, les Islandois & les Norvégiens sont étrangers au Grœnland, & qu'avant leur première apparition dans ce pays, il étoit déjà occupé par un peuple assez répandu, réduit de nos jours à une poignée de malheureux, qui sont les restes des Eskimaux qui les premiers posséderent cette terre de désolation : Mr l'Evêque Egede, qui y a travaillé pendant quinze ans à recueillir avec beaucoup de soin les anciennes traditions nationales, assure positivement que les peuplades Grœnlandoises, sans en excepter aucune, sont originaires de l'Amérique. Ce sentiment ne peut plus essuyer la moindre contradiction, depuis qu'il est démontré par les faits que le langage des Eskimaux situés sur le rivage Occidental du détroit de Davis, est exactement le même que celui des Grœnlandois, sans avoir la moindre affinité, la moindre analogie avec le Finnois, le Lappon, le Tartare, le jargon de l'Islande, de la Norvege, & de la Samoyédie ; ce qu'on peut facilement vérifier en confrontant les vocabulaires de ces différents idiomes, qu'on peut se procurer dans les journaux des voyageurs qui ont parcouru ces contrées.

On a d'ailleurs une grammaire Lapponne, & une Grammaire Grœnlandoise, qui prouvent que ces deux langues n'ont rien de commun, ni dans leurs étymologies, ni dans leurs syntaxes.

SUR LES AMERICAINS. 257

Je ne conçois pas comment on s'est figuré de si épouvantables difficultés à faire passer les Américains au Grœnland, qui est une partie de leur continent, & non du nôtre: ils ont pu y venir sans le moindre obstacle par la terre ferme, en côtoyant la pointe de la Baye de Baffins entre le 79ieme & le 80ieme degré de latitude, la pointe de ce golfe n'étant pas percée, comme on l'a cru si longtemps: aussi les cartes les plus récentes ont-elles corrigé cette erreur, en marquant des terres qui gisent encore au-delà, de sorte qu'il est clair que le Grœnland fait partie de la terre ferme de l'Amérique, à laquelle il est uni. Les Géographes qui l'ont assigné à l'Europe ou à l'Asie, auroient pu l'assigner avec autant de raison à l'Afrique; puisqu'il ne peut appartenir à aucun district de notre continent: quand même il y auroit eu dans le fond de la Baye de Baffins un détroit, ce détroit seroit comblé depuis longtemps par les glaces, ainsi que celui de Forbisher, & celui d'Ollum-lengri.

Outre le chemin par la terre ferme, les Eskimaux ont pu, & peuvent encore de nos jours franchir, dans leurs canots de peaux goudronnées, le détroit de Davis, large de trente lieues vis-à-vis l'isle de Disco, & si étranglé au-delà de cette hauteur, que dans plusieurs endroits il n'y a pas deux miles de mer d'une côte à l'autre. Les peuples pêcheurs du Septentrion entreprennent en chaloupe des courses beaucoup plus longues, & plus audacieuses, pour chasser les baleines & les chiens marins: les habitants du Labrador, n'ayant pas jugé à propos de se cantonner à Terre-Neuve, y naviguent annuellement par le détroit de Belle-isle,

& fe rembarquent dès que leur pêche eft achevée: les Samoyédes voyagent de même tous les ans à la nouvelle Zemble, qu'ils laiffent inhabitée le refte du temps.

Je ne doute nullement que les Danois, en tranfportant plus vers le Pole leur dernier établiffement de Noogfoack, ne s'apperçevront un jour que les Grœnlandois & les Eskimaux communiquent enfemble pendant l'été, & paffent continuellement les uns chez les autres.

Les premiers individus de cette nation qu'on ait vus en Europe, y avoient été amenés par le Navigateur Forbisher, qui préfenta en 1577 trois Eskimaux à la Reine Elifabeth: on les promena fur de petits chevaux de Corfe, & ils fervirent pendant quelques jours d'amufement à la populace de Londres, toujours avide de fpectacles infenfés.

On a depuis expofé plufieurs de ces fauvages avec moins d'indécence, ou plus d'humanité, à la curiofité du public, dans quelques villes du Danemarck & de la Hollande, où les vaiffeaux, revenus de la pêche de la Baleine, en rapportent de temps en temps, après les avoir enlevés, contre le droit des gens, dans l'intérieur du détroit de Davis; comme les Académiciens Français enleverent, au-delà de Torneo, deux Lappons, qui obfedés & martyrifés par ces philofophes, moururent de défefpoir en route.

L'amour du gain fit imaginer, il y a cinq à fix ans, une fraude finguliere à quelques charlatans forains d'Amfterdam: ils traveftirent en fecret un jeune matelot en Eskimau, le goudronnerent, le frotterent d'une graiffe noirâtre, l'accoutumerent à avaler fans répugnance des gobelets pleins d'huile de baleine, & à proférer des mots barbares d'un ton rauque, l'habillerent de peaux de chiens marins & d'inteſtins de poiſſons, & après l'avoir défiguré autant qu'il pouvoit l'être, ils le montrerent pour de l'argent. Ce jeune ſauvage, né au Texel, fit ſon perſonnage avec un ſi grand ton d'ingénuité qu'il dupa toute la ville.

Les véritables Eskimaux ſont les plus petits des hommes, & la taille humaine ne peut pas être rapetiſſée davantage par l'action du climat: ils n'ont tout au plus que quatre pieds de haut, & ceux qui excedent cette meſure ſont, ſans comparaiſon, plus rares que ceux qui n'y atteignent pas. Quoique replets & très chargés d'embompoint & de graiſſe, leur port eſt mal aſſuré; & en examinant les extrémités de leurs membres, on s'apperçoit que l'organiſation a été génée, dans ces avortons, par l'âpreté du froid, qui concentre & dégrade toutes les productions terreſtres. L'homme néanmoins réſiſte plus avant vers le Pole que les chênes & les ſapins; puiſqu'au-delà du ſoixante-huitieme degré de latitude il ne croît plus ni arbres ni buiſſons; pendant qu'on rencontre des ſauvages à trois-cents lieues au-delà de cette élévation.

Les Pygmées Septentrionaux ont ſans exception le teint olivâtre: la Peyrere aſſure qu'on en trouve d'auſſi noirs que des Nègres Sénégals; mais c'eſt une pure fiction; & les efforts qu'ont faits les Naturaliſtes modernes pour développer l'origine de ces Ethiopiens des Terres Arctiques, ont été des dépenſes d'érudition: le fait qu'on a voulu expliquer n'eſt pas un fait.

Davis, Forbisher, Baffins, Ellis, Egede, & Cranz, qui ont pénétré le plus avant dans le pays, & qui ont vu toutes les différentes hordes de ce peuple épars, n'y ont jamais rencontré une feule créature humaine dont l'épiderme fût naturellement noir: la couleur en est même si peu foncée dans le visage, qu'elle laisse transparoître le rouge, ou l'incarnat, qui colore les pommettes des joues: les parties du corps que les vêtemens cachent, n'offrent qu'une légere nuance de brun.

Comme ils se nourrissent presqu'uniquement de poisson huileux, leur chair en a, pour ainsi dire, contracté la substance; & ce symptome ou ce phénomene de leur constitution me paroît bien plus remarquable que l'obscurité de leur teint, terni par la mal-propreté & la violence d'une atmosphere fort condensée. Leur sang, devenu épais & onctueux, exhale une odeur très pénétrante d'huile de baleine; & en touchant leurs mains, elles paroissent poissées, parcequ'il suinte, de tous les pores de leur peau, une matiere grasse & muqueuse, assez semblable à cette viscosité qui enveloppe les poissons sans écailles: aussi est-ce la seule nation où l'on ait observé que les meres lechent leurs enfants nouvellement nés, à l'instar de quelques animaux quadrupedes. Cette matiere gélatineuse qui recouvre l'épiderme des Grœnlandois & des Eskimaux, est très-différente de cette graisse luisante qui paroît sur la peau des Nègres; & lorsqu'elle s'obstrue dans le tissu cellulaire, il en résulte une sorte de lepre, à laquelle les peuples polaires qui vivent de poisson sont, au rapport de Pontoppidan, assez sujets; mais elle ne dégénere jamais en contagion.

SUR LES AMERICAINS.

Ce qu'il y a encore de frappant dans la complexion de ces barbares, c'est l'extrême chaleur de leur estomac & de leur sang : ils échauffent tellement, par leur haleine ardente, les huttes où ils s'assemblent en hiver, que les Européans s'y sentent étouffés, comme dans une étuve dont la chaleur est trop graduée : aussi ne font-ils jamais de feu dans leur habitation en aucune saison, & ils ignorent l'usage des cheminées, sous le climat le plus froid du globe. Quoiqu'il ne croisse pas d'arbres chez eux, les substances combustibles ne leur manqueroient pas s'ils vouloient en user ; la mer chariant continuellement contre leurs côtes du bois déraciné, (*) des monceaux d'algue & de mousse, & d'autres herbages marins, qui étant desséchés pourroient être employés à nourrir le feu ; mais ils se contentent d'entretenir dans leurs cases une lampe allumée, au-dessus de laquelle ils suspendent un chaudron de Smectide, ou de pierre ollaire,

(*) Les arbres qui flottent dans la mer du Nord, & qui échouent sur les côtes du Spitzberg, de la nouvelle Zemble, de l'Islande, & du Grœnland, ont longtemps été l'objet des recherches des Navigateurs & des Physiciens, qui faute d'avoir des connoissances sur le gisement des terres Polaires, & sur les classes botaniques auxquelles ces arbres appartiennent, se sont épuisés en vaines conjectures. Entre ces bois flottés il y a de petits buissons d'aune, d'osier & de bouleau nain, qui viennent de la pointe la plus méridionale du Grœnland, où les flots les déracinent : quant aux troncs de la grosseur d'un mât, ce sont des corps de trembles, de mélèses, de cedres de Sibérie, de pesses, & de sapins, que les rivieres débordées voiturent du centre de la Sibérie & portent à la mer par l'embouchure de l'Oby, & des autres grands fleuves de cette contrée. Il vient aussi du bois de la côte occidentale de l'Amérique, qui se dirige vers les plages du Kamschatka, & vers l'embouchure du Léna, où il se forme en tas, que les vents & les mouvements de l'Océan dispersent.

deftiné à cuire leurs viandes; car ils ne mangent la chair du gibier & du poiffon entiérement crue que quand ils font fort éloignés de leurs habitations, qu'ils ne creufent pas fous terre, comme on l'a répété tant de fois: ils bâtiffent avec de gros cailloux, à rez du fol, où il leur feroit impoffible de pratiquer des caves ou des tanieres; parceque la terre, éternellement gelée, y a acquis la dureté du granit ou du roc vif: le plus fort dégel n'effleure, pour ainfi dire, que la fuperficie de cette glace interne, & s'étend rarement à cinq pieds de profondeur. D'ailleurs la fonte fubite des neiges les fubmergeroit, s'ils avoient l'imprudence de fe loger, comme des Troglodytes, dans des grottes ou des fouterrains.

Tous les individus qui appartiennent à la famille des Eskimaux, fe diftinguent par la petiteffe de leurs pieds & de leurs mains, & la groffeur énorme de leurs têtes: plus que hideux au jugement des Européans, ils font parfaitement bien faits à leurs propres yeux, quoiqu'ils ayent la face platte, la bouche ronde, le nez petit fans être écrafé, le blanc de l'œil jaunâtre, l'iris noir & peu brillant. Leur machoire inférieure dépaffe celle d'en-haut, & la levre en eft auffi plus groffe & plus charnue; ce qui défigure étrangement leur phyfionomie, & imprime même aux jeunes gens un air de vieilleffe; leur chevelure eft d'un noir d'ébene, d'un poil rude & droit; mais ils manquent, comme tous les Américains, de barbe, tant aux levres, qu'à la circonférence du menton: & quand, dans un âge très-avancé, il leur en naît quelques épis, ils les épluchent.

Les femmes, plus laides, plus petites encore que les mâles, ne sont guere élevées que de quarante-sept pouces. Elles se tracent sur le visage, sur les mains, & sur les pieds, des lignes noires avec un fil graissé de suie de lampe, qu'on tire, par le moyen d'une aiguille fine, entre l'épiderme & la peau, où il dépose une empreinte ineffaçable. Leurs mamelles sont si longues & si flasques, qu'elles peuvent allaiter, sans peine, au-dessus de l'épaule: cette difformité, que l'on retrouve parmi tant d'autres peuples sauvages de l'Amérique & de l'Asie, est purement factice, & provient de ce que les enfants, qui y tettent pendant cinq à six ans, & toutes les fois que l'envie leur prend, tirent fortement le sein de la mere, le fatiguent, & grimpent même contre ses hanches, pour en saisir le bout: cette tension continuelle amollit & allonge la forme naturelle des mamelles, dont l'aréole est, dans les Grœnlandoises & les Eskimauses, d'un noir de charbon. On ne peut néanmoins affirmer que ce caractere leur soit propre: on l'observe aussi aux Samoyédes, & en général toutes les femmes basanées ou olivâtres ont l'iris du sein d'une nuance plus foncée que le reste du teint.

Olearius rapporte qu'on visita une femme & une fille Grœnlandoise à Coppenhague en 1655, & qu'on ne leur découvrit point de poil sur tout le corps, hormis à la tête. Quand il ajoute que les femelles de ce pays n'essuyent jamais l'écoulement périodique, il se trompe: l'Evêque Egede s'est assuré du contraire pendant le temps qu'il a prêché la Foi au Grœnland. Au reste il est certain qu'elles sont peu fécondes, & qu'elles accouchent rarement cinq fois en leur vie. La dépopulation de la Terre de Labrador, des côtes de la Baye de Hudson, de la Samoyéde, & du Grœnland, dont les habitants subsistent principalement de la pêche, paroît réfuter le sentiment de Mr de Montesquieu, qui avoit cru que les parties huileuses du poisson sont plus propres à fournir cette matiere incompréhensible qui sert à la génération, que toute autre espèce d'aliment: ce seroit une de ces causes, ajoute-t-il, de ce nombre infini de peuple qui est au Japon & à la Chine, où l'on ne vit presque que de poisson. On pourroit répondre, à la verité, que les races Septentrionales font une exception à la regle commune, parceque le froid excessif met un obstacle à la multiplication de ces Ichthyophages; mais comme il est avéré qu'on consomme, à la Chine, vingt à trente fois plus de riz que de poisson, il semble qu'on devroit attribuer plutôt la population de cet Empire à l'usage du riz qu'à toute autre nourriture. Il y a tant de causes qui concourent à augmenter le nombre d'hommes, dans un pays plus que dans un autre, que la quantité plus ou moins grande de poisson qu'on y mange, ne peut être comptée pour une cause principale ou unique. La longue paix dont jouissent les Japonois & les Chinois, n'a pas peu contribué à l'accroissement de leur population; pendant que les miserables guerres que se font sans cesse les Souverains de l'Europe, y détruisent l'espèce dans des flots de sang.

Mr de la Condamine, qui a rédigé, sur les Mémoires de Madame T. H. l'histoire de la fille sauvage trouvée, en 1731, dans la forêt de Songi près de Chalons, prétend que cette créature étoit née au pays des

SUR LES AMERICAINS.

Eskimaux. Il est difficile de persuader qu'un enfant âgé de dix ans ait été, par une combinaison d'incidents & un concours d'incroyables avantures, transporté, à l'insu de tout le monde, depuis la Terre de Labrador jusques dans les bois de la Champagne. D'ailleurs cette fille n'avoit ni les traits, ni la taille, ni le sein, ni l'habit des Eskimauses: elle n'avoit aucun signalement, aucune marque nationale assez décisive pour réaliser une conjecture si extraordinaire.

En 1731, elle entra un jour, vers le soir, dans le village de Songi, ayant les pieds nuds, le corps couvert de haillons & de peaux, les cheveux redressés sous une calotte de calebasse, le visage & les mains noires comme une Négresse: armée d'un gros bâton, elle en assomma un dogue que les gens du lieu avoient lâché pour la surprendre, & grimpa ensuite, avec une prestesse étonnante, sur un arbre fort élevé, où elle passa la nuit. On peut assommer un dogue & grimper sur un arbre, sans être né au pays des Eskimaux, où il ne croît pas des calebasses dont on puisse faire des coiffures.

Le lendemain, le Vicomte d'Epinoy la fit prendre & conduire dans son château de Songi: on la baigna & elle devint blanche comme une Européane, sans qu'on pût remarquer d'autre singularité, dans toute l'habitude de son corps, sinon la grosseur extrême de ses pouces, à proportion du reste de ses mains. Il y a donc toute apparence que cette jeune sauvage (*) étoit née en

---

(*) Cette jeune sauvage, devenue ensuite *Madlle* le Blanc, a toujours assuré qu'elle avoit eu, dans les forêts de Songi, avec elle une autre fille également sauvage, dont on n'a jamais pu découvrir la retraite: on suppose qu'elle est

France ; comme l'on a toujours fuppofé que l'homme trouvé dans les forêts d'Hanovre étoit né en Allemagne, quoiqu'il marchât à quatre pattes, quoiqu'il eût perdu la faculté de fe tenir en équilibre fur fes pieds; pendant qu'il paroît démontré, par le mécanifme de notre articulation, que l'homme eft un véritable bipede. Ce folitaire, rabaiffé au niveau des quadrupedes, n'avoit confervé qu'une foible étincelle de la raifon, & de la puiffance que nous exerçons fur tous les animaux, parcequ'il n'y en a aucun qui foit auffi ingénieufement organifé que nous : il ôtoit très-adroitement les appas des piéges aux loups, & favoit fe garantir contre le jeu du reffort.

On peut avec les mêmes traits peindre les mœurs des Eskimaux & des Grœnlandois. Nés dans un pays formé par des glaçons couverts de neige & de mouffe, ils aiment leur patrie plus paffionnément qu'aucune nation de la terre n'a jamais aimé la fienne fous le ciel le plus ferein, & le plus fortuné : la caufe qui attache ainfi les derniers habitants du Nord à leur climat natal, paroît purement phyfique : ils fe fentent mal par-tout ailleurs que chez eux : à Coppenhague, à Amfterdam, l'atmofphere eft déjà trop tiede, pour qu'ils puiffent la refpirer longtemps. Ils font naturellement mélancoliques à caufe du fcorbut qui épaiffit leur fang : la confcience de leur foibleffe les rend lâches & farouches ; ils feroient peut-être plus cruels, s'ils étoient plus forts. Il eft vrai qu'on a exagéré, à bien des égards,

---

morte des fuites d'une bleffure à la tête, qu'elle avoit reçue en fe battant avec fa compagne, pour la propriété d'un chapelet de verre, que le hafard leur avoit fait trouver.

SUR LES AMERICAINS. 267

l'atrocité de leur inſtinct. Sans loix, ſans culte, ſans chef, & avec très peu d'idées morales, ils ne ſe conduiſent pas ſi mal qu'on auroit dû s'y attendre. Le ſoin de ſe procurer la nourriture, dans un pays ingrat & affreux, les occupe ſans ceſſe : les inſtants leur ſont ſi précieux qu'ils ont toujours prétendu qu'on devoit les payer pour le temps qu'ils employoient à aſſiſter aux ſermons des Miſſionnaires Danois : tant qu'on leur a fourni des vivres, ils ont paru d'excellents Néophytes, brulants de zéle & de piété ; dès qu'on leur en a refuſé, ils ſont retournés dans leur canots, harponner les Baleines, en ſe moquant des inſtructions & des catéchiſmes qu'ils ne comprenoient pas. Enfin, pour de l'eau de vie & des aiguilles d'acier, ils ont eu la patience d'écouter juſqu'aux prêches des Freres Evangeliques ou des Zinzendorfiens, qui ont été porter dans le centre du Grœnland leurs extravagances myſtiques, & les excès de leur imagination échauffée ; comme ſi la magie, à laquelle les nations Polaires ſont très-adonnées, ne valoit pas à tous égards les délires d'un fanatique d'Allemagne.

En 1731, le fameux Comte de Zinzendorf, ſous prétexte d'aſſiſter au couronnement de Chrétien VI, alla répandre en Danemarck ſes ſentiments plus abſurdes que dangereux. A la vue d'un Nègre & d'un Grœnlandois qu'on venoit de baptiſer dans la grande égliſe de Coppenhague, ſon enthouſiaſme parut redoubler : il conçut l'idée de travailler à ce qu'il nommoit la converſion des Sauvages, en leur envoyant des Miſſionnaires de ſa ſecte naiſſante. Comme il eſt preſqu'incroyable qu'un jeune homme, né en Siléſie, auroit pu se persuader de bonne foi qu'il importoit au salut des Africains & des Lappons de connoître les sottises pieuses qui lui avoient passé par l'esprit depuis sa sortie du Collège, on a supposé que des vues de fortune, adroitement cachées sous le voile du plus haut fanatisme, avoient dirigé les entreprises de ce Novateur singulier: il commença apparemment, comme tous les chefs de secte, par être la dupe de sa vanité & de son imagination ardente, & finit par se désabuser aux dépens d'autrui. Il se désabusa sans doute, lorsqu'à force de prêcher le mépris des richesses, il vit neuf-cents-mille écus réunis dans la caisse commune de ses adhérents, dont il s'étoit réservé les clefs.

En 1733, des Catéchistes Zinzendorfiens partirent pour le Grœnland; & ce qu'il y eut de remarquable, c'est qu'un dévot de Venise fit les frais de cette expédition, & fournit de l'argent à deux vagabonds qui devoient aller, au nom du Seigneur, inculquer des impertinences à de malheureux sauvages au bout du monde. Ces Zinzendorfiens trouverent, à leur arrivée, le Grœnland ravagé par le fléau de la petite vérole, que d'autres Missionnaires y avoient apporté avant eux.

Les habitants échappés à cette contagion s'étoient retirés très-loin dans le Nord, pour éviter les Prédicateurs d'Europe, qu'ils regardoient comme des pestiférés, dont la venue avoit occasionné une épidémie si épouvantable qu'on ne se souvenoit pas d'avoir essuié un semblable malheur depuis l'époque de la *mort noire*, qui éteignit presque toutes les nations Septentrionales au quatorzieme siécle.

Ce ne fut qu'en 1758 que les Grœnlandois, s'étant un peu repeuplés & enhardis, commencerent à se rapprocher du canton où les nouveaux Apôtres, dépourvus de secours, se désespéroient sur des montagnes de glace : ils firent d'abord de petits présens à ces sauvages, afin de les fixer & d'en former des peuplades, comme celles que les Jésuites ont rassemblées au Paraguai & à la Californie : ensuite ils publierent des *Lettres Edifiantes*, ou des Relations, dans lesquelles ils assurent hardiment que la Providence a opéré en leur faveur plus de miracles sur le bord du Détroit de Davis, qu'elle n'en opéra jamais sur les rivages de la petite mer de Tibériade. Cependant, depuis la mort du Comte de Zinzendorf, la ferveur de ces Saints a diminué par degrés, & l'on dit que leurs deux établissements du Grœnland menacent ruine.

Le dogme de l'immortalité de l'ame avoit, selon Egede, déjà pénétré au-delà du cercle Polaire avant l'arrivée des premiers Européans ; mais si les opinions métaphysiques des peuples policés sont si incertaines, si compliquées, si difficiles à éclaircir, il faut être en garde contre ces magnifiques systêmes que les Voyageurs prêtent aux Sauvages. Si l'homme avoit une idée innée de sa spiritualité, je crois que la vie animale & agreste n'effaceroit jamais de son cœur cette notion primitive ; mais si ce n'est que par une gradation de raisonnements & un enchaînement d'idées réfléchies qu'on s'est élevé à cette hypothese sublime, il ne faut pas la chercher parmi des barbares totalement abrutis, & qui ne raisonnent pas. En général ce que l'on lit sur la religion des peuples ambulants & divisés par petits troupeaux, doit nous paroître suspect; parceque l'on ne sauroit affirmer positivement qu'on pense dans une famille comme dans une autre, là où chacun se forge des Fétiches, des Manitous, des Pénates variés à l'infini.

Par-tout où il n'y a point de Société, il ne peut y avoir ni dogmes, ni préceptes, ni idole commune; comment donc veut-on définir le fond d'une Religion, là où il n'y a pas de Société?

Il resteroit, à la vérité, un moyen pour s'assurer si une telle horde a eu de telles ou de telles idées; ce seroit d'examiner si dans son langage on démêle des mots précis pour énoncer ces opinions abstraites. Or, en suivant cette méthode, il s'ensuivroit que les Eskimaux & les Groenlandois n'ont jamais eu la moindre notion distincte ni de la Divinité ni de l'immatérialité de l'ame; puisque leur idiome, borné aux seuls objets sensibles, aux seuls besoins, ne contient pas des termes pour rendre le sens que nous croyons attacher à ces expressions.

Un autre point, non moins contesté, c'est de savoir si les habitants de la Zone glaciale ont réellement la coutume d'offrir leurs femmes aux étrangers: Mr Surgy a recusé le témoignage de tous les voyageurs, qui soutiennent que cet usage existe de temps immémorial: il dit, pour ses raisons, que ce qui est indécent à nos yeux, ne sauroit plaire à personne, & cite le journal de la Mothraye, le valet de chambre de Mr......., qui parcourut la Lapponie sans que personne lui fît aucune politesse de cette nature; mais l'autorité de la Mothraye ne paroît pas suffisante pour rejetter le rapport presqu'unanime de plus de vingt

Européans de considération qui ont dépassé le cercle Boréal, & qui n'ont pu tous se tromper sur la façon dont ils ont été accueillis par les différentes peuplades de ces tristes climats. On voit, dans Ellis, que les Eskimaux de la Baye de Hudson présenterent, en 1747, leurs femmes aux Anglais, en faisant toutes les démonstrations possibles pour exprimer la joie qu'ils auroient de voir l'équipage s'en accommoder. (*)

L'Evêque Egede, à qui quinze ans de séjour chez les Grœnlandois ont acquis le droit de décrire leurs mœurs, dit que *l'on regarde parmi eux comme un homme du plus excellent caractere celui qui prête sa femme à un autre, sans en témoigner la moindre répugnance.* (**)

Si la jalousie outrée est le vice physique des pays chauds, on ne devroit pas tant s'étonner de voir un vice contraire dans des climats opposés; puisqu'en cela les inclinations ne feroient que se plier aux influences; mais ce n'est ni un défaut, ni un abus aux yeux des Nains du Septentrion d'offrir leurs épouses à des étrangers d'une stature prévenante, robuste & élevée: ils esperent de fortifier, par ces mélanges fortuits, leur race abatardie par l'inclémence de l'air; & ce sentiment intime qu'ils ont de leur propre foiblesse, est encore plus remarquable que le moyen même dont ils prétendent se servir pour embellir leur postérité. Il ne faut pas croire qu'ils fassent cette civilité indistinctement à toute sorte d'étrangers; ils doivent être très persuadés d'avance qu'on n'est venu chez eux que dans

---

(*) *An account of voyage for the Discovery of a North-West passage by Hudsons Streights, in the year 1746 and 1747.*

(**) *Histoire naturelle du Grœnland. p. 108. Coppenhague 1763.*

des vues pacifiques, fans la moindre intention d'abufer de leur fimplicité : les habitants de la Lapponie n'eurent garde de préfenter leurs époufes aux enrolleurs Suédois qui voulurent, fous Guftave-Adolphe, lever un régiment Lappon, & qui employerent la rufe & la violence pour arracher de leurs cabanes de jeunes fauvages, qui moururent de frayeur avant que d'avoir mis l'uniforme ; de forte qu'on a dû renoncer pour jamais au projet de les faire fervir dans les armées.

Comme les Eskimaux doivent tirer toute leur nourriture de la mer, la néceffité les a rendus téméraires fur ce feul élément : rien n'eft plus lefte, ni plus agile que leurs canots coufus de peaux, & tellement conftruits que les vagues qui les renverfent, ne fauroient les engloutir : exactement fermés autour du rameur, ils furnagent après avoir plongé. C'eft dans ces barques qu'ils maffacrent les chiens marins & les Baleines, dont l'huile leur eft d'un ufage indifpenfable, c'eft la feule drogue qui puiffe entretenir la chaleur de leur eftomac. Auffi obferve-t-on que tous les animaux aquatiques, volatiles, & quadrupedes, confinés par la nature dans les régions les plus feptentrionales, font extrêmement pourvus de lard, & chargés d'une graiffe huileufe qui empêche leur fang de fe figer, & leurs mufcles & leurs cartilages de fe roidir : les arbres mêmes qui fe plaifent le plus avant vers le Pole, font pour la plupart réfineux ; tels que les pins, les peffes, les fapins rouges & blancs, les genévriers, les meleffes, & les cedres de Sibérie.

Le danger d'être aveuglés par la neige a encore enfeigné aux Eskimaux à fe fervir d'une efpèce de lunettes qu'ils portent tout l'été sur les yeux: ce sont deux planches minces, percées en deux endroits avec une alêne ou une arrête de poisson; de sorte qu'il n'y a qu'une très-petite ouverture pour le passage de la lumiere: cet instrument, qu'on attache derriere la tête avec un boyau de phocas, paroît plus propre que les crêpes dont on se sert en Sibérie, pour empêcher l'éblouissement occasionné par le réflet des rayons du soleil sur la neige, qui y couvre la surface de la terre pendant neuf mois. Ces préservatifs ne peuvent cependant prévenir entiérement la cécité, très - commune dans ces pays, mais point si universelle que le scorbut causé par l'excès du froid, par la brume qui s'éleve de la mer au fort de la gelée, & l'inaction où doivent se tenir les Indigenes des plages boréales pendant leurs longues nuits & leurs longs hivers: tapis alors dans de chétives cabanes, si étroites qu'ils ne sauroient s'y promener, & si exactement calfeutrées que l'air intérieur ne peut se renouveller par aucun soupirail, ils respirent dans un brouillard infecte, qui en passant continuellement par leurs poulmons, altère la ●●●● de leur sang. Il est très - surprenant que les Grœnlandois, situés sous le 68ieme degré, ne se servent pas contre les affections scorbutiques du *Cochlearia*, l'unique herbe qui se plaise dans leur climat, & que la Providence semble avoir plantée tout exprès sous leurs pieds, pour être le remede de leur mal endémique: ils usent dans ces cas du gramen marin, des racines du *Telephium* & de l'Angélique; mais ils témoignent, en tout temps, une répugnance singuliere à se nourrir d'herbages. (*)

Je n'entrerai dans aucun détail sur la forme de leurs habits fourrés, de leurs vestes d'intestins de poissons, de leurs dards, de leurs harpons: ces objets ont été décrits & dessinés par des Voyageurs qui ne savoient dessiner & décrire que de semblables minuties; car il s'en faut de beaucoup que l'on nous ait donné de la physionomie de ces nations des portraits gravés, aussi vrais que le sont les figures des Samoyédes, dont on est redevable au crayon du célèbre Corneille de Bruin.

L'Historien de la nouvelle France, qui fait un tableau si hideux & si extravagant des Eskimaux, qu'il connoissoit si superficiellement, dit qu'ils ont la taille avantageuse, les cheveux blonds, & qu'ils sont les seuls d'entre les Américains qui ayent de la barbe & le teint blanc; ce qui me persuade, ajoute-t-il, qu'ils tirent leur origine du Grœnland. (**) Cet admirable écrivain ignoroit que les Grœnlandois sont eux-mêmes imberbes & basanés.

Rien ne paroît, jusqu'à présent, plus incertain que l'existence de ces hommes barbus qu'on place dans le Labrador, & qu'on prétend être les grands Eskimaux: tous ceux que le Missionnaire Danois rencontra en 1764, n'avoient point de poil au menton: ceux qui trafiquerent avec les Anglois en 1747, étoient également imberbes. Comme ils rabattent

---

(*) *Cranz Hist. von Grœnland, T. I. pag. 129.*
(**) *Histoire de la Nouvelle France, T. V. p. 262. Paris 1744.*

pendant l'été leurs cheveux dans le visage, pour se garantir de la piquure des moustiques, cela a pu tromper des voyageurs inattentifs, qui en ont vu quelques-uns de loin. Si cependant l'on découvre réellement, entre les Américains à menton ras, des sauvages qui ont de la barbe, ils sont sans doute originaires de la Norvege ou de l'Islande, dont les habitants, pressés par cette inquiétude singuliere qui agita toujours les Scandinaviens, ont jadis entrepris de longs voyages de mer; & par leur seul établissement au Grœnland en 770, ils pourroient disputer à Christophe Colomb la gloire d'avoir découvert le nouveau Monde. En pénétrant plus avant dans les ténebres historiques répandues sur les monuments du Nord, que Thordmod-Torfaus, Adam de Breme, Lyscandre, Jonas Arngrim, & la Chronique de Sturlesen nous ont conservés, on croit entrevoir que ces Norvégiens navigateurs & conquérants ont, dans l'onzieme siécle, touché aux plages de l'Amérique septentrionale, vers le 49ieme degré de latitude: ils y découvrirent, dit-on, des provinces qu'ils nommerent le *Helleland*, le *Markland*, & le *Weinland*, (*) qu'on prend pour les côtes de Terre-Neuve & du Labrador: si ces avanturiers laisserent des colonies dans ces contrées, il est

___

(*) Mr Mallet auroit dû prendre un ton moins affirmatif, en parlant de ces découvertes dans son *Introduction à l'Histoire du Danemarck*: il ne s'est pas apperçu qu'en voulant prouver ce qui est fort douteux, il s'est glissé dans son discours un Anachronisme de plus de 100 ans. D'ailleurs où chercher aujourd'hui ce pays à vignes où les Norvégiens aborderent, & où il croissoit, au rapport d'Adam de Breme, de très-bons raisins, *quod ibi vites sponte nascantur optimum vinum ferentes?* Le Botaniste Calm, qui a voyagé tout exprès

possible qu'il y exifte encore aujourd'hui des Sauvages barbus, parcequ'ils font d'extraction Européane, & auffi étrangers en Amérique que l'ont été les Maures en Efpagne.

Les Grœnlandois qui habitent aux environs du Stadthouk, difent auffi qu'en avançant dans leur pays vers le Nord-Eft, on trouve une peuplade où les hommes ont de la barbe: ceux-ci tirent également leur origine d'une colonie Iflandoife fondée au huitieme fiécle, & dont on n'a jamais pu avoir des nouvelles certaines, parcequ'elle a été en partie diffipée, & en partie éteinte par la pefte de 1350. Les foibles reftes de cet établiffement, abandonnés à leur deftin par le Danemark en proie à des malheurs plus grands, auront avec le temps perdu jufqu'à la mémoire de leur Métropole, & la néceffité les aura réduits à la vie fauvage. Tous les efforts que l'on a faits de nos jours, pour aborder à leurs côtes, ont été infructueux, les glaces s'y étant tellement accumulées que l'abordage eft devenu impraticable aux moindres bâtiments; de forte que l'on ignore l'état actuel de tout le rivage oriental du Grœnland, où il y a eu jadis une ville, un Evêché, & plus de cent bourgades.

Nous terminerons cet article par une obfervation fur les peuples Septentrionaux en général. Ceux qui

---

pour retrouver l'ancien *Weinland*, le place dans le Labrador, où il a découvert quelques pieds d'une vigne agrefte, dont le fruit, toujours verd, rend un fuc horriblement aigre: on dit que les Iflandois en rapporterent quelques feps dans leur Ifle qui y moururent de froid. Il eft certain que le penchant pour le vin a fait entreprendre plufieurs expéditions aux Septentrionaux, & qu'ils ont fait la guerre pour fe mettre en poffeffion des pays à vignobles.

habitent l'extrémité de la Zone tempérée en-deça du Cercle Polaire, ont pour la plupart la chevelure blonde, l'iris de l'œil bleu, le teint blanc, la complexion vigoureuse, la taille haute: ils font hardis, courageux, guerriers & inquiets: un penchant secret les a toujours portés à s'expatrier, & à envahir le globe entier, qu'ils croient formé pour eux: on les a vus se déborder jusqu'en Afrique: toute l'Europe, & une grande partie de l'Asie sont peuplées par leurs descendants. Il n'y a pas de nation parmi nous qui ne tire son origine du Nord, ou qui ne soit mêlée avec des races septentrionales.

Quand on parcourt aujourd'hui ces prétendues pépinieres de l'espèce humaine, & ces contrées d'où sont sortis ces grands essaims d'hommes, on est surpris de les trouver désertes: le Danemarck n'a que deux millions d'habitants, la Suede n'en a que deux millions & demi: (*) l'Empire de Russie, respectivement à son étendue, est une solitude. Cependant ces Etats n'ont jamais été ni plus défrichés, ni mieux policés qu'ils le sont de nos temps: la population y étoit-elle donc plus considérable, lorsque le sol n'y produisoit que des forêts au lieu de moissons, lorsque l'on y ignoroit jusqu'au nom des arts, & qu'on n'y

---

(*) Suivant le calcul de Tempelmann, la Suede, la Finlande & la Lapponie Suédoise contiennent 228000 miles en quarré, à 60 miles sur le degré: il dit que ce pays, eu égard à cette surface, pourroit nourrir 45 millions d'hommes, si le froid, les glaces, les neiges, les lacs, les montagnes n'y mettoient d'invincibles obstacles à l'Agriculture. Le Baron de Flemming croit que malgré ces obstacles, la Suède pourroit pousser sa population à 20 millions d'habitants; mais il y a loin de la possibilité à l'effet.

connoissoit que la vie sauvage ? Non sans doute, car cette assertion seroit à la fois absurde & contradictoire. L'on ne peut donc expliquer les anciennes émigrations des Septentrionaux, qu'en supposant que plusieurs petites nations vagabondes qui occupoient une immense étendue de terrein, se soient tout à coup confédérées pour s'expatrier; de façon que le pays restoit, après leur sortie, absolument vuide & dépeuplé pendant six à sept générations : aussi remarque-t-on que ces nuées d'émigrants du Nord, qui traînoient après eux leurs femmes, leurs enfants, & leurs bestiaux dont ils subsistoient pendant la route, n'ont paru que de temps en temps, comme des orages, & qu'il y a toujours eu de grands intervalles entre une irruption & une autre. Depuis cent & quarante ans, les Tartares ne se sont pas remués : on les prendroit pour les mortels les plus équitables & les plus pacifiques de l'univers; mais ce calme & cette tranquillité ne viennent que de la foiblesse de leur population, épuisée par la derniere conquête de la Chine & de l'Asie, qui sera dorénavant d'autant plus exposée à leurs invasions, que l'Europe entiérement policée, & toujours en armes, leur oppose des barrieres insurmontables.

Les Sauvages situés directement sous le Cercle Boréal, ou reculés au-delà, sont bien différents de ceux dont nous venons de parler; & cette différence est également sensible, soit qu'on considere leurs figures, soit qu'on fasse le parallele de leurs mœurs & de leurs inclinations. Petits, basanés, foibles, dégénérés du genre humain, ils paroissent constituer la race la plus chétive & la plus méprisable : on ne peut comparer leur lâcheté & leur poltronnerie qu'à celle des naturels de la Zone torride. L'excès du froid & la chaleur extrême agissent donc à peu-près de même sur les facultés & la constitution de l'homme, & ces causes, si contradictoires en apparence, produisent des effets qui se ressemblent. Les habitants des terres Arctiques, au contraire des autres Septentrionaux, n'ont jamais été tentés de l'envie de s'expatrier : s'ils vouloient chercher vers le Sud un séjour moins effroyable, les peuples vaillants & belliqueux, placés en deçà du Cercle Polaire, les extermineroient sur leur passage, ou les repousseroient sans combattre ; mais, heureusement pour eux, un singulier amour de la patrie qu'eux seuls peuvent aimer, les retient dans les limites que la Nature leur a marquées, & la modération de leurs désirs équivaut à toutes les richesses que les autres nations possèdent, ou qu'elles osent souhaiter.

Tant que le climat restera le même à leur égard, on les verra persévérer dans l'abrutissement & la barbarie : s'ils se réunissoient en société, la faim les feroit périr ; parceque l'agriculture qui nourrit les villes, est impraticable dans leurs solitudes couvertes de neiges & de frimats.

Quant à leur population, elle n'a peut-être jamais été si foible, depuis *la Peste noire*, qu'elle l'est de nos jours, & leur nombre a constamment & rapidement décrû, depuis quarante ans que la petite vérole a étendu ses ravages dans la Zone froide : leur commerce avec les Européans leur a porté un coup mortel, comme si c'étoit la destinée de tous les peuples sauvages de s'éteindre, dès que des nations policées viennent se mêler & s'établir parmi eux.

On a déjà dit qu'en 1730 l'on comptoit, sur toute la côte occidentale du Grœnland, trente-mille Indigenes: en 1746 il n'en restoit plus que dix-neuf-mille; & à peine en compte-t-on encore maintenant sept-mille. Les Eskimaux, qui ont eu moins de communication avec nous, & qui se sont moins ressentis de la petite vérole, ont maintenu leur nombre à peu-près dans l'ancienne proportion, qui est de huit-cents personnes, ou de deux-cents familles, sur une lisiere de côtes de cinquante lieues de France: car dans la profondeur des terres, on ne voit aucune habitation humaine. La pêche étant presque l'unique ressource de ces barbares, la disette détruiroit bientôt ceux d'entr'eux qui prétendroient s'habituer & se cabaner fort avant dans le continent, où ils errent seulement pendant quelques mois. Au temps que les harengs émigrent du Pole, & que tous les monstrueux poissons du Nord se mettent en mouvement, ils les suivent en canots, & en font de grosses provisions, qu'ils amenent au rivage où ils ont envie d'hiverner; car ils changent presque tous les ans de demeure, & sont toujours chez eux: ils voyagent en pêchant & en chassant, & rien ne leur coute moins que de construire une misérable hutte par tout où la mauvaise saison les surprend. Leur terre n'est à personne; le gibier & le poisson sont à tous: ils ignorent ce que c'est que la propriété, & la servitude qui en émane; & cet avantage vaut bien les melons, les pistaches, les sorbets & les pilaux dont se nourrit l'esclave le plus titré de la Perse & de la Turquie.

SECTION II.
Des Patagons.

Les Savans de l'Europe se sont longtemps amusés avec les géants de l'Amérique: ils ont parlé hardiment de la construction de leurs cerveaux, de la grosseur de leurs doigts, de la proportion de leurs pieds; & personne d'entr'eux n'a jamais été certain de l'existence de leurs corps.

Si pour faire connoître les Patagons, il a fallu rassembler les rapports & les dépositions de tous les voyageurs qui ont abordé à leurs côtes; on a eu la précaution de raccourcir, autant qu'il a été possible, ce tissu d'éternelles contradictions qui ont fait lutter la fable contre la vérité pendant deux siécles & demi. Si l'on avoit voulu se charger de discuter les moindres particularités, le loisir eût manqué, quand le courage eût suffi. D'ailleurs rien ne décele plus, à mon avis, la stérilité d'un sujet que l'abondance des détails: aussi la prolixité & la diffusion sont-elles les communs défauts de toutes les relations de voyages: les vigoureux compilateurs qui les ont réunies en un corps, ont aigri le mal, & ont multiplié les volumes sans avoir écrit un livre. Pour y démêler un fait intéressant, confondu & comme submergé dans des circonftances infiniment petites, on doit revoir mille pages vuides ou faftidieufes, qui impatientent & défefperent: on eft dans le cas d'un Botanifte qui pour trouver une plante dont il veut connoître les caracteres, eft quelque-fois contraint de parcourir des forêts, des landes, des rochers, des précipices, & d'herborifer dans toute une province avant que d'être fatisfait.

La méthode des abrégés a également fes inconvéniens: en écartant les détails intermédiaires, en dépouillant les faits de leurs acceffoires, elle refferre l'auteur dans un cercle fi étroit qu'il y eft comme en captivité; fa narration en devient aride, & cette aridité eft un vice effentiel, qu'on ne peut racheter que par l'intérêt qu'on fuppofe que le lecteur prend aux matieres, qu'on traite fommairement pour ménager fon temps: fi entre ces deux écueils il y avoit une route, il ne faudroit pas balancer à la fuivre.

La patrie des Patagons eft proprement cette plage qui s'étend depuis la riviere des Sardines jufqu'à la bouque orientale du détroit de Magellan, & qu'on nomme dans les cartes *la côte déferte des Patagons*; parceque c'eft un pays défolé & prefqu'inhabitable, où les Européans n'ont aucun établiffement, & où ils n'en auront vraifemblablement jamais. Le fol y eft nud, pâle, mélé de fable, de gravier, de nitre, de talc, & de coquillages foffiles: toutes ces matieres hétérogenes, confufément entaffées par les vagues de la mer, ne forment que des collines en pic, dont des dépouilles marines tapiffent le fommet, & des vallées irrégulieres où aucun arbre ne végete: on n'y voit que des buiſſons rampants, quelques touffes d'herbes effilées, & peu de plantes alimentaires: l'eau douce y manque preſqu'entiérement, au moins n'y a-t-on découvert que très peu de bonnes ſources; celle qu'on puiſe dans les fondrieres, eſt ſaumâche & imprégnée de ſalpêtre qui s'attache au penchant des Dunes ſous la forme du verglas, & que les pluies délayent & entraînent dans les bas-fonds.

Ce pays, quoique ſitué au centre de la Zone tempérée auſtrale, éprouve de longs hivers: la terre y eſt cachée alors ſous des tas de neige, & le ciel voilé par des nuages noirs & affreux: les vents y dominent avec tant de véhémence qu'il n'y a point de parage dans l'Océan plus redouté des navigateurs.

C'eſt ſur ce rivage enchanté que les premiers Eſpagnols crurent voir une race d'hommes giganteſque: d'autres voyageurs, qui n'ont pu rencontrer ces énormes mortels à la côte déſerte, aſſurent qu'ils habitent ſur les bords intérieurs du détroit de Magellan, où la nature du terrein eſt, à la vérité, plus féconde, le gibier plus multiplié, & le regne végétal plus riche: une troiſieme opinion place les prétendus géants à la côte occidentale du nouveau Monde, depuis l'isle de Chiloë juſqu'au Cap Victoire: une quatrieme opinion les relegue dans la terre Del Fuego, qu'on devroit plutôt nommer un amas de différents bancs de ſable, voituré par les flots contre la pointe de quelques volcans que les mouvements inteſtins du globe y ont allumés.

Il est très-probable que les Sauvages de ces contrées ne constituent plus une nation originelle ou indigène; mais qu'ils se sont confondus avec d'autres peuplades de La Plata & du Chili, qui pour se soustraire à l'insupportable joug des Espagnols, auront cherché un réfuge dans les solitudes qui bornent l'Amérique au Sud. Ces mélanges & ces émigrations ont commencé vraisemblablement vers la fin du dix-septieme siécle; car Mrs Wood & Narborough, qui décrivirent les terres Magellaniques avec toute l'exactitude possible en 1670, n'y apperçurent encore qu'une seule & même espèce d'hommes, exactement semblables par les linéamens de la physionomie & les mœurs farouches.

Leur taille égale celle des Européans; & je ne sais pourquoi un Géographe s'est tant étonné de ce que les Patagons n'étoient ni aussi petits, ni aussi rabougris que les habitants des terres Polaires Arctiques: c'est qu'ils n'essuient point un degré de froid comparable à celui qui concentre l'organisation des Eskimaux & des Grœnlandois. Du reste, ils n'ont ni barbe ni poil sur tout le corps: leur chevelure, d'ailleurs très-noire, est beaucoup plus rude sur le front qu'à l'occiput, qu'ils ont tous aplati; cette difformité vient de la structure grossiere de leurs berceaux, que la mere, toujours en voyage ou en course, emporte sur ses épaules; ce qui fait beaucoup souffrir la tête de l'enfant cahoté sur une mauvaise planche.

Ces Sauvages ont la poitrine large, les doigts courts, les oreilles petites, les dents bien serrées: en parlant ils gloussent & râlent du gosier; la voix des femmes eſt plus douce ou moins rauque; elles ont auſſi plus de corporance, le viſage plus plein, & la taille plus petite. Les uns & les autres ſe peignent la face avec de la ſanguine ou de l'ocre détrempée dans de la terre glaiſe, & s'appliquent ſur tous les membres une couche de graiſſe & de couleur; mais les navigateurs qui ont communiqué avec eux, leur ont reconnu un goût décidé pour le rouge, goût d'autant plus ſingulier qu'on le retrouve chez les Iroquois, les Lappons, les Samoyédes, les Tunguſes, & les Tartares indépendants.

Ce qui prouve que le climat de la Magellanique n'eſt ni ſi âpre, ni ſi rigoureux que celui de la terre de Labrador, c'eſt que les Eskimaux ſe tiennent, pendant toute l'année, enveloppés depuis les pieds juſqu'à la tête dans des fourrures: les Patagons, au contraire, n'ont que des manteaux qui leur recouvrent les épaules, & des chauſſons de dépouilles de vigognes & de peaux de loutres fauſilées. Quand ils ſont en action, ils ſe mettent tout nuds, ſans qu'ils paroiſſent trembler de froid.

La miſere de leur vie ambulante par des pays ſtériles effraye l'imagination: ils ont très-ſouvent à combattre, comme tous les peuples chaſſeurs, contre la faim & la diſette. Quand le gibier leur manque, ils pêchent, avec des filets de boyaux, des moules, des ourſins, des crabes, des buccins, des huitres, & vivent de coquillages.

Ils ne connoiſſoient anciennement d'autres animaux domeſtiques que les chiens muets qui exiſtoient dans toute l'étendue de l'Amérique, au temps de la découverte: aujourd'hui ils ſe ſervent auſſi de chevaux que les Chiliens, réfugiés parmi eux, leur ont sans doute appris à dompter. Ces chevaux sont de race Européane: transplantés au nouveau Monde, & lâchés dans les forêts du côté de Buénos-Ayrès, ils ont éprouvé, comme la plupart de nos quadrupedes, une dégénération sensible, sont devenus moins puissants, plus petits, & très peu propres à porter des géants, qui ne bougeroient jamais de leur place, s'ils vouloient se faire transporter sur de pareilles montures; quoi qu'en dise le Commodor Biron, qui paroît avoir oublié qu'il écrivoit dans le dix-huitieme siécle.

Le caractere moral des Patagons n'a rien qui les distingue du reste des Indiens occidentaux. Malgré leur foiblesse & leur lâcheté, ils s'irritent, ainsi que les animaux, contre quiconque les offense; & se laissent captiver par les caresses & les procédés généreux: on les a trouvés féroces ou traitables, suivant qu'on a bien ou mal agi à leur égard. La cruauté des premiers Espagnols est la grande époque dont ils ne perdront la mémoire en aucun âge: quand ils se sont vus en nombre contre quelques Européans égarés qui leur paroissoient être Espagnols, ils les ont assaillis à coups de traits: quand leur faim a été dévorante, ils n'ont pas fait difficulté de les manger. Ceux qui viennent de mille lieues loin pour envahir leur terre natale & la liberté qu'ils tiennent du ciel, ne sont, disent-ils, ni leurs freres, ni leurs semblables, & voilà pourquoi ils les mangent, selon le droit des gens adopté parmi eux.

Leurs mœurs & leur condition s'adoucissent à mesure que l'on avance vers le 47ieme degré, en tirant fur Buénos-Ayrès: là ils compofent des hordes plus nombreufes où l'on croit entrevoir quelque apparence de fubordination. En 1741, le *Pacha-Choni*, ou le chef d'une de ces troupes, demanda aux officiers Anglais du *Wager*, s'il étoit vrai qu'il y avoit en Europe des nations entieres de géants, comme quelques prifonniers Efpagnols le lui avoient apparemment fait accroire. (*) Les Anglais confirmerent ce Cacique dans fon erreur, en lui affurant que nos climats favorifoient beaucoup la propagation des plus monftrueux géants qu'on eût jamais vus fous le foleil. N'eft-il pas furprenant que les Patagons fe trompent à l'égard des Européans, comme ceux-ci fe font trompés à l'égard des Patagons, à qui l'on a donné une taille élevée de dix pieds, mefure d'Efpagne, qui n'a pas toujours été la mefure du bon fens?

Si ces barbares avoient une religion, elle feroit affurément abfurde; mais jufqu'à préfent on n'a remarqué parmi eux aucun veftige de culte. Les cris & les hurlemens qu'ils jettent à la pleine lune, ne font pas des actes religieux, puifque Mr l'Abbé de la Caille a affifté à de femblables cérémonies chez les Hottentots, qu'il affure être dépourvus de toute idée fur l'exiftence d'un Etre fuprême. Je crois bien que des Sauvages qui n'ont d'autre moyen pour calculer le temps, que l'obfervation des phafes de la lune, peuvent infenfiblement s'accoutumer à faire quelques fignaux au renouvellement de l'illumination, pour s'avertir les uns les autres de la faifon propre à chaffer, ou à pêcher de

---

(*) *Voyage à la mer du Sud, fait par quelques officiers, commandants le vaiffean le Wager.* p. 127, in 4to. Lyon 1756.

certains animaux de paſſage, ſans avoir la moindre envie de faire des oraiſons. Ceux-ci d'ailleurs ſont trop pauvres pour avoir des prêtres: on ne gagneroit ni à les tromper, ni à les inſtruire. Auſſi n'ont-ils jamais été viſités par ces avanturiers qu'on nomme des Miſſionnaires, & qui préfèrent, comme tout le monde ſait, les perles de la Californie, & l'or du Paraguai, aux ſables Magellaniques, & au ſalut de leurs miſérables habitants. Quelques Auteurs diſent qu'ils craignent ſi fort les ſpectres qu'ils n'oſent marcher ſeuls dans les ténèbres, & qu'à force d'avoir toujours peur des fantomes, ils ſont parvenus à en voir par-tout où leur imagination frappée les accompagne: les vapeurs & les feux-follets qui s'échappent de leur terre compoſée de ſubſtances ſulfureuſes, ſalines, métalliques, ont peut-être donné lieu à ces fréquentes apparitions qui les font évanouir: ils ne ſont pas les ſeuls, d'entre les Américains, où l'on ait obſervé cette terreur panique: les eſprits nocturnes étoient un véritable fléau pour la plupart des ſauvages du nouveau Monde; parceque l'homme eſt peureux à proportion qu'il eſt ignorant & abruti: les Météores, les Eclipſes, les Cometes le conſternent, & les exhalaiſons lumineuſes qui paroiſſent pendant la nuit, ſont pour lui de redoutables farfadets.

Après cet expoſé, qui ſuffit pour donner une notion des peuples Magellaniques, examinons, ſelon l'ordre des temps, les témoignages des Voyageurs qui ont nié ou affirmé l'exiſtence des géants Américains.

Le premier équipage qui répandit ce faux bruit en Europe, fut celui du vaiſſeau *la Victoire*, arrivé au

SUR LES AMERICAINS. 289

détroit de Magellan ou de Magalians en 1519. L'Italien Pigafetta, qui, sans fonction & sans caractere, avoit fait la course sur ce navire, donna à son retour les plus grands détails sur les prétendus Titans de ces contrées : il dit que son Général les nomma *Patagons*, parcequ'ayant chaussé des peaux de bêtes en forme de bas & de pantoufles, leurs pieds ressembloient à des pattes d'animaux : il dit que ce fut principalement au *Port St Julien* qu'on vit ces hommes extraordinaires, exhaussés de huit pieds. Une conspiration tramée contre Magellan ne lui permit pas, dans cet instant, de se saisir de quelques Patagons, comme il en avoit envie; mais après avoir fait pendre l'Evêque de Burga, (*) auteur du trouble, après avoir fait décapiter l'Aumonier du vaisseau, & écarteler Gaspar Quesado, il calma l'équipage mutiné & ordonna à ses soldats d'aller prendre quelques géants du pays: on en amena deux enchaînés à bord, dont le premier mourut au bout de quelques jours, parcequ'il s'obstina à ne vouloir prendre aucune nourriture: le second vécut jusqu'à son arrivée à la mer du Sud, où le scorbut le tua. Les Espagnols, qui n'avoient eu aucun droit d'enlever & de martyriser ce malheureux, n'oublierent pas de le baptiser par un zele de religion très-remarquable parmi des gens qui avoient pendu un Evêque, & massacré leur Confesseur.

(*) Cet Evêque de Burga, pendu en Amérique, s'étoit embarqué sur le vaisseau de Magellan pour avoir part au butin qu'on alloit faire dans les Isles Philippines. Arrivé au port St Julien, il fit soulever l'équipage contre Magellan, dans la vue de favoriser un de ses parents, qu'il vouloit faire Chef d'Escadre, comme il avoit fait des prêtres dans son Diocese: il fut très-justement châtié.

Tom. I.   T

Tel est à peu-près en substance le rapport de Pigafetta; car ce qu'il ajoute des démons qui assistent régulierement à la mort des Patagons, pour ravir leur ame; ce qu'il dit de leur prodigieux gosier, où ils s'enfoncent une flêche de la longueur d'une demi-coudée, & d'où ils vomissent une bile verte, mêlée de sang, est trop puérilement imaginé pour que l'on soumette de pareils détails à l'examen d'un lecteur raisonnable. Pourquoi le vaisseau *la Victoire* n'apporta-t-il en Espagne aucune dépouille de ces deux sauvages monstrueux expirés à son bord? Pourquoi ne ramena-t-il point leurs os, leur crâne, enfin tout un squelette? Il ne faut pas croire qu'il en fut empêché par la superstition des matelots Espagnols, qui refusent, dit-on, de manœuvrer sur les bâtiments où il y a des cadavres humains; puisque l'on sait que le corps de Christophe Colomb fut après sa mort embarqué à Cadix, & conduit à St. Domingue sur un navire servi par des mariniers Espagnols.

Si l'on lit en entier la relation de ce Pigafetta dont il est ici question, on se convaincra que l'on ne sauroit être ni plus crédule, ni moins éclairé que l'a été cet Ultramontain; & que ce seroit faire tort à ses propres lumieres que d'accorder la moindre confiance à des fables si grossieres.

Quiros, qui navigea aux terres Magellaniques en 1524, par ordre & aux frais de Carjaval Evêque de Plaisance, n'y vit point de géants; mais en revanche il essuia des tempêtes, des malheurs horribles, & amena, dans les caisses de son navire, les premiers rats qu'on eût vus au Pérou, où ces animaux, qui semblent suivre l'homme, firent dans la suite d'incroyables ravages; & ce fut l'unique fruit que Carjaval retira de sa couteuse entreprise.

Depuis l'an 1525 jusqu'en 1540, les Espagnols firent sous la conduite de Garcie de Loaise, de Camargo, & d'Alcazova, trois voyages fameux aux côtes des Patagons, & n'y trouverent point cette race colossale décrite par Pigafetta. Un vaisseau de Camargo, contraint d'hiverner dans le détroit de Magellan, au port de Las-Zorras, laissa à l'équipage assez de loisir pour se procurer des connoissances & des éclaircissemens sur l'intérieur du pays; mais il ne put, malgré ses recherches, découvrir le moindre vestige d'un peuple extraordinaire.

Le routier original de la navigation de l'Amiral Drake, écrit en anglais, (*) nous apprend que cet intrépide marin, qui le premier de sa nation fit le tour du globe, & qui finit enfin par être mangé tout vivant par les crabes, arriva aux terres Magellaniques en 1577, & qu'il y communiqua avec les Indigenes, en qui il ne vit que des hommes d'une taille commune.

Le Capitaine Winter, qui commandoit un vaisseau de l'escadre de Drake, a publié un journal particulier de cette course, où il s'exprime en ces ter-

---

(*) *The famous voyage of Sir Francis Drake into the South-sea, and there hence about whole globe of the earth.*
Ce navigateur étant descendu dans l'isle des Crabes en Amérique, il y fut à l'instant environné par ces animaux; quoiqu'il fût armé, quoiqu'il fît une longue résistance, il dut succomber. Ces monstrueux crustacés, les plus grands qu'on connoisse dans le monde, lui couperent les jambes, les bras & la tête avec leurs serres, & rongerent son cadavre jusqu'aux os.

mes. „Le 22 de Juin 1578 nous eumes, dit-il,
„un démêlé fort vif avec les Patagons, qui tuerent un
„de nos matelots, & un de nos officiers nommé Mr
„Gunner. Ces Sauvages ne font pas de fi grande
„taille que les Efpagnols le difent ; il y a des Anglais
„plus grands que le plus haut d'entr'eux : les Efpa-
„gnols ont fans doute abufé des termes dans leurs re-
„lations, n'imaginant pas que nous viendrions fi-tôt
„ici pour les convaincre de menfonge."

Ce ne fut pas là le feul fruit que cet officier retira de fon voyage ; il rapporta encore en Europe l'é-
corce aromatique, dépouillée d'un arbre fort commun
dans l'interieur du détroit de Magellan, & que l'on a
nommé depuis le *Cannellier de Winter*, dont il paroît
qu'on n'a pas tiré parti ; c'eft une excellente épice,
qui fans avoir le feu de la cannelle de Ceylan, en pof-
fede toutes les autres qualités. (*)

Qui n'auroit cru qu'après le retour de cinq voyageurs dont aucun n'avoit retrouvé les géants de Pigafetta, cette fable ne fe feroit évanouïe d'elle-même ?
Mais, tout au-contraire, un corfaire Efpagnol nommé
Sarmiento, qui croifa en 1579 à la pointe méridionale de l'Amérique, rencontra, au rapport de fon hi-
ftorien Argenfola, des fauvages hauts de douze pieds.
Il faut remarquer qu'aucune relation n'a jamais depuis
porté la taille des Patagons à une mefure fi folle & fi
excefiive : auffi convient-on généralement qu'Argen-

(*) Quelques Botaniftes définiffent ce cannellier *Pereclymenum arborefcens, erectum, foliis laurienis, cortice acri, aromatico.* On tire de cet arbre l'écorce *fans pareille* & la *gomme alouchi*, mais on en fait peu d'ufage.

SUR LES AMERICAINS. 293

fola étoit un écrivain romanefque, & l'héroïque Sarmiento un vifionnaire qui crut voir, dans les dunes & les fables de la terre Del-Fuego, des châteaux, des palais, & des édifices d'ordre Corinthien, & qui finit par faire le ridicule établiffement de Philippeville.

Il perfuada au Roi d'Efpagne de bâtir, entre les rochers du détroit Magellanique, une ville & une citadelle, fous prétexte que les batteries des remparts interdiroient aux vaiffeaux ennemis le paffage à la mer du Sud : ce projet contenoit plus d'une abfurdité palpable, & on peut en inférer que Sarmiento doit avoir été l'homme de fon temps le plus ignorant en Géographie; puifqu'il ne comprenoit pas qu'on pouvoit venir dans la mer pacifique par deux chemins différents, fans embouquer le canal de Magellan, où aucun vaiffeau ne paffe plus de nos jours. Cependant Philippe II ne dépenfa pas moins de quatre millions de piaftres pour fonder cette ville, dont le deftin fut déplorable; elle ne fubfifta que trois ans, & éprouva dans ce court efpace tous les défaftres qui peuvent fe réunir en un fiécle. La flotte deftinée à fa fondation partit d'Efpagne avec quatre-mille hommes d'embarquement : une tempête en noya trois-mille : les Anglais en enleverent cinq-cents : le refte découragé arriva à fa deftination fans vivres, & eut à peine affez de forces pour jetter les fondemens de cette malheureufe bourgade : les graines d'Europe qu'on fema dans une faifon contraire, dans une terre fauvage, ne germerent point : la famine augmenta : les Efpagnols fans reffource voulurent fe difperfer dans le pays pour y vivre de chaffe; mais les Patagons, qu'ils avoient indignement traités à leur arrivée, saisirent cette occasion pour se venger; ils défirent les colons faméliques en détail, & mangerent les moins malades & les moins maigres. Sarmiento, en allant implorer du secours pour son établissement, fut fait prisonnier par le célebre Raleig, qui avoit fait de son côté la recherche de l'*El-Dorado*, & qu'on décapita ensuite à Londres, pour avoir le premier appris aux Anglais à fumer du tabac; au moins les juges alléguerent-ils ce prétexte, pour immoler un grand homme qu'ils avoient le malheur de haïr: s'il est vrai que l'Angleterre gagne aujourd'hui 20 millions par an sur cette plante Américaine, il est surprenant que Raleig n'ait pas encore une statue.

Le Chevalier Pretty, qui accompagna en 1586 Thomas Candish dans sa navigation aux terres des Patagons, en a donné une relation très bien écrite; il y dit que l'on ne vit rien, dans ce pays de désolation, qui ressemblât le moins du monde à un géant; mais il assure que les Sauvages de cette côte lui avoient paru féroces, brutaux; & on les soupçonne, ajoute-t-il, d'avoir mangé plusieurs Espagnols, délaissés à Philippeville par l'inconsidéré Sarmiento.

En 1592, l'infatigable Candish retourna une seconde fois au détroit de Magellan: cette expédition a été décrite par deux Auteurs différents; par Jane secrétaire du Contre-amiral, qui ne parle point de géants; & par Knivet, qui prétend avoir rencontré, au *Port désiré*, des Patagons dont la taille équivaloit à 16 palmes; il mesura deux cadavres nouvellement enterrés sur le rivage, & les trouva de 14 empans de

SUR LES AMERICAINS. 295

long : il observa un autre Patagon, pris au *Port St Julien*, qui lui parut élevé de 13 palmes. Quant aux Sauvages des deux bords du Détroit Magellanique, ils sont, dit-il, si vilains, si chétifs, si petits qu'ils n'ont pas cinq empans de taille.

Knivet, après avoir placé des pygmées sans proportion à côté d'une nation colossale, abandonna le service de la Grande-Bretagne, & entra dans celui du Portugal, où il craignit trop les *Auto da fé* pour ne pas favoriser l'opinion adoptée sur l'existence des géants. Le ton emphatique, une passion décidée pour le merveilleux, & les contradictions les moins ménagées caractérisent tellement la relation de ce transfuge qu'il est impossible qu'elle puisse faire impression, même sur des lecteurs crédules.

Un gentilhomme Anglais du Comté de Devon nommé Chidley, entreprit en 1590, à ses propres frais, l'équipement de trois navires, avec lesquels il cingla vers l'extrémité australe de l'Amérique. Un seul de ses bâtiments territ aux côtes Magellaniques, où il ne trouva que des barbares d'une taille ordinaire, qui ayant pris Chidley pour un pirate Espagnol, s'attrouperent sur le rivage, & assommerent sept de ses gens qui vouloient débarquer. Le reste de l'équipage, effrayé par les inclinations féroces des habitants de cette plage, & par le mauvais temps qu'on y essuya, retourna en Europe sur un navire dégarni de vivres, rempli de malades, & qui alla s'entrouvrir contre un rocher sur les parages de la Bretagne.

Richard Hawkins, qui fit route pour le détroit de Magellan en 1593, a composé lui-même un relation confuſe & traînante de ſes avantures & de ſes malheurs: il dit qu'étant arrivé au *Port St Julien*, il s'y préſenta un nombre d'Américains de ſi grande taille, que pluſieurs voyageurs les ont qualifiés de géants; façon de parler extrêmement vague, puisqu'il n'eſt pas ſi difficile de décider ſi un homme a cinq pieds de haut, ou s'il en a dix, lorsqu'on eſt à portée de le meſurer. Pour prouver au reſte quel fond on peut faire ſur le témoignage de Hawkins, il ſuffit d'ajouter qu'il s'étoit entêté d'un ſyſtême fort ſingulier: il ſoutenoit qu'une colonie Angloiſe avoit, au douzieme ſiécle, peuplé tout le continent de l'Amérique, & que c'étoit à elle qu'on devoit l'obligation d'y retrouver des géants, puisqu'ils deſcendoient en droite ligne d'*Owen-Guineth* Prince de North-Galles, dont les enfants s'embarquerent un jour, ſans qu'on ait jamais pû avoir de leurs nouvelles: donc, conclut Hawkins, ces enfants allerent en Amérique. Quelques ſavants de la Grande-Bretagne n'ont pas manqué d'accueillir cette fable, & de l'appuyer dans des *Diſſertations Philologiques*, où ils démontrent que la langue Cimraëque du pays de Galles, qui eſt un dialecte du Celtique, entre pour beaucoup dans la compoſition des langages Américains.

Les marins Hollandais, Simon de Cordes & Sebald de Wert, firent en 1598 le voyage de la Magellanique: un Allemand, qui ſe trouva ſur l'eſcadre je ne ſais comment, en publia un journal très-mal raiſonné; il raconte que le Vice-Amiral fit à la *Baye-Verte* rencontre de quelques canots navigés par des Sauvages de dix à onze pieds de haut: on en tua ſur le champ quelques-uns à coups de mousquets ; & les autres gagnerent le rivage, où ils arracherent de gros arbres pour en faire un retranchement, derriere lequel ils se cacherent, & où l'Auteur auroit dû se cacher aussi de honte d'avoir écrit des fables si insipides. Cependant de Wert emmena en Hollande une petite fille Patagonne, qui a vécu quelques années à Amsterdam : la mere à qui on arracha cette enfant, étoit de petite taille, & l'enfant lui-même n'a jamais atteint quatre pieds & demi, après avoir achevé sa croissance. Ainsi les faits déposent contre le récit du Germain Jantzsoon.

Trois semaines après le départ de Sebald de Wert pour l'Amérique Australe, les Provinces Unies y envoyerent une seconde flotte, aux ordres du fameux Olivier du Nort, le Magellan de la Hollande.

La relation de ce voyage a été écrite par un anonyme, peut-être bon pilote, mais mauvais Logicien : il assure que quelques gens de l'équipage apperçurent au *Port Désiré* des Patagons de grande stature, qui tuerent trois matelots débarqués : les Hollandais, revenus de la frayeur que cette brusque réception leur avoit inspirée, poursuivirent leurs ennemis à l'isle Nassau ; & pour trois de leurs matelots ils tuerent vingt-trois Patagons, dont les cadavres, lorsqu'on les examina, n'avoient rien de gigantesque, & n'excédoient pas la taille ordinaire de l'homme. En pénétrant plus avant dans la caverne où ces sauvages avoient voulu se réfugier, on y découvrit six enfants, deux filles & quatre garçons, qu'on mena à bord, où l'on jugea, par la proportion de leurs membres, qu'ils n'atteindroient jamais à la hauteur de cinq pieds. Un de ces enfants, dit le relateur, ayant appris la langue Hollandaise en trois jours, se mit à faire des contes à l'équipage pour le désennuyer: il rapporta, entr'autres choses, que dans un pays nommé *Coin* il existoit une engeance de géants nommés *Tiremenen*, hauts d'onze pieds. Ceux qui étudieront la Géographie dans le Judicieux Dictionnaire de la Martiniere, y verront que rien n'est plus réel que ce pays de *Coin* & ces géants *Tiremenen*; mais ceux qui réfléchiront, s'appercevront combien il est ridicule de supposer qu'un enfant sauvage puisse dans un instant apprendre le Hollandais, & être à la fois un excellent Géographe, sur l'autorité duquel on atteste des faits qui contredisent la nature autant qu'elle nous est connue.

Spilberg partit pour les terres Magellaniques en 1614: Corneille de Maye, qui a rédigé le routier de cette navigation, crut distinguer de loin sur les collines de la terre Del Fuego un seul homme colossal, occupé à sauter d'une hauteur à l'autre avec une adresse inimitable. Le navire ayant ensuite touché à l'isle *Pinguin*, on y découvrit deux sépultures, qu'on fouilla avidement dans l'espérance d'en tirer les ossements d'un géant; mais les Hollandais ne furent pas médiocrement surpris de n'y voir que le corps d'un Patagon de la taille ordinaire d'un Européan, emmaillotté dans des peaux de Pinguins: l'étonnement augmenta, lorsqu'on sortit le second squelette, qui n'avoit que deux pieds & demi de long. On peut donc accuser Corneille de Maye d'avoir eu une illusion optique, en

SUR LES AMERICAINS.

regardant les collines de la terre Del-Fuego: il aura pris la pointe d'un rocher, ou le tronc d'un arbre, pour un homme, faute de s'être muni de bonnes lunettes.

Les Argonautes le Maire & Schouten, dont les noms ne font pas fi fonores que ceux de Hylas & de Jafon, découvrirent, en 1615, un nouveau paffage pour entrer dans la mer du Sud, & doublerent l'affreux Cap Hoorn au 56ieme d***** latitude méridionale. Le commis de leur vaiffeau, qui publia le journal de cette courfe mémorable, nous apprend que l'équipage n'eut pas le bonheur de voir un feul géant fur les côtes Magellaniques; mais qu'en creufant vis-a-vis l'isle du Roi on déterra quelques offements qui firent conjecturer que les habitants devoient avoir au moins onze pieds de haut.

Après la publication de ce journal, le vieux le Maire & Schouten eurent occafion de fe brouiller, & s'accuferent mutuellement d'avoir fait inférer, dans la relation de leur commis Aris, des faits abfolument controuvés: s'ils ne dirent rien de ces prétendus offements exhumés par le travers de l'isle du Roi, c'eft qu'ils eurent des menfonges fi importants à fe reprocher, qu'ils oublierent celui-là comme une minutie.

Il y a des hommes à qui il eft plus facile de voyager au bout du monde que de dire la vérité; & avec les meilleures intentions il eft difficile d'écrire un bon voyage.

Garcie de Nodal, envoyé par la cour d'Efpagne en 1618, avec deux caravelles, pour apprendre la route du nouveau détroit trouvé par le Maire deux ans auparavant, fit inutilement la recherche d'un peuple prodigieux fur les plages Magellaniques; mais le pilote de fon fecond navire rapporta qu'il avoit communiqué avec des Sauvages d'une taille immenfe, fans nommer la côte où il les avoit rencontrés; omiffion qui peut donner une idée de la négligence avec laquelle on a compofé le journal de cette flottille Efpagnole.

L'Amiral Hollandois Jacques l'Hermite, qui partit en 1623 de Rotterdam avec une efcadre d'onze vaiffeaux, deftinée à faire la conquête du Pérou, donna ordre au Capitaine Decker de compofer l'hiftoire de cette expédition, dont cet officier s'acquitta avec beaucoup d'intelligence: on trouve dans fon ouvrage de très-grands détails fur les habitants de l'extrémité de l'Amérique, qui font, dit-il, d'une complexion affez vigoureufe, & d'une taille qui égale celle des Européans.

Jamais les côtes des Patagons n'ont été décrites plus exactement que par Mrs Wood & Narborough: ces Anglais ont examiné ce pays plutôt en philofophes & en Naturaliftes qu'en navigateurs curieux, & ont poffédé à la fois l'art difficile de faire des obfervations intéreffantes, & le talent, plus difficile encore, de peindre naïvement les objets qu'ils avoient obfervés. Partis par ordre de la cour de Londres en 1670, ils employerent beaucoup de foin à reconnoître la pointe méridionale du nouveau continent, où ils entrerent en liaifon avec les indigenes, qu'ils nous repréfentent tels qu'on les a vus décrits dans l'introduction de ce chapitre.

Les Français, qui ont de tout temps laissé faire aux autres nations les frais des grandes découvertes, attendirent la fin du dix-septieme siécle pour naviger aux Terres Magellaniques. Mrs de Gennes & Beauchene-Gouin entrerent successivement au détroit de Magellan en 1696 & en 1699 : les deux historiens de leurs escadres s'accordent sur la posture des Patagons.

„ Ce sont, disent-ils, des Sauvages de taille or-
„ dinaire, qui se peignent le visage de rouge & se bar-
„ bouillent tout le corps. Quelque froid qu'il fasse,
„ ils sont toujours nuds à l'exception des épaules, qu'ils
„ couvrent de manteaux fourrés : ils vivent sans reli-
„ gion, sans aucun souci, sans demeure assurée ; leurs
„ cases consistent seulement en un demi-cercle de bran-
„ chages, qu'ils plantent & entrelacent pour se mettre
„ à l'abri du vent. Ce sont là ces Patagons que quel-
„ ques auteurs nous disent avoir dix pieds de haut, &
„ dont ils font tant d'exagérations, jusqu'à leur faire
„ avaler des seaux de vin. Ils nous parurent fort
„ sobres, & le plus haut d'entr'eux n'avoit pas six
„ pieds."

Pour donner le moins d'étendue possible à cet article, on a supprimé le rapport des voyageurs qui ont côtoyé le rivage des Patagons sans y relâcher. Tel est, par exemple, le Capitaine Roggers, qui para le Cap Hoorn en 1709, & délivra de l'isle de Juan Fernandez un solitaire dont les avantures méritent sans doute que l'on en dise un mot. C'étoit un Ecossois, nommé Alexandre Selkirk, né à Largo dans la province de Fife, qui avoit vécu seul, pendant quatre ans quatre mois, dans l'isle inhabitée de Fernandez, où le barbare Capitaine Stradling l'avoit délaiſſé avec ſes habits, ſon lit, un fuſil, une livre de poudre, des balles, du tabac, une hache, un couteau, un chaudron, une Bible, quelques volumes qui traitoient de matieres de religion, ſes inſtruments & ſes livres de marine. Durant les huit premiers mois la mélancolie accabla ce malheureux au point qu'il médita de ſe détruire : il eut beaucoup de peine à ſoutenir ſon ame abattue contre l'horreur d'une ſi épouvantable ſolitude. Quand ſa proviſion de poudre fut conſommée, il s'exerça à la courſe pour prendre des chevres, & s'étoit rendu ſi agile qu'il couroit par les rochers avec une viteſſe incroyable.

 La ſollicitude & le ſoin de ſa ſubſiſtance avoient tellement occupé ſon eſprit que toutes ſes idées morales s'étoient effacées : auſſi ſauvage que les animaux & peut-être davantage, il avoit preſqu'entiérement oublié le ſecret d'articuler des ſons intelligibles : & ſon libérateur Roggers obſerva avec étonnement qu'il ne prononçoit plus que les dernieres ſyllabes des mots; d'où l'on peut inférer que s'il n'eût eu des livres, ou ſi ſon exil eût duré encore deux ou trois ans, il ſeroit parvenu au point de ne plus parler du tout. L'homme n'eſt donc rien par lui-même; il doit ce qu'il eſt à la ſociété : le plus grand Métaphyſicien, le plus grand philoſophe, abandonné pendant dix ans dans l'iſle de Fernandez, en reviendroit abruti, muet, imbécille, & ne connoîtroit rien dans la nature entiere. On peut aſſurer qu'il eſſuyeroit exactement les mêmes changemens qu'avoit éprouvé Selkirk, qui fut infortuné dans ſon déſert auſſi longtemps qu'il conſerva la faculté de faire des réflexions; mais lorsque distrait par les besoins physiques, il cessa de réfléchir sur son état, le poids de l'existence l'accabla beaucoup moins. L'histoire réelle de ce solitaire a fourni le sujet du Roman de Robinson Crusoë, composé par Daniel de Foë, qui auroit pu tirer d'un fonds si riche une production plus achevée.

Mr Frésier, originaire de Savoie, & Directeur des fortifications de la Bretagne, s'embarqua pour le Chili en 1711, sur un vaisseau commandé par Duchene-Battas: cinq ans après son retour en France il publia la relation de ce voyage. Il est le premier qui ait changé & transporté la patrie des Patagons, pour des raisons que j'ignore, de la côte orientale de l'Amérique à la côte d'Occident: il veut qu'ils habitent dans les terres entre l'isle de Chiloé & l'embouchure du détroit, où il ne vit, à la vérité, aucune trace de géants; mais un Gouverneur Espagnol & deux matelots Français lui dirent qu'on en trouvoit un grand nombre, qu'on avoit souvent eu à faire avec eux, & qu'ils étoient élevés de neuf pieds. Il est surprenant que Mr Frésier se soit laissé persuader par de tels témoins, qui ont voulu ou se jouer de sa crédulité, ou qui avoient été dupes de la leur. Il auroit dû savoir que s'il y avoit des peuples monstrueux au Sud de l'Amérique, leur existence auroit été démontrée depuis longtemps par les individus qu'on auroit saisis vifs ou morts, rien n'étant plus aisé que d'envoyer en Europe des squelettes de géants d'un pays qui en seroit rempli, & où des navigateurs débarquent presque tous les ans avec des armes à feu, dans la ferme résolution d'égorger pour l'avancement de la Physique le premier Patagon colossal qui viendroit à la portée du fusil ou du canon.

Ce n'est qu'à la vue même de plusieurs squelettes conservés & entiers qu'on doit se décider, & non sur des fragments postiches, détachés de quelque grand quadrupede, avec lesquels on a tant de fois trompé le vulgaire. Les os qu'on promena par toute l'Europe en 1613, & qu'on montra pour les restes du géant Teutobochus, furent reconnus par un Naturaliste, qui prouva que c'étoient des débris d'un squelette éléphantin. Mr Hans-Sloane dit qu'un charlatan lui fit voir un jour les os de la main d'un géant: il les examina & les reconnut pour les ossements du devant de la nageoire d'une baleine. On pourroit citer mille faits de cette nature, qui doivent inspirer de la défiance à quiconque n'a jamais fait la moindre étude de l'Anatomie comparée. (*)

En 1741, le fameux chef d'Escadre George Anson relâcha aux côtes Magellaniques, tant à l'Orient qu'à l'Occident du détroit, sans y découvrir le moindre indice qui pût lui faire soupçonner que ce pays

---

(*) En 1678, on envoya de Constantinople à Vienne un grand os, qu'on disoit être une dent canine d'un prétendu géant Hog, que Moïse massacra, selon une ancienne tradition orientale qui est fausse: quand on examina cette piece avec attention, on découvrit que c'étoit le débris d'un squelette éléphantin que la main d'un sculpteur avoit tant soit peu défiguré, afin de le masquer. Le Charlatan possesseur de cette relique, qu'il disoit avoir été enlevée par des Arabes qui avoient fouillé dans les tombeaux de la Terre Sainte, en demandoit deux-mille sequins; mais l'Empereur, assez raisonnable pour ne point s'accommoder de ce prix, renvoya cet os à Constantinople, & ne voulut point des dépouilles du géant Hog.

étoit peuplé par une race monstrueuse. Son Escadre, en voulant débouquer du détroit de le Maire, fut assaillie d'une tempête horrible qui démâta le vaisseau *le Wager*, qu'un autre coup de vent fit échouer contre une isle de la côte occidentale des Patagons: les Anglais, jettés sur ce rocher inhabité, se brouillerent entr'eux; & cette division de sentiments, plus funeste que leur naufrage, les plongea dans un abyme de calamités: le plus grand nombre, sous la conduite du Lieutenant, tira vers le Brésil, & abandonna huit de ses compagnons sur un rivage inculte, où ces malheureux furent pris par les Patagons qui les retinrent pendant huit mois parmi eux: ils eurent, par conséquent, assez de loisir pour étudier les mœurs, l'instinct, & la figure de ces sauvages, qu'ils nous dépeignent de la taille ordinaire de l'homme. Quand on a eu le malheur d'habiter huit mois chez les Patagons, on a sans doute acquis le droit de décider s'ils sont ou s'ils ne sont pas des géants; & cette décision me paroît être d'une plus grande autorité que les témoignages réunis de tous les voyageurs qui n'ont fait qu'une apparition aux terres Magellaniques.

Les Turcs, qui connoissoient admirablement bien le penchant qu'avoient les Chrétiens d'alors pour tout ce qui venoit de la Palestine sous le titre de relique, envoyoient tous les ans de ces grands os, tantôt en Autriche, tantôt en France, selon qu'ils supposoient de trouver plus de dupes dans l'un ou l'autre de ces pays; mais Mr de Peyresch, fatigué de voir arriver, par la voie de Marseille, toutes ces curiosités, s'appliqua plus que les autres savants, à en examiner la structure, & il parvint enfin à démontrer que ces os avoient appartenu à des éléphants, & conseilla à ses compatriotes d'aller acheter de l'ivoire en Afrique, où les Nègres le donnoient à meilleur marché que les Turcs.

Tom. I. V

On peut juger, après cela, du crédit que mérite le journal du Commodor Byron, qui, pour se prêter aux vues du Ministere Anglais, a bien voulu se déclarer Auteur d'une Relation que le moindre matelot de son escadre n'auroit osé publier. Byron dit que son Vaisseau *le Dauphin* relâcha en 1764, le 22 de Décembre, à la Terre Del-Fuego: il dit qu'il y rencontra des hommes horriblement gros, hauts de plus de neuf pieds, montés sur des chevaux défaits, décharnés, & qui n'avoient pas treize paumes de taille. Aussitôt que ces géans, montés sur des chevaux-nains, eurent apperçu le Commodor & son escorte, ils mirent pied à terre, vinrent au-devant de lui, l'enleverent dans leurs bras énormes, & le caresserent beaucoup, en lui donnant des baisers âcres: les femmes lui firent de leur côté essuyer des politesses encore plus expressives: *elles badinerent si sérieusement avec moi*, dit-il, *que j'eus beaucoup de peine à m'en débarrasser.* (*) Elles firent aussi amitié au Lieutenant Cumins, & lui mirent la main sur l'épaule pour le flatter, ce qui le fit tellement souffrir qu'il ressentit, pendant huit jours, des douleurs aigües dans cette partie blessée par le poids de la main robuste des Sauvagesses.

Ce conte de Gargantua fut débité à Londres en 1766. Le Docteur Mety, si connu par la petite taille & son journal Britannique, se hâta extrêmement d'y ajouter foi & de divulguer cette fable dans les pays

---

(*) Cet extrait est tiré du *voyage autour du monde, dans le vaisseau du Roi le Dauphin, commandé par Mr Byron, chef d'escadre*. Traduit de l'Anglais.

Il faut observer que Mr Byron n'a pas marqué la latitude du lieu où il dit avoir vu des géants.

étrangers. Voici comme il s'exprime dans sa lettre adressée à Mr de La Lande.

„L'existence des géants est donc confirmée: on „en a vu & manié plusieurs centaines. Le terroir de „l'Amérique peut donc produire des colosses, & la „puissance génératrice n'y est point dans l'enfance."

Ce trait est, sans doute, dirigé contre Mr de Buffon, le seul Naturaliste qui ait jamais soutenu que la matiere ne s'est organisée que depuis peu au nouveau monde, & que l'organisation n'y est point encore achevée de nos jours: mais comme Mr de Buffon a déclaré ensuite, qu'il n'étendoit cette étrange hypothese qu'aux plantes & aux animaux, sans y comprendre l'homme Américain, qu'il ne croit pas originaire de l'Amérique comme le Quinquina & la Vigogne, la réflexion du Docteur Maty n'est ni heureuse ni bien adressée. D'ailleurs, en supposant pour un instant que l'Amérique possédât réellement une espèce d'hommes gigantesque, s'ensuivroit-il que la Nature n'y est plus dans l'adolescence? Si la vieille Nature ne produit, dans l'ancien continent, que des hommes ordinaires, ne devroit-on pas en conclure que les géants du nouveau monde doivent leur existence à une puissance créatrice qui est encore dans sa vigueur ou dans son enfance? Mais c'est abuser de sa raison & de ses lumieres que d'approfondir des systêmes si révoltants. Si la totalité de l'espèce humaine est indubitablement affoiblie & dégénérée au nouveau continent, que pourroit-on inférer de la découverte d'une petite horde moins débile & moins altérée que le reste, & qui est très peu nombreuse au rapport même de ceux qui en atteſtent la réalité? Au lieu de recourir à la puiſſance créatrice, que nous ne connoiſſons pas, ne vaudroit-il pas mieux de dire que cette petite horde jouit d'un climat plus pur, d'un air plus ſain, d'une terre plus bénigne, qu'elle uſe d'aliments plus ſucculents que les autres races Américaines? Mais le comble du ridicule eſt de vouloir expliquer des phénomenes inconteſtablement faux.

Depuis le voyage du Commodor Byron, on nous a communiqué deux relations différentes ſur les Patagons, une de Mr Guiot & l'autre de Mr Chenard de la Giraudais. Le premier, commandant la frégate l'*Aigle*, fit voile des isles Malouïnes en 1766, & arriva le 6 Mai de la même année au détroit de Magellan, où il vit, dit-il, des Sauvages dont le plus petit avoit cinq pieds & demi: ce n'étoient donc point des géants comparables à ceux du Commodor Byron.

Dix charpentiers Français mirent trente de ces Patagons en fuite, & en hacherent trois en pieces, qu'on enterra avec beaucoup de promptitude ſur le champ du combat. *On plaça*, ajoute Mr Guiot, *leurs peaux & leurs ſouliers ſur la foſſe, pour que les autres reconnuſſent l'endroit où ils étoient, & ne s'imaginaſſent pas qu'on les avoit mangés.*

Si les Français firent cet aſſaſſinat ſans raiſon, de ſang froid, & pour montrer leur bravoure, les Sauvages n'auroient point eu ſi grand tort de prendre ces Français pour des Anthropophages.

Mr de la Giraudais, montant la flûte du Roi l'*Etoile*, parut le 31 Mai 1766 dans le détroit Magellanique, où heureuſement il ne fit maſſacrer perfonne : s'étant acheminé à la Baye Boucaut qui est à 307 degrés de longitude & à 53 degrés de latitude Sud, il y rencontra des habitans du pays dont plusieurs avoient environ six pieds de haut. (*)

N'est-il pas surprenant que deux observateurs qui se trouvent, la même année, au même mois, dans le même lieu, varient d'un demi-pied sur la taille des Patagons ? cependant six pouces de plus ou de moins font dans cette dimension un objet de la derniere importance : un homme de cinq pieds est d'une stature peu avantageuse : un homme de quatre pieds & demi est déjà remarquable par sa petitesse ; six pouces de moins en feroient un nain.

De tant de témoignages contradictoires, de tant de rapports démentis les uns par les autres, que peut-on conclure sinon que les Patagons ne sont pas des géants ? Il peut y avoir parmi eux, comme parmi nous, quelques individus fortuitement plus grands, fortuitement plus robustes que d'autres. L'Abbé de la Caille dit avoir mesuré, au Cap de bonne Espérance, un Hottentot haut de six pieds, sept pouces, dix lignes : on ne conclura pas de ce fait, je crois, que les Caffres constituent aussi une famille colossale.

Si l'on excepte Mrs Wood & Narborough, tous les autres voyageurs qui ont visité les Terres Magellaniques, n'étoient que de simples marins, ou de simples avanturiers, à qui on ne peut, en aucun sens, accorder le titre de philosophe ou de Naturaliste : de quel poids peut donc être le témoignage de ceux d'en-

---

(*) Cette Relation est tirée du *Journal des Savants* 1767. Tome XXV. p. 33.

tr'eux qui, en atteſtant l'exiſtence des géants, ont rempli leurs relations de pluſieurs fauſſetés avérées relativement à des objets qui nous ſont aujourd'hui parfaitement connus? Les ſeuls Phyſiciens qui ayent côtoyé la pointe méridionale de l'Amérique ont été le Pere Feuillé, Handyſide, & l'Eſpagnol Ulloa, qui ne diſent pas un mot de la poſture monſtrueuſe des Patagons.

Il eſt bien vrai qu'il regnoit chez les Américains, comme chez tous les anciens peuples de la terre, une tradition ſuivant laquelle il devoit y avoir eu aux Indes Occidentales de véritables géants, qu'un Dieu foudroya, à cauſe de leur penchant à aimer des garçons, qui étoient probablement auſſi des géants; puiſque le judicieux Garcilaſſo obſerve que ces hommes énormes ayant écraſé, par leur maſſe, les femmes du Pérou en voulant s'en ſervir, ſe déterminerent entr'eux à la Sodomie comme moins périlleuſe; (*) mais Garcilaſſo & Torquemada, en prétendant débrouiller la Mythologie Péruvienne, ont expliqué l'abſurde par l'abſurde, ſelon la méthode de leur ſiécle & les bornes de leur génie.

Cette engeance, ſi célebre par ſes violences & ſes crimes, avoit, au rapport des Indiens, ſéjourné dans ce quartier du Pérou que l'on nomme *la Terre des brulés*, & en Eſpagnol *del Pueblo quemado*: les laves, les pierres ponces, le ſoufre, & les veines de bitume qu'on y rencontre, dépoſent que ce lieu a été le foyer d'un ancien volcan, éteint ou épuiſé. En 1543, Jean

---

(*) *Hiſtoire du Pérou. Livre IX Chap. 9. Traduction de Baudouin.*

de Holmos, Lieutenant de Puerto-Vejio y fit foſſoyer; & l'on y déterra des débris de ſquelettes d'une grandeur étonnante, & des crânes rompus, dont on tira des dents longues de quatre doigts & larges de trois. Mr le Gentil, qui y paſſa en 1715, y trouva encore une partie de ces oſſemens prodigieux. On en a exhumé de ſemblables au Mexique, à Teſcuco, dans les isles de Ste Hélène & de Puna; & l'on s'eſt convaincu aujourd'hui qu'on en découvre dans toute la longueur de l'Amérique depuis le Canada juſqu'aux Terres Magellaniques.

Waffer dit que de ſon temps le Duc d'Alburquerque, Gouverneur de Mexico, fit aſſembler les médecins & les profeſſeurs de la colonie Eſpagnole, afin de les conſulter ſur ces dépouilles: ils tomberent d'accord qu'elles avoient appartenu à des corps humains; mais il auroit fallu convoquer des Naturaliſtes plus habiles que ne l'étoient ces Eſpagnols, pour prouver cette opinion, que le Pere Torrubia, Franciſcain de Madrid, vient de renouveller dans ſa *Gigantologie*. (*) Cela n'empêche pas que tous les Savans ne regardent ces oſſemens comme des reſtes indubitables de pluſieurs grands animaux quadrupedes, que quelques-uns

---

(*) Ce Religieux fait mention d'une grande quantité d'oſſemens prodigieux, déterrés dans l'Amérique; & pour prouver qu'ils ont appartenu à des géants, & non à des animaux terreſtres ou marins, il fait la deſcription d'un os foſſile de la premiere grandeur, tellement configuré qu'on voyoit qu'il avoit ſervi à recevoir la tête de la cuiſſe, & que c'étoit l'*iſchium* détaché de l'*ilium* & du *pubis*; mais le Pere Torrubia a pu ſe tromper en cela, comme en tant d'autres articles de ſon *Hiſtoire naturelle d'Eſpagne*, remplie de préjugés, de crédulité, d'erreurs, & de ſuffiſance.

ont soutenu être des Mammouts qui, au calcul de Mr de Buffon, ont excédé six fois en grandeur le plus grand des éléphants; de sorte que leur machine atteignoit en longueur 133 pieds, & 105 en hauteur.

Mr de Buffon a bien voulu convenir après coup, qu'il s'étoit trop hâté en établissant, avec tant d'exactitude, les proportions d'un être fabuleux, ces Mammouts n'ayant jamais existé, sinon dans l'imagination de Muller, & de quelques Physiciens, entraînés comme lui, au malheur des sciences, par un amour aveugle du merveilleux.

Les quadrupedes qui fournissent les plus grands os, sont l'éléphant, le rhinoceros, la giraffe, l'hippopotame, le chameau, & le dromadaire. Or en Amérique il n'y a ni dromadaires, ni chameaux, ni hippopotames, ni rhinoceros, ni éléphants, ni giraffes; quelle est donc l'origine des grands os fossiles qu'on y déterre? N'est-on pas forcé de conclure qu'il y a eu anciennement dans cette partie du monde des quadrupedes de la premiere grandeur, qui n'y existoient plus au moment de la découverte de cet hémisphere par Christophe Colomb, en 1492?

Les causes qui ont détruit ces animaux, les espèces auxquelles ils ont appartenu, forment les plus grandes difficultés, & en même temps les points les plus intéressants de la physique du globe, & de l'histoire des êtres.

Les os qu'on tire de la terre en Sibérie, ont été reconnus pour des véritables débris d'éléphants, que l'Ambaſſadeur Isbrand-Ydes, (*) & ſon copiſte Gmelin ſuppoſent s'être ſauvés dans ce pays, pour ſe ſouſtraire à un déluge ſurvenu dans la Zone torride. On leur a objecté qu'il n'étoit point raiſonnable d'imaginer que ces animaux, en cherchant un aſile contre l'inondation, ſe ſeroient enfuis dans une région fort baſſe, pendant qu'ils avoient plus près d'eux les hauteurs de l'Afrique & l'immenſe élévation de la Tartarie orientale, où un déluge ne peut pas ſi facilement atteindre. Quoique cette objection ne ſoit que ſpécieuſe, & qu'elle ne porte pas la derniere atteinte au ſyſtême qu'elle combat, on n'en a pas moins rejetté ce ſyſtême pour ſe procurer le plaiſir d'en bâtir un autre, dont on ſera peut-être auſſi mécontent. Il y a des Auteurs qui prétendent que les Chinois ont, dans leurs anciennes guerres contre les Tartares, traîné des éléphants armés vers le Geniska, où ces maſſes animées ont péri par les flèches de l'ennemi, ou les influences d'un climat trop oppoſé à leur naturel. D'un autre côté Mr Surgy a tenté d'expliquer ce point d'hiſtoire naturelle, en recourant à l'hiſtoire politique des ſucceſſeurs de Gengiskan: on trouve dans Abulgazi, que quelques princes Tartares de la race de Gengis, impliqués dans des guerres inteſtines, ſe virent contraints en 1366 d'abandonner la Bukarie ſupérieure, & le Tangut, pour ſe retirer en Sibérie, où ils fonderent un Empire dont les ruines ſont aujourd'hui ca-

---

(*) *Voyage de la Chine*, p. 31. Feu Mr Gmelin n'a fait d'autre changement au ſyſtême d'Isbrand, ſinon qu'il ſuppoſe que les éléphants ont été pouſſés en Sibérie par une inondation particuliere ſurvenue entre les Tropiques: Isbrand au contraire admet un déluge général dans tout notre Hémiſphere.

chées dans des solitudes, sous des monceaux de sable. N'est-il pas naturel de supposer, ajoute Mr Surgy, (*) que ces Princes fugitifs ont fait mener avec eux des éléphants que Gengiskan avoit enlevés dans l'Asie méridionale, lorsqu'il la dévasta, selon l'horrible manie des conquérants?

Je ne sais si l'une ou l'autre de ces opinions, ou toutes ensemble, peuvent expliquer l'origine de l'ivoire fossile si incroyablement abondant en Sibérie; mais en accordant que les éléphants ont été conduits par des Chinois ou par des Tartares, ou qu'ils se sont égarés d'eux-mêmes au-delà des plaines de Tobolks, il reste toujours à savoir comment, & par où ces animaux ont pénétré dans l'Amérique septentrionale, où l'on a découvert en 1738, au rapport de Mrs du Pratz & Lignery, quatre de leurs squelettes de la plus parfaite conservation. Comme il est démontré que l'Amérique ne touche, par aucun Isthme, par aucun point de terre, à l'ancien continent, les difficultés vont en augmentant, & les ténèbres s'épaississent.

Quand même le détroit de mer qui sépare actuellement le nouveau monde d'avec l'ancien, au soixante-septieme degré de latitude Nord, vers la pointe de Tchutzkoi, n'auroit point toujours été un détroit; quand il y auroit eu une terre de communication dans le même endroit où est de nos jours l'Océan; il est certain que ni les éléphants, ni la plupart des quadrupedes indigenes de la zone torride, n'auroient jamais pu se servir de ce passage pour traverser d'un Hémis-

(*) *Abrégé d'Histoire Naturelle &c.* Tome III. p. 85. Paris 1764.

phere à l'autre; puisque le défaut absolu de subsistance & l'excès du froid les auroient infailliblement détruits à cette hauteur du Pole. D'ailleurs quelle démence, quel dérangement de leur instinct auroit pu les pousser à voyager au-travers des glaçons, à douze ou treize-cents lieues de leur terre natale? Il n'y a que l'homme qui s'écarte à de telles distances de son séjour, par avarice, par ennui, par inquiétude, par curiosité.

Quelques Physiciens ont attribué ces étonnantes découvertes de débris animaux aux vicissitudes qu'ils supposent que notre malheureuse planete a éprouvées par la variation de l'obliquité de l'Ecliptique: j'avoue que cette supposition, que l'on a tant de fois fait servir de fondement à la Théorie de la terre, rend compte de plusieurs phénomenes; mais il me paroît, d'un autre côté, que les supputations astronomiques les plus récentes, & les plus exactes s'opposent à cette circonvolution générale & à ce transport successif d'un même point terrestre par différents climats. La variation de l'Ecliptique, en se redressant vers l'Equateur, ou en déclinant vers les Poles, ne peut jamais atteindre à neuf degrés, selon Mr Euler, (*) ni même excéder l'espace de deux degrés & demi, selon d'autres Astronomes qui ont soumis l'hypothese de Mr Euler à de nouveaux calculs. Un troisieme sentiment soutient que l'obliquité de ce cercle est absolument fixe & invariable, & que si les observations des anciens ne s'accordent pas à cet égard avec celles des modernes,

―――――――――――――――――
(*) *Dans son Mémoire sur la variation des Etoiles fixes, présenté à l'Académie de Paris.*

c'eſt que les Aſtronomes de l'Antiquité n'ont pas fait attention à la réfraction, & qu'ils ont pris ſouvent la pénombre pour l'ombre vraie, ce qui a du allonger la projection du Gnomon.

 Je ne diſſimulerai pas qu'il y a encore une autre objection à faire contre ceux qui s'imaginent que les grands oſſements que l'on rencontre en tant d'endroits du globe terraquée, rendent témoignage que ces endroits ont été jadis ſitués dans la Zone torride, à quelque diſtance qu'ils en ſoient éloignés de nos jours. Quelle énorme ſuite de ſiécles ne compteroit-on point depuis la date où le Canada ſe trouvoit entre les Tropiques? Il ſe ſeroit écoulé depuis cette époque plus de ſix-cents-trente-mille ans: la durée de cette période n'a rien d'extraordinaire par elle-même; mais je ne ſais s'il eſt probable que des ſquelettes d'animaux, expoſés preſque à fleur de terre, pourroient ſe conſerver pendant un tel laps de temps, qui ſuffiroit pour décompoſer & dégrader des montagnes: les os ramaſſés pres de l'Ohio dans le Nord de l'Amérique, loin de ſe reſſentir d'une telle vétuſté, n'étoient pas notablement endommagés, quoiqu'ils fuſſent par leur ſituation expoſés aux atteintes & au choc de l'air ambiant; car il n'eſt pas vraiſemblable que les ſauvages les avoient apportés dans cet endroit après les avoir déterrés dans un autre. (*)

(*) La majeure partie de ces os foſſiles, trouvés dans le Nord de l'Amérique, a été dépoſée dans le cabinet d'Hiſtoire Naturelle de Paris. On peut lire tous les détails concernant cette découverte dans la *Relation de la Louiſiane par Mr le Page du Pratz*, & dans le Tome XI de l'*Hiſtoire des animaux par Mrs de Buffon & d'Aubenton in 4to. 1754. au Louvre.*

Quoi qu'il en foit, il faut toujours revenir au point d'où on eft parti : il faut convenir, dis-je, que l'Amérique a jadis nourri différents genres d'animaux que des inondations, des révolutions phyfiques, & d'étonnants malheurs ont entiérement éteints. Le plus grand quadrupede indigene qui exifte aujourd'hui au nouveau monde entre les Tropiques, eft le Tapir, qui n'a que la taille d'un veau, tandis qu'en y creufant fous l'Equateur, on tire de la terre, à de petites profondeurs, des offements qui ont conftitué des animaux fix à fept fois plus maffifs & plus volumineux que le Tapir ; & cependant on n'en a vu aucun analogue vivant au temps de l'arrivée des premiers Européans.

Il s'enfuit de cette obfervation que le nouveau continent a fouffert des viciffitudes beaucoup plus violentes, beaucoup plus terribles que l'ancien monde, où tous les animaux de la premiere grandeur ont trouvé le moyen de fe garantir des eaux, & de fe propager jufqu'aux temps préfents : dans l'Amérique au contraire, ils ont péri faute de reffource, faute de pouvoir découvrir un afile contre les fecouffes de la nature ébranlée. Si cette conféquence eft inconteftable, il ne s'agit plus d'examiner comment cette portion du globe, malgré l'élévation de fes montagnes, a pu éprouver des inondations fi deftructives pour le

---

Mr. l'Abbé de Brancas, dans un Mémoire particulier fur les os foffiles, répete à chaque page qu'on n'en a jamais trouvé & qu'on n'en trouvera jamais en Amérique ; il ignoroit donc tous les faits dont on vient de parler ; il ne connoiffoit donc pas le fujet fur lequel il écrivoit, & ne s'étoit pas donné la moindre peine pour s'inftruire : il auroit pu faire un roman ou un conte, & on le lui auroit pardonné.

regne animal. On ignore si ces catastrophes ont été uniquement causées par les eaux, on ignore quel étoit l'état local de ce pays avant que d'avoir été bouleversé par les éléments: s'il a toujours été, comme il l'est de nos jours, un groupe continu de rochers & de montagnes, cela n'empêche pas que les bas-fonds & les vallées n'ayent été submergés. Les animaux de la taille de l'éléphant n'ont pas grimpé sur le mont Chimboraço du Pérou, qui étant élevé de 3220 toises, (*) est par sa hauteur même inaccessible & inhabitable. Pour se sauver au temps d'un cataclysme, les hommes & les animaux doivent se retirer, non pas

---

(*) Ulloa, dans ses *Observations astronomiques & physiques p. 114*, donne au Chimboraço 3380 toises de hauteur: je crois qu'on ne varie sur l'élévation de cette montagne qu'à cause de la façon dont on l'a mesurée au barometre, cette méthode étant défectueuse en bien des points.

Suivant les expériences de Mr Cassini, aucun animal ne sauroit vivre à la hauteur de 2446 toises au-dessus du niveau de la mer; parcequ'il suppose que l'atmosphere est à ce point une fois plus dilatée qu'à la superficie de la terre; & l'air une fois plus dilaté que l'air ordinaire tue, dans la pompe pneumatique, tous les animaux qu'on y condamne: cependant les Espagnols ont grimpé au Pérou sur le sommet d'un mont qui est élevé de 2935 toises, & la subtilité ou la dilatation de l'air ne les a point incommodés, quoiqu'ils fussent à 489 toises plus haut que le point indiqué par les expériences de Mr Cassini, sur lesquelles il ne faut donc pas trop tabler.

Les observateurs envoyés pour la mesure de la terre sous l'Equateur, ont longtemps vécu sur la crête du mont Pichincha, qui a $2471\frac{1}{2}$ toises de hauteur au-dessus du niveau de la mer; ils étoient par conséquent à $25\frac{1}{2}$ toises au-dessus du point indiqué par les mêmes expériences de Mr Cassini: ce n'est pas tout, ces observateurs campés sur le Pichincha voyoient souvent voler des vautours qui se soutenoient à deux-cents toises au-dessus du sommet de la montagne: ces animaux vivoient dans un air où le mercure du baromètre ne se seroit soutenu qu'à 14 pouces.

sur des pointes de rochers nuds & incultes, mais sur des élévations convexes qui ayent assez de surface pour fournir à leur nourriture, & assez de hauteur pour être au-dessus du niveau de la plus forte inondation que notre planete essuie alors. Or il est certain que l'ancien continent possede un plus grand nombre de semblables endroits que l'Amérique.

Quant aux classes génériques auxquelles se doivent rapporter les grands quadrupedes anéantis dans les Indes occidentales, on n'en peut rien dire de positif; on sait seulement que les ossements recueillis dans le Canada, & transportés en France par Mr de Longueil, ont appartenu à des squelettes éléphantins, & que les dents molaires que ce même officier a aussi rapportées des bords de l'Ohio, ont paru être de véritables dents mâchelieres d'Hippopotames qu'on ne trouve non plus en Amérique que les éléphants.

Les dépouilles déterrées dans les provinces méridionales n'ont point été assez exactement observées & décrites pour qu'on puisse les rapporter à une espèce connue : il est d'ailleurs très-possible que cette moitié du monde a possédé plusieurs races animales de la premiere grandeur, très-différentes de celles qui subsistent maintenant. Le globe a souffert assez de crises & de révolutions pour justifier cette conjecture: il ne faut pourtant pas l'outrer comme ont fait quelques savants d'Italie, qui prétendent qu'il y a eu anciennement des éléphants sauvages en Toscane & au Royaume de Naples, de même qu'on en voit de nos jours dans l'Afrique & le Sud de l'Asie : ils citent, pour leurs raisons, plusieurs découvertes de dents éléphantines, dont les Romains faisoient trop de cas, disent-ils, pour les avoir jettées ou enfouïes. Quoique Mrs Gori & Tozzeti (*) ayent saisi toutes les probabilités possibles pour venir au secours de cette opinion, s'il est permis de parler ainsi, leurs efforts ne l'ont pas affermie : pour que la Toscane ait pu nourrir des éléphants sauvages, il faut que son climat ait été alors aussi brulant que celui de la Zone torride ; ce qui n'a pu arriver que par le changement de l'obliquité de l'Ecliptique : il falloit donc avant tout démontrer la réalité de ce changement, sans quoi les conséquences déduites d'un principe contesté prouvent moins que rien. On sait que les éléphants apprivoisés peuvent vivre pendant quelque temps en Italie, en France, & même en Suede, lorsqu'on les habille de pelisses, & qu'on les tient dans des étuves chaudes, comme on y tient les végétaux exotiques ; mais il y a une différence totale entre un animal transplanté auquel l'homme prête son industrie & ses services pour le garantir contre l'âpreté du froid, & lui préparer sa nourriture, & un autre animal transplanté qu'on voudroit abandonner à ses propres ressources, à son propre destin dans nos forêts ; les éléphants ainsi délaissés ne sauroient résister ni en Toscane, ni en Espagne, ni en Portugal, ni en Perse.

L'ivoire fossile d'Italie paroît donc provenir uniquement des éléphants domptés, & amenés au-delà de la mer par les Romains, les Carthaginois, les Epirotes, & d'autres peuples, amis ou ennemis,

---

(*) Voyez *Relationi d'alcuni viaggi del S. J. Tozzeti.*

qui ont pu se rendre dans ce pays avant les temps dont l'Histoire a conservé le souvenir.

Je me suis souvent imaginé que l'idée des Européans qui ont voulu découvrir des géants autour du détroit de Magellan, a eu sa source dans la tradition des Américains sur l'existence de ces énormes humains dans des temps fabuleux. Il est étonnant que les annales de toutes les anciennes nations de la terre soient enrichis de cette tradition, & que l'origine commune d'un préjugé si universellement répandu soit voilée de ténèbres si épaisses : entre les différentes conjectures qu'on a hazardées pour percer cette obscurité, il n'y en a pas de plus singuliere que celle d'un Théologien moderne, qui ayant cité tour à tour la *Génèse*, les *Métamorphoses d'Ovide*, & la *Bibliotheque orientale de d'Herbelot*, assure sérieusement que notre globe n'est qu'un amas de décombres & de ruines d'un globe plus beau & plus parfait, où les Anges ont habité avant nous, & où ils habiteroient encore s'ils ne s'étoient, par leur inconduite, attiré le courroux du Ciel, qui jugea à propos de les foudroyer : c'est à cette premiere race, dit-il, (*) qu'on doit attribuer les grands ossements fossiles parsemés dans les deux continents, & la fable des Titans si accréditée dans les Mythologies. Après la destruction des Anges, on vit naître l'espèce humaine, qui fait tout ce qu'elle peut pour être foudroyée à son tour.

Si l'on lisoit dans une Relation de l'Indoustan, qu'un Fakir ravi en extase avoit fait ce rêve

―――――――――――――――――――――――――――――
(*) Voyez *Essai sur l'origine de la population de l'Amérique* par E.... Tome II. p. 298. Amsterdam 1767.

au bord du Gange en invoquant Brama, a peine le croiroit-on.

L'Abbé Pluche penſoit que la fable des géants n'étoit que l'hiſtoire allégorique des anciennes révolutions de notre planete, & que tous les peuples avoient perſonnifié les phénomenes occaſionnés par les déluges & les grands incendies du globe. En examinant & en analyſant les noms de la plûpart des géants qui ont combattu, tant qu'ils ont pu, contre les Dieux, on voit en effet qu'ils ne ſignifient que des dérangements ſurvenus à la terre, à l'atmoſphere, & aux éléments : le nom de l'épouvantable *Briarée* déſigne l'obſcurité ou la lumiere éclipſée, celui d'*Othus* le renverſement du temps & des ſaiſons, celui d'*Arges* l'éclair, celui de *Mimas* les eaux tombantes, celui de *Porphyrion* les fentes & les crevaſſes de la terre : celui de *Typhée* ſignifie un tourbillon de vapeurs enflammées, celui de *Bromes* le tonnerre, celui d'*Encelade* le roulement des torrents, celui d'*Ephialtes* les ſonges effrayants ou les nuages noirs. On ne ſauroit nier qu'il n'y ait dans cette foule d'étymologies rapprochées un ſens très-clair ; mais ce qui n'eſt pas également clair, c'eſt ce prétendu conſentement de tous les peuples du monde à perſonnifier de la même façon, ſous les mêmes emblêmes, des météores & des cataſtrophes phyſiques : que les Egyptiens, les Indous, les Japonois, les Péruviens, les Norvégiens, les Mexicains, & les Bretons, ſe ſoient exactement rencontrés dans leurs allégories, & ayent conſpiré à métamorphoſer les phénomenes terreſtres & aériens en géants ; cela, dis-je, eſt toujours remarquable. En admettant que les Grecs & les Hébreux ayent puisé cette tradition dans l'Egypte, il n'en est pas moins vrai que l'on ne sauroit supposer que les Norvégiens qui ont composé l'*Edda* des Islandois, ayent eu quelque connoissance des livres Egyptiens : l'on ne sauroit supposer que les Péruviens, qui n'ont jamais su ni lire ni écrire, ayent extrait cette fable des anciens livres Japonois, des Védams Indous, ou des écritures hébraïques, dont aucun exemplaire n'avoit pénétré au nouveau monde avant l'an 1492 : d'ailleurs on n'en a jamais fait aucune traduction en aucune langue Américaine, & il n'y a pas d'apparence que quelqu'un s'en avise à l'avenir.

Comme les Théogonies de tous ces peuples s'accordent à nous représenter les prétendus géants comme des êtres malfaisants & redoutables, qui renverserent des montagnes, qui déracinerent des isles, qui émurent l'Océan, qui s'armerent contre le Ciel, & dont le Ciel put à peine réprimer les attentats ; il faut convenir que l'on ne sauroit distinguer un sens raisonnable dans ces peintures qui le sont si peu, qu'en supposant qu'elles cachent quelque rapport allégorique avec les grandes vicissitudes physiques, qui en soulevant la Nature contre elle-même, qui en combinant la puissance du feu & de l'eau, ont mis notre globe dans le dernier danger & au penchant de sa ruine. Les hommes de tous les climats ont dû être également effrayés par cette combustion, & la frayeur a dû faire la même impression sur l'esprit de ceux qui échappés aux inondations & aux volcans ont repeuplé la terre désolée, & couverte de fange, de laves, & des débris des sociétés anéanties : le souvenir de ce malheur, en passant de génération en génération, aura pris infenfiblement la forme d'une hiftoire fabuleufe, & incroyable pour ceux qui n'ayant vu que l'harmonie des éléments & la marche uniforme de la Nature calmée, n'auront pu croire aux révolutions dont ils n'avoient pas été témoins.

L'exagérateur Garcilaffo de la Vega place dans une province du Pérou des ftatues coloffales, & des bâtiments d'une fabrique & d'une grandeur démefurée, qu'il eft tenté de prendre pour l'ouvrage des anciens géants du pays. Comme il convient qu'il n'a jamais vu ces monuments, qu'il décrit fur la foi de Ciéca de Leon, & de Diégo d'Alcobafa, deux auteurs fi obfcurs qu'on connoît à peine le titre de leurs ouvrages, & qu'aucun voyageur moderne n'a pu découvrir ces conftructions merveilleufes; je fuis très-porté à croire qu'elles n'ont jamais exifté, ou du moins que ce ne font que des tas de pierres monftrueufes & figurées, ainfi que celle qu'on nomme en Angleterre *la chauffée des Géants*, & que tout le monde fait être une production naturelle du regne minéral: il n'y a gueres de provinces en Europe où l'on ne voie de ces pierres que la crédulité du vulgaire fuppofe avoir été taillées & tranfportées par des bras gigantefques. Mrs Bouguer, de la Condamine, & Ulloa, qui ont pris la peine de mefurer la hauteur des portes d'une vieille mafure Péruvienne, prefque la feule que l'on connoiffe, ont trouvé ces ouvertures fi baffes & fi étroites qu'un homme de cinq pieds & demi ne peut y paffer à fon aife. (*)

(*) Voyez la *Defcription d'un ancien Edifice du Pérou nommé Cagnar*. Les portes ont trois pieds de large, & à peu près une toife de haut; mais les jambages n'étant pas parallèles, & fe rapprochant par leurs fommets, cela étrangle l'ou-

Si les géants du Pérou avoient bâti des maisons à leur usage, où il leur eût été impossible d'entrer, j'avoue volontiers que cela seroit plus admirable que les géants mêmes. Que des hommes d'une taille commune ayent grossiérement façonné des blocs de pierre en figures colossales avec des haches de cuivre trempé, cela n'est ni fort surprenant, ni fort admirable : & ce n'a été que pour dire quelque chose de neuf sur l'Architecture antique, que le Comte de Caylus range entre les chef-d'œuvres de cet art les ruines de Persépolis, & les grands édifices du Pérou, dont il admire sur tout les sculptures saillantes ; pendant que les Académiciens François n'ont pas observé une seule pierre sculptée dans la masure dont nous venons de parler, & qui paroît néanmoins avoir été un logis des Incas. Mr le Gentil n'a vu que des éclats de rochers calcinés & foudroyés dans ces mêmes endroits où suivant la tradition des Péruviens, on doit rencontrer ces bâtiments majestueux que le Comte de Caylus préfère à tout ce que la Grèce & l'Italie ont produit de plus achevé ; mais si cet illustre écrivain a été à cet égard induit en erreur par les relations mensongeres de Garcilasso & de ses semblables, on se seroit au moins attendu à un jugement plus équitable de sa part sur les ruines de la prétendue Persépolis : les desseins & les plans fideles que nous en ont donné Chardin & de Bruin, prouveront à jamais que ce sont des restes d'une construction désordonnée, irréguliere, élevée par la magnificence barbare des despotes Asiati-

---

verture à peu près d'un demi-pied. Nous aurons encore occasion de parler de cet édifice dans le second Volume, où nous marquerons la différence qui se trouve entre la description de Mr de la Condamine & celle d'Ulloa.

ques, en qui la corruption du goût est le premier fruit du pouvoir absolu.

Nous n'ajouterons point, à ce traité sur les Patagons, les raisons qu'on pourroit tirer de l'uniformité de l'espèce humaine dans les quatre parties du monde, pour démontrer qu'il ne peut y avoir une famille gigantesque dans une petite province de la Magellanique : on s'est uniquement borné à considérer les faits, & à calculer le degré de probabilité des différentes relations, publiées depuis l'an 1520 jusqu'à nos jours, d'où il ne resulte aucune preuve décisive; puisque le témoignage des voyageurs qui nient le fait, contrebalance celui des voyageurs qui l'affirment. S'il y avoit un peuple de géants en Amérique, on en auroit montré des individus vivants, ou des squelettes, en Europe. Cet argument est sans replique pour les personnes raisonnables; & s'il ne l'est pas pour les partisans aveugles du merveilleux, ce n'est pas notre faute : s'ils veulent croire à l'existence des géants du nouveau Monde, il ne tient qu'à eux. Si le Pere Baltus veut croire que c'est le Démon qui a rendu les Oracles, il ne tient qu'à lui, disoit Mr. de Fontenelle.

FIN DU TOME I.

TABLE
DES
MATIERES

contenues dans le Texte & dans les Notes du premier Volume.

A

Abo (Evêque d'), réfute l'hypothese de la retraite des eaux de la mer. 103.

Abrégés, leurs inconvénients. 282.

Abus, il ne faut pas en tirer des inductions. 127.

Abyssinie, son élévation au-dessus du niveau de la mer. 102

Académiciens Français, martyrisent deux Lappons. 258.

Acadie, abatis qu'on y a faits. 28.

Accoucheuses de l'Europe, on condamne leur procédé. 151.

Acéphales fabuleux, ce qui y a donné lieu. 151.

Acosta, son ouvrage *de situ novi orbis*. 102.

Adanson (Mr d'), ses travaux en Afrique. 185.

Afrique, conquise par les Arabes, qui y changent de couleur. 186.

Æthiops animal, ce que c'est. 188.

Agriculture, a policé l'homme. 99.

Ahuitzol, accusé par les Espagnols d'avoir égorgé 64000 hommes dans un temple. 209.

Ahouai arbre, ses propriétés. 76.

Akansans, la plus belle ace Américaine. 134.

Alburquerque (le Duc de) fait assembler à Mexico les médecins Espagnols. 311.

Alexandre VI (Pape) veut faire son bâtard Empereur d'Allemagne. 79. Ses idées romanesques. *ibid*. Ses bassesses. *ibid*.

Alexis médecins des sauvages, leurs secrets. 46.

Almagre, son origine & son caractere. 83.

Alphonse V demande la possession de l'Afrique à Rome. 92.

Améric-Vespuce voit des femmes nues. 62. Ce qu'il dit du gonflement du membre viril. 63. Ce qu'il dit de la prostitution des Américaines. 70.

Américaines, voyez *Femmes*.

Américains abrutis. 4. Ce qu'ils pensent de l'origine du mal Vénérien. 19. Sont éner-

X 4

TABLE DES MATIERES.

vés. 35. Leur taille, leur foibleſſe. *ibid.* Pris pour des Orang-Outangs. *ibid.* N'approchent pas les femmes pendant leur écoulement. 60. Les maltraitent. 61. Les premiers Américains amenés en Europe enragent. 73. Ne tirent point leur origine de la Scythie 113. Ils ſont moins laids que les Kalmouques. 135. En quoi ils reſſemblent aux Tunguſes. 140. Ce qui empêche leur peau de noircir. 194 Leur teint n'a pas changé depuis l'arrivée des Eſpagnols. 197. Leur tradition ſur l'exiſtence des géants. 310.

Amérique, ne nourrit pas de grands animaux quadrupedes. 12. Ce qu'elle contient en lieues quarrées. 95. Elle a nourri des quadrupedes de la premiere grandeur, qui n'exiſtent plus. 312.

Amour, lien de la ſociété. 113. Manquoit aux Américains. *ibid.* L'amour de la liberté n'eſt pas plus fort dans les Américains que dans les autres hommes. 115.

Anacarde, les médecins varient ſur ſes propriétés. 149.

Anderſon, Bourguemaître de Hambourg, ſon hiſtoire du Grœnland remplie de fables. 251.

Anglais, leurs relations ſatyriques induiſent en erreur. 122.

Animaux, défectueux en Amérique. 12. Ceux de l'Aſie & de l'Europe dégenerent en Amérique, hormis les cochons. *ibid.* Animaux qui meurent de faim. 125. Ingratitude de leurs petits. *ibid.* Ceux des régions boréales ſont chargés de graiſſe. 272. Quels animaux fourniſſent les plus grands os. 312.

Anſon (le Lord) découvre les progrès des Jéſuites en Californie. 158. Ne découvre point de géants Patagons. 304. Avanture de huit hommes de ſon équipage. 305.

Antermony (Mr), ce qu'il dit des Tunguſes. 136.

Anthropophages Américains, leur nombre exagéré. 218. Trois eſpèces d'Anthropophages en Amérique. 219. 220. Leurs différens goûts. 224.

Anthropophagie, ſon origine. 210. 218.

Antiquités anti-diluviennes, on n'en connoît point. 104. Antiquités Péruviennes décrites par les Académiciens Français. 324.

Aplatiſſement du globe, moins conſidérable qu'on ne l'a cru. 244.

Anville (Mr d') réfuté. 33.

Arabes, diviſés en tribus. 114.

Arbres Américains, n'enfoncent pas leurs racines. 9. Arbres à noyaux ne proſperent pas en Amérique. 14. Arbres fruitiers de l'Europe, ſont pour la plupart exotiques. 110. Arbres flottants dans la mer du Nord, d'où ils viennent & leurs différentes eſpèces. 261. *n.*

Arras de la Guiane. 195.

TABLE DES MATIERES.

Artillerie, inutile en Améririque. 77.
Arum, plante, ses propriétés. 6.
Astruc (Mr), ses expériences sur la nutrition. 231.
Atabaliba pris. 75. Sa réponse au moine de la Valle-viridi. 83. Sa rançon. 86.
Atac-apas, Anthropophages de la Louisiane. 219.
Atkins, ses erreurs sur les différentes espèces d'hommes. 188. 189.
Augustin (Saint), ses visions extraordinaires en Ethfopie. 152. Ses propres paroles citées. *ibid.*
Aurores boréales, non occasionnées par des vapeurs terrestres. 243. Leur lueur ne fait pas d'impression sur les thermomètres. *ibid.* Depuis quand devenues fréquentes. *ibid.*
Auteurs vendus à la cour de Madrid, imposteurs. 67. Auteur de *l'origine des Arts* (l'Abbé Goujet) réfuté. 100.
Auto-da-Fé, moins excusables que les repas des Cannibales. 210.
Axe terrestre, ses extrémités ne vomissent point de feux. 242.

B

Bacon (le Chancelier), son opinion sur l'origine du mal Vénérien. 228. Son sentiment réfuté. 230.
Baffin, le navigateur, trouve des Esquimaux sous le 73me degré de lat. N. 247.
Bagues de la Chine, ce que c'est. 66.

Baleines, surpassent en grandeur toutes les productions de la Nature. 249.
Barbe, manque à tous les Américains. 37. Raison de ce défaut. *ibid.*
Barcelone, premiere ville de l'Europe où le mal Vénérien se déclare. 234.
Barque des Canaries portée par des vents contraires en Amérique. 195.
Bataille de Brème. 116.
Baumgarten, son histoire de l'Amérique est puérile. 152.
Baye de Baffin, n'est point percée à son extrémité. 257.
Beauchene-Gouin (Mr) ne trouve pas de géants aux terres Magellaniques. 301.
Bedas de Ceilan, sont sauvages & ont le teint blanc. 191.
Beering, ses navigations malheureuses. 171.
Bellin, sa carte cylindrique, ce qu'elle dit des Russes échoués. 173.
Benjamin (le Juif), les observations qu'il fait en 1173 dans l'Abyssinie. 187.
Bentink, ses relations. 136.
Berecillo, gros chien, ses services signalés & récompensés. 78.
Bergeron, sa collection de voyages citée. 133.
Bible, inconnue en Amérique avant l'an 1492, n'a point été & ne sera jamais traduite en Américain. 323.
Bissadoa, riviere en Espagne, les habitants de ses bords ont les oreilles longues. 154.
Blessures faites à la tête entraînent la stupidité. 147.

X 5

TABLE DES MATIERES.

Boerhave (Mr), en quoi il s'est mépris. 244. 245.
Bœufs & buffles, n'existoient pas en Amérique. 111.
Bonheur, s'il y en a plus dans la société que dans la vie sauvage. 127.
Bonſes, n'ont jamais été en Amérique. 32.
Botanique, unique étude du sauvage. 52.
Bouebe (le Sr), sa poudre nutritive copiée sur celle des sauvages. 109.
Bouquet (le Colonel), son expédition sur l'Ohio. 116.
Bouſſole, où elle cesse de se diriger. 245.
Brancas (Mr l'Abbé de), son mémoire sur les os fossiles. 317. *n*.
Braſſavole, son indiscrétion envers le Pape Pie II. 238.
Bréſil, calculs sur l'or qu'il produit. 85.
Brutus gros chien, ses exploits, sa mort. 79.
Bruyn (Corneille de) dessine des Samoyedes près d'Archangel. 274. Dessine fidélement les antiquités de Persépolis. 325.
Bunche (Mr de) marque les limites de la Californie sans la connoître. 159.
Buellio (le moine) est un des premiers qui apporte le mal Vénérien en Europe. 18. Excommunie Christophe Colomb. *ibid*.
Buffon (Mr de) réfuté. 23. Ce qu'il dit de l'antiquité des Américains. 197. Son hypothese sur l'organisation de la matiere en Amérique. 307.
Ne croit point les Américains originaires de l'Amérique. *ibid*.
Bulle originale qui déclare les Américains hommes. 36. Bulle de Clément XI, declare la race quarteronne blanche en Amérique. 199. Bulle d'Alexandre VI, par laquelle il donne l'Amérique à l'Espagne. 80. Texte original de cette Bulle. *ibid*. Réflexion à ce sujet. 81. Bulle qui autorise le commerce des Nègres. 93.
Byron (le Commodor) publie une relation absurde sur les Patagons. 306.

C

Caamini arbuste, ses propriétés. 48.
Caille (Mr l'Abbé de la) réfute Kolbe. 119. Ce qu'il dit de la religion des Hottentots. 287. Mesure un Hottentot au Cap de bonne Espérance. 309.
Calculs sur les Nègres transplantés en Amérique. 29. Sur la population en Amérique. 58. Calculs sur le produit des mines du nouveau Monde. 85. Sur les finances de l'Espagne. 88. Sur sa population. *ibid*. Sur la destruction des Américains. 94. Sur la population du Grœnland, & du pays des Esquimaux. 280.
Californie, restée longtemps inconnue. 158. Sa description. 159.
Californiens, peuples, leur portrait & caractere. 168.

TABLE DES MATIERES.

Calm (Mr), ses découvertes botaniques dans le Nord de l'Amérique. 48. Ce qu'il dit des coquillages du nouveau Monde. 103. De la mer du Nord. *ibid.*

Canada, quand il a pu se trouver dans la Zone torride par le changement de l'Ecliptique. 316.

Candish, son voyage, écrit par le chevalier Pretty; il ne trouve pas des géants aux terres Magellaniques. 294. Il y retourne pour la seconde fois. *ibid.*

Cannellier de Winter, sa définition. 292. *n.*

Canots des Grœnlandois, ne coulent jamais à fond. 272.

Cantharides, excitent le Priapisme. 65.

Capitaine Hollandais, s'éleve à un degré du Pole. 244.

Caractere des Sauvages du Nord de l'Amérique différemment dépeint. 121.

Caraïbes, leurs flêches empoisonnées. 76. Mangent 6000 hommes. 219.

Caribane, sauvages singuliers qu'on y rencontre. 152.

Carpi, découvre le mercure. 22.

Carthagene, affligée par des serpents. 8.

Carthaginois, violent la parole qu'ils avoient donnée de ne plus sacrifier des enfants. 223.

Castration, son origine. 224.

Cat (Mr le) place des Nègres dans le Nord. 178.

Cataclysme, les prêtres Egyptiens en reçoivent la tradition des Abyssins. 102.

Causes de la dégénération des Américains. 105. De leurs guerres nationales. 116. Causes qui refroidissent l'air en Amérique. 192.

Cavazzi, auteur ridicule. 226. *n.*

Cartier (Jacques), ses relations mensongeres. 132.

Caylus (Comte de), son sentiment sur les antiquités Péruviennes. 325.

Cécité, maladie particuliere aux nations polaires. 273.

Celastrus plante, décrite. 48.

Célibataires en Espagne, leur nombre. 88.

Cendres de bois caustiques en Amérique. 7.

Césalpin fait un conte ridicule sur le mal Vénérien. 233. 234.

César Borgia, monstre. 91.

Cétacés, poissons carnaciers. 249. Leur instinct grossier, leurs organes obtus. 250.

Chair humaine, un auteur prétend que son usage n'est pas contraire à la loi naturelle. 213. Si elle engendre la maladie Vénérienne dans ceux qui en mangent. 228.

Chaleur, ses effets sur la constitution de l'homme. 179.

Chameaux, ne peuvent propager au nouveau Monde. 13.

Chardin (Mr), ses plans de Persépolis exacts. 325.

Charles-Quint abandonne le bois de Gayac, pour se servir de la racine de la Chine. 238.

Charleville (Mr de), mangé par les Américains. 219.

Charlesvoix réfuté. 38.

TABLE DES MATIERES.

Chasse, entretient la guerre parmi les peuples chasseurs. 118. Elle ne fournit qu'une subsistance précaire, & familiarise l'homme avec le carnage. 221. 222.

Chasseurs (peuples), leurs mœurs 101.

Chenard de la Giraudais, sa relation sur les Patagons. 308. 309.

Cheveux longs, permanents, & non frisés des Américains. 53.

Chidley trouve les Patagons de taille ordinaire. 295. A un démêlé avec eux. *ibid.*

Chiens Européans, perdent leur instinct au nouveau Monde. 13. Sont employés à la conquête de l'Amérique. 78. Reçoivent une paye comme les soldats. *ibid.* Forment la premiere ligne au combat de Caxamalca. *ibid.* Leur animosité contre les Américains dure encore. *ibid.* Chiens attelés à des traînaux en Sibérie. 144. Chiens Espagnols préferent la chair des hommes à celle de femmes en Amérique. 226.

Chiliens, se défendent contre les Espagnols. 77.

Chinois, ont les dents autrement arrangées que nous. 215. S'ils se sont servi d'éléphants dans leurs guerres contre les Tartares. 313. A quoi l'on attribue leur population. 264.

Chinoises, leurs petits pieds feroient croire que les Chinois n'ont pas le sens commun. 153.

Chiriguai, sa depopulation. 57.

Chrétiens, leurs excès. 77.

Christophe Colomb, aidé par une fille. 70. Son étonnement en arrivant en Amérique. 175. On embarque son corps pour l'enterrer à St Domingue. 296.

Cimraëque (la langue) est un dialecte du Celtique. 296.

Climat de l'Amérique, contraire aux animaux & plus encore aux hommes. 4. Plus froid que celui des parties correspondantes de l'ancien continent. 12. Moyen pour juger de sa nature. 14. Le climat du nouveau Monde se corrige. 23.

Climats contraires au Christianisme. 167.

Cluvier, son sentiment sur l'origine de l'Anthropophagie, réfuté. 210. *n.*

Coca, ses propriétés. 48.

Cochlearia plante, les Grœnlandois ne s'en servent pas contre le scorbut. 273.

Cochons, changent de forme en Amérique. 13.

Colonies en Amérique, leur sort. 91. Leur commerce interlope. *ibid.*

Commerce pernicieux entre l'Amérique & la Chine, supprimé par le Roi d'Espagne. 166.

Communauté de biens, excite des guerres civiles. 114.

Comparaison des deux Hémispheres de notre globe. 94.

Compilateurs de voyages, les maux qu'ils ont faits. 281.

Concile de Lima, refuse les Sacrements aux Américains. 36.

TABLE DES MATIERES.

Condamine (Mr de la), ses expériences. 11. Ce qu'il dit du teint des Américains. 196. Ce qu'il dit des Anthropophages du Sud de l'Amérique. 224.

Conquérants de l'Amérique, éprouvent l'horreur de la famine. 4. Ils sont attaqués de différentes maladies. 26.

Conquête de l'Amérique, de quelle façon elle s'exécute. 75. Conquêtes, où elles ont été rapides. 76.

Constantin fait une loi singuliere. 206.

Continent (le nouveau) a souffert des vicissitudes plus destructives que l'ancien. 317.

Contre-poison tiré de l'absinthe & du rocou. 6.

Coquillages, on n'en trouve point sur les plus hautes montagnes de l'Amérique & de l'Europe. 23. Les plus beaux se trouvent à la côte de la Californie. 61.

Cordellieres, couvertes de neiges eternelles. 193.

Cordes (Simon de), son voyage aux terres Magellaniques écrit par Jantzsoon. 296. 297.

Corps muqueux, ce que c'est. 180. Sa couleur dans les basanés & les blancs. *ibid.*

Cortez, le nombre de ses troupes. 58. & 75.

Couleur des Américains. 175. Cause de la couleur des Nègres. 182. Elle ne constitue point les espèces ni dans le regne animal ni dans le végétal. 189. Couleur rougeâtre des Américains inhérente dans leur liqueur spermatique, ainsi que celle des Nègres. 199.

Cour de Rome, ses excès honteux. 92.

Courage, la vie sauvage ne l'éteint pas. 106.

Crâne, sa flexibilité dans les enfants. 151.

Cranz (David), le premier volume de son histoire du Grœnland est intéressant, le second pitoyable. 253.

Crocodiles, abatardis en Amérique. 9.

Cultivateurs en Amérique, n'ont pu dompter le terrein. 5.

D

Danois, état de leurs colonies au Grœnland en 1764. 245. 247. Ils n'ont pas les premiers peuplé le Grœnland. 255.

Dapper réfuté. 58.

Decker (le Capitaine) écrit le voyage de Jacques l'Hermite. 300. Dit que les Patagons ne sont point des géants. *ibid.* Auteur estimé. *ibid.*

Découverte du nouveau Monde accompagnée de circonstances ridicules. 79. Malheurs qui en eussent résulté si elle s'étoit faite plûtôt. 228.

Dégénération, commence par les femelles. 54.

Déluge particulier de l'Amérique. 102. Preuve de cet événement. 103.

Dents, il en manque deux à quelques nations, cause de ce défaut. 155. Dents cani-

TABLE DES MATIERES.

nes, n'excedent point le nombre de quatre dans l'espece humaine. 215. Dents molaires fossiles trouvées en Amérique. 319.

Dépopulation de l'Amérique, ses causes. 57. Des terres Arctiques. 264.

Députés des sauvages, leur déclaration. 117.

Despotes, comparés à Tibere. 126.

Détroit de Forbisher bouché par la glace. 257.

Dias le Jésuite, les sauvages veulent le manger. 226.

Dictionnaire Encyclopédique, l'article *Jagas* y est double & exagéré. 223. n.

Différences des deux Hémispheres de notre globe. 95. Réflexions à ce sujet. *ibid.*

Diodore de Sicile parle d'Antiquités anti-diluviennes. 105.

Donation du Pape, sert de titre aux Espagnols. 82.

Dorado (El) cherché par les Jésuites; & ce qu'en dit Gumilla. 164. 165.

Drake (l'Amiral) fait le tour du monde. 291. Mangé vivant par les crabes. *ibid.* Trouve les Patagons de la taille ordinaire de l'homme. *ibid.*

Droits sacrés de l'homme mal défendus. 93.

Duclos (Mr l'Abbé), son mémoire sur les Druides excite des querelles. 207.

Dumont (Mr) cité. 8. Ce qu'il dit de la façon de guérir la folie. 149.

E

Eaux stagnantes, mortelles en Amérique. 5. Exhalent des brouillards chargés de sel. *ibid.*

Ecliptique, si son obliquité est constante. 315.

Ecoulement du Sexe, peu abondant dans les pays froids & chauds. 56.

Edda, ancien livre sur les Islandois. 323.

Edit singulier du Parlement de Paris touchant le mal Vénérien. 19.

Egede, Evêque de Grœnland, manquoit de connoissances physiologiques. 252.

Eléphantiase Egyptienne, attaque les gens de qualité. 238.

Eléphants, jamais transplantés en Amérique 14. &c. S'il est vrai qu'ils se sont sauvés en Sibérie. 313. 314. Transplantés où ils peuvent vivre. 320.

Ellis, où il fixe les bornes des habitations Américaines. 247. Son voyage à la baye de Hudson auroit pu être plus intéressant. 252. Se fonde mal à propos sur le témoignage de Charlesvoix. *ibid.*

Embonpoint des Américaines, leur sert de tablier. 54.

Emigrations des Septentrionaux, comment il faut les expliquer. 278.

Empire Romain, causes de sa décadence. 89.

Enfants Européans, meurent en Amérique. 28. Ceux des Américains meridionaux naissent, dit-on, avec une tache brune sur le dos. 200.

Epiceries, leur commerce entre les mains des Vénitiens. 90.

TABLE DES MATIERES.

Epiderme de l'homme, n'est point composé d'écailles. 181. *n.*

Erreurs vraisemblables, peuvent conduire à la verité. 184.

Eskimaux, variété remarquable dans l'espèce humaine. 131. Ils habitent les parties les plus septentrionales de l'Amérique. 241. Ils ne diffèrent en rien d'avec les Grœnlandois. 253. Leur nom propre. 254. Ce qu'ils disent à un missionnaire Danois. *ibid.* S'établissent au Grœnland. 256. Par quel chemin ils y sont venus. 257. N'habitent point à Terre-Neuve. *ibid.* Quand les premiers ont été montrés en Europe. 258. Faux Eskimau montré à Amsterdam *ibid.* Portrait des Eskimaux. 259. Si l'on en trouve qui ont de la barbe. 262. 274.

Espagnols, se mangent les uns les autres. 4. Huit millions passent en Amérique. 77. Leur population exagérée. *ibid.* Leurs finances épuisées. 84. Sont frappés de vertige. 88. Sont sujets aux écrouelles, & comment ils cachent ce défaut. 155. Leurs infames actions en Amérique. 227. Martyrisent un Patagon & le baptisent. 289.

Esprit de vin, dissout les résines. 66. Où il se gele. 245.

Etablissements des Européans au nouveau Monde, infectés de bêtes vénimeuses. 7.

Euler (Mr), ce qu'il dit du changement de l'Ecliptique. 315.

Europe, si elle a gagné à connoître l'Amérique. 89. Le prix des denrées y hausse huit fois. *ibid.* Quand elle a cessé d'être sauvage. 110.

Européans, leur mauvaise conduite envers les Américains. 118. Ils n'auroient pas dû les détruire. 120. Pourquoi ils ont voulu trouver des géants aux Terres Magellaniques. 321.

Expériences sur le climat du nouveau Monde faites au thermometre. 11. Pour blanchir les Nègres. 187.

F

Fable des géants, adoptée par tous les peuples. 323.

Fallope fait un conte ridicule sur l'origine du mal Vénérien. 234.

Fanatiques de la ville de Tentire, mangent un fanatique de la ville d'Ombe. 217.

Femmes Américaines, leur laideur. 54. Accouchent sans douleur. *ibid.* Abondance de leur lait. *ibid.* Se font tetter par des chiens. 55. Leur écoulement irrégulier. *ibid.*

Fer, on en trouve dans le sang humain. 229. *n.* Inconnu chez les Sauvages. 113.

Ferdinand (Roi d'Espagne) emprunte de l'argent d'un domestique, pour conquérir l'Amérique. 84.

Fiel, défectueux dans les Américains. 45.

TABLE DES MATIERES.

Figures différentes imprimées aux têtes des enfants Américains. 150.

Fille sauvage trouvée dans les bois de la Champagne, n'étoit pas née au pays des Eskimaux. 264. 265. Ses avantures. *ibid.*

Fioravanti (Sigr), ses caprices médicinaux cités. 229. Ses expériences. 230.

Foë (David), auteur du Roman de Robinson. 303.

Folie guérie par l'Anacarde. 149.

Forêts, les plus grandes sont en Amérique. 193. Elles contribuent à refroidir l'air. *ibid.* Envahissent les terreins dépeuplés. 249.

Formation spontanée, pourquoi elle a occupé les anciens Philosophes. 96.

Fourmis, ravagent le Brésil. 8. Piquent les femmes qui ont eu leur écoulement. 60.

Fous, respectés en Orient, en Turquie, en Suisse, & chez les Sauvages. 147.

Français, se mangent les uns les autres. 5. Font un traité singulier & glorieux avec les Atac-apas. 223. Laissent faire aux autres nations les grandes découvertes. 301.

François I meurt du mal Vénérien. 19. A reçu des frictions mercurielles par Maître le Coq. 238.

François d'Assise fait l'espion. 84.

Fréret (Mr), ses calculs chronologiques. 104.

Frésier (Mr), son voyage aux terres Magellaniques. 303. Change la patrie des Patagons. *ibid.* Se laisse induire en erreur par de faux témoins. *ibid.*

Froid, augmente par degrés jusqu'aux poles. 242.

G

Galion d'Acapulco chargé par les Jésuites, pris par les Anglais. 166.

Garcilasso, ce qu'il dit de la Sodomie des Péruviens. 68. Réfuté. *ibid.* Ce qu'il dit des anciens bâtiments Péruviens est exagéré. 324.

Géants Patagons, on auroit apporté de leurs squelettes s'ils existoient. 303. Etymologie de leurs noms. 322.

Gengiskan dévaste l'Asie. 314. Ses successeurs se font la guerre, & fondent un Empire en Sibérie. 313.

Gennes (Mr de) ne trouve point de géants aux Terres Magellaniques. 301.

Genre humain, s'il n'a qu'une tige ou plusieurs, question inutile. 189.

Gentil la Barbinai (Mr de) voit de grands ossements au Pérou. 311.

Gibier, peu nombreux dans les pays peuplés. 249.

Giraffes, n'existent pas en Amérique. 312.

Glands de chêne, on en fait du pain. 100.

Glaces, on n'en trouve point dans la haute mer, & pourquoi. 242.

Gmelin (Mr), sa description de la Sibérie. 142.

TABLE DES MATIERES.

Goîtres, ce qui les occasionne. 154.

Goîtreux, hommes en Amérique. 154.

Gonflement énorme du membre viril. 38. Occasionné par des insectes. 63.

Grenouilles d'un poids énorme. 8.

Grœnland, les Européans y ont un établissement sous le 71ieme degré 6 minutes de latitude. 247. Ses anciennes traditions recueillies. 256. Fait partie du continent de l'Amérique. 257 Son rivage oriental devenu inabordable. 276.

Grœnlandois, originaires de l'Amérique. 30. 256. Ce qu'ils disent des dernieres habitations dans le détroit de Davis. 247. Parlent le même langage que les Eskimaux. 254. Leur langage différe de celui des Lappons. 256. Leur portrait. 259. 260. Ne font jamais du feu dans leurs huttes. 261. Portrait de leurs femmes. 263. Ils doivent être payés pour assister au sermon. 267.

Guerres perpétuelles entre les Sauvages. 114. Raison de ces guerres. *ibid.*

Guiane, sa dépopulation. 57. Singuliere occupation de ses Roitelets. 60.

Guiot, sa relation sur les Patagons. 308.

Gumilla le Jésuite, ses extravagances. 94.

H

Haller (Mr), son observation sur les coquillages. 25.

Hans-Sloane (Mr) confond un charlatan. 304.

Hawkins (Richard) s'explique vaguement sur la taille des Patagons. 296. Prétend que les Anglais ont les premiers peuplé l'Amérique. *ibid.* Son opinion absurde défendue par des savants. *ibid.*

Hecla, ses tourbillons de feu ne sauroient fondre la glace. 244.

Hémisphères de notre globe, séparés par un détroit. 314.

Herbe Paraguaise, ses propriétés. 53.

Hermite (Jacques l'), son voyage aux terres Magellaniques. 300.

Herrera, peinture qu'il fait du Temple de Mexico. 209.

Hippopotames, n'existent pas en Amérique. 312.

Histoire de la traite des Nègres. 18. 19. Histoire, elle est en défaut sur l'origine des nations. 97. *Histoire universelle*, ouvrage ridicule. 137. Ce qu'elle dit des Jagas. 223 *n.*

Histoire naturelle & civile de la Californie, ouvrage très-singulier & plein d'impostures. 158.

Historien de la nouvelle France, fait un portrait absurde des Eskimaux. 274.

Hoffmann (Mr) se declare vivement contre l'usage de l'Anacarde. 149.

Hog, prétendu géant dont on veut vendre une dent pour 2000 sequins. 304. *n.*

Hollandais, apprivoisent les Hottentots. 118. Leur pa-

Tom. I. Y

TABLE DES MATIERES.

yent leur terrein. 119. Hivernent au Spitzberg. 247. Mangent le cœur de De Wit. 217. Mesurent deux cadavres de Patagons à l'isle Pinguin. 298.

Holmos (Juan de) fait fossoyer près de Puerto-Vejio. 311.

Hommes à une jambe, ce qu'en disent les émissaires du Pape. 132. Hommes marins fabuleux. 134. Hommes ruminants, opinion sur cette maladie. 155. Hommes ventriloques. *ibid.* Hommes noirs, on n'en a pas trouvés en Amérique. 192. Plus les hommes sont basanés, plus leur liqueur spermatique est colorée. 201. Leur aveuglement. 210. Ne sauroient vivre au-delà du 80ieme degré de latitude Nord. 241. 242. A quelle hauteur au-dessus du niveau de la mer ils peuvent vivre. 318. *n.*

Homme sauvage trouvé dans le Hannovre, devenu quadrupede. 266.

Hôpitaux de lépreux, leur nombre dans la Chrétienté. 238.

Horn (Georges de), son livre de Originibus American. ouvrage ridicule. 137.

Horrebow (Niel), son Histoire d'Islande estimée. 251.

Hostie, origine de ce mot. 211. *n.*

Hottentots, se connoissent en plantes. 52. Demandent un miracle. 119. Leur discours aux Hollandais. *ibid.*

Humidité de l'atmosphere en Amérique. 22.

Huns, leurs expéditions. 137.

Hypothese singuliere sur le teint des Nègres. 176.

I

Jalofes cabanés au Sénégal. 191.

Jamaïque, maladies qui y regnent. 28.

Jaunisse des enfants. 45.

Idées relatives d'amitié, manquent aux Américains sauvages. 113.

Idiomes différents multipliés en Amérique & en Tartarie. 138.

Jérome (St) se fait limer les dents mal à propos. 215.

Jésuites, font souvent communier les Paraguais, & pourquoi. 36. Ne sont jamais véridiques. 61. Exécutent le projet de Las Casas. 120. Quand ils se sont introduits en Californie. 160. Etat de leurs missions dans cette province. 161. Ils fascinent l'esprit du Roi d'Espagne. 163. Commandent les troupes en Californie, & y volent des perles. *ibid.* Leurs recherches inutiles sur l'origine des Américains. 170.

Iguans, leur chair aigrit le germe variolique. 15. Elle n'est pas si pernicieuse en Asie. *ibid.* Description de l'Iguan. 16.

Immortalité de l'ame, si les Sauvages en ont quelque idée. 269. 270.

Incas, font des loix contre les Sodomites. 69.

Inceste, commun chez les Sauvages. 62.

TABLE DES MATIERES.

Innocent IV (le Pape) envoie une ambassade ridicule au Kan des Tartares. 133.

Inoculation de la petite-vérole, ses différentes manieres. 51 Mémoire à ce sujet. *ibid.* Inoculation à la Chinoise mortelle en Angleterre. *ibid.*

Inscriptions lapidaires fausses. 174.

Insectes, excessivement multipliés dans les pays incultes. 203. L'huile & la fumée les tuent. *ibid. & 204.*

Insensibilité des Américains. 72. Leur fait mépriser la mort. *ibid.*

Jongleurs (médecins), entreprennent de guérir la folie de leurs compatriotes à la Louisiane. 148.

Jonston (le Naturaliste), sa *Thaumatographie* citée. 42. *n.*

Joppé (la ville de), ce qu'en disent Mela, Pline, & Solin. 104.

Irlande, on doit y goudronner les bestiaux qui paissent dans les prés jour & nuit. 204.

Iroquoises (femmes), craignent l'enfantement. 61.

Isla (Dias de), son ouvrage intitulé *Contra las Bubas* cité. 234.

Islande, jusqu'à quel degré les thermometres y descendent. 244.

Isle de la Croyere (Mr de l'), ses observations astronomiques faites sur la mer du Nord. 173.

Isle (Mr Nicolas de l'), a oublié des positions intéressantes dans ses cartes géographiques. 173.

Isles de l'Archipélague Indien, leurs habitants ne sont pas Nègres. 192.

Juifs, ne se mésallient pas, par fanatisme. 187.

Ivoire fossile de Sibérie, ce qu'en dit Mr Surgy. 313. Ivoire fossile d'Italie, ce qu'on en dit. 319-321.

K

Kamschatka, on y parle un langage différent de l'Américain. 172.

Kamschatkadales amenés en Amérique. 172.

Karalit, nom que se donnent les Eskimaux & les Grœnlandois. 254. *Skreling* en est une corruption. *ibid n.*

Knivet, exagere la taille des Patagons. 294. Passe au service de Portugal & craint un *Auto-da-Fé.* 295.

Kolbe (Pierre), ses impostures 119.

Kraft, son livre moins impertinent que celui de Lafiteau. 124.

L

Lacs, leur grand nombre en Amérique. 101. Restes d'une innondation. *ibid.*

Lait des hommes en Amérique. 42.

Lama (le grand), son culte expliqué. 33. On mange ses excréments. 34. On lui fait faire dicte. *ibid.* Son pouvoir comparé à celui du Pape. 81.

Langueur des Américains en amour. 62.

Lapins, ravagent l'Espagne. 11.

TABLE DES MATIERES.

Lappons, on ignore leur antiquité. 30. Font de la fumée avec des éponges pour chasser les insectes. 204. Ne peuvent servir dans les armées. 272.

Lapponnes (femmes), éprouvent l'écoulement menstruel. 56.

Las Casas (Barthélémi), ses calculs sur la destruction des Indiens. 93. Son projet pour policer les Américains. 120. Offre un mémoire à la cour d'Espagne sur la traite des Négres. *ibid.* Esprit intrigant. *ibid.*

Lépreux, vivent longtemps. 47.

Leontopodion, plante, ses propriétés. 65.

Lettres Edifiantes, source impure. 59.

Leuwenhoek, illusions optiques de ses microscopes. 181. *n.*

Liberté, elle a à se plaindre des despotes & des esclaves. 126.

Lieue quarrée (une) peut nourrir 800 personnes. 52.

Linnens (Mr), sa *Flora Lapponica* citée. 56.

Lions Américains, abâtardis. 8.

Lister, réfuté. 64.

Lobelia, plante antivérolique, décrite. 47.

Loix Saliques, défendent de manger de la chair humaine. 217.

Lopez d'Azevedo, sa harangue ridicule. 92.

Louisiane, les femmes y sauvent les Français. 71.

Loup ou *Lupus*, Commentateur de St Augustin, tâche d'excuser les visions de ce Pere de l'Eglise. 152.

Loups, quand ils se sont introduits dans la Californie. 160.

Lunettes des Eskimaux & des Grœnlandois, leur usage. 273.

M

Macoco (le grand), ce qu'on dit de ses repas. 222. *n.*

Magellan, fait pendre l'Evêque de Burga, & décapiter l'aumônier de son vaisseau. 289. Fait prendre deux Patagons. *ibid.*

Maillet (Mr de), son *Telliamed* cité. 132.

Mairan (Mr), son Traité sur les Aurores boréales, estimé. 242.

Maire (le), double le Cap Hoorn. 299. Trouve un nouveau détroit. *ibid.* Déterre de grands ossements. *ibid.* Se brouille avec son compagnon Schouten. *ibid.*

Mal de Siam. 52.

Mal Vénérien, donné en échange de l'Evangile. 19. Les Français le reçoivent des Espagnols, & pourquoi appellé *mal de Naples*. 235. 236. Avoit fait le tour du monde en l'an 1700. 237.

Mal pédiculaire, où il est endémique. 203. *n.*

Maladie Vénérienne, sa véritable cause. 46. Moins violente en Amérique qu'ailleurs. 49.

Maladies différentes du Nord de l'Amérique. 52.

TABLE DES MATIERES.

Malheur commun des hommes. 114.

Mallet (Mr), ce qu'il dit des découvertes des Norvégiens dans son Introduction à l'Histoire du Danemarck. 275. *n.*

Mamelles des animaux mâles. 44. Leur usage. *ibid.* Pourquoi allongées dans les femmes sauvages. 263. Leur aréole est noirâtre dans les Eskimaufes & les Samoyedes. *ibid.*

Mammout, animal fabuleux, cru réel par Mr de Buffon. 312.

Mandelslo, ce qu'il dit des hommes blancs établis dans la Zone torride. 184.

Manet (Mr l'Abbé. de), baptise des enfants Portugais métamorphosés en Afrique. 185. Son Histoire de l'Afrique Française citée. *ibid.*

Manihot, ses qualités. 6.

Maranes, chassés d'Espagne, basanés comme les Calabrois. 187. 188. Le Pape Alexandre VI leur vend un asile. *ibid.*

Margraff. ses observations. 9.

Maricas se dit Dieu incarné. 205. *n.* Les lions refusent de le mordre. *ibid.*

Marina, maîtresse de Fernand Cortez, la seconde durant ses conquêtes. 70.

Martiniere, son Dictionnaire géographique peu judicieux en bien des points. 298.

Maty (le Docteur) croit a la fable des géants Américains, & la divulgue mal à propos. 306. Comment il veut réfuter l'hypo... de Mr de Buffon. 307.

Maures, chassés d'Espagne portent le mal Vénérien en Afrique. 20. Ils sont moins noirs que les Nègres. 178. Nombre de leurs générations en Espagne. 187. N'y ont pas changé de couleur. *ibid.*

Mays, auroit dû policer les sauvages de l'Amérique. 110.

Mead (Mr), sa Mécanique des venins citée. 228.

Meckel (Mr), ses Recherches anatomiques citées. 179. *n.*

Médailles, elles n'ont aucune antiquité respectivement à la durée du monde. 104. *Voyez* Phidon.

Médecins du XV & XVI siécle, de quoi on les accuse. 237. Médecins Espagnols, ce qu'ils disent des os fossiles trouvés au Mexique. 311.

Mer (du Nord), se retire, dit-on, de quarante-cinq pouces en un siécle. 103.

Mercure, où il se fige. 245.

Merian (Mademoiselle de), ses insectes dessinés, les figures en sont frappantes. 7. La meilleure édition de son ouvrage est celle de 1719, à Amsterdam. *ibid.*

Mesanges, le moine, sa description du Groenland est puérile. 252.

Métifs, nés d'un Américain & d'une Européane ont de la barbe. 199. Métifs du Pérou, leur portrait. 201.

TABLE DES MATIERES.

Mexicains, payoient un tribut en pucerons. 8. D'où ils paroissent être venus. 198.

Mexique, sa population exagérée. 57.

Mines du N. Monde, les hommes de notre continent n'y éxistent pas. 53.

Miracle fait par A. Van der Steel. 119.

Missionnaires, mangés par les Anthropophages. 225. N'ont jamais été chez les Patagons, & pourquoi. 288.

Mississipi, les rivages de son embouchure submergés. 198.

Mœbius, ses extravagances. 31.

Monde (le nouveau), les peuples de l'Afrique n'y avoient pas passé avant l'arrivée des Européans. 195.

Monnier (Mr le), son sentiment sur les lueurs boréales & australes. 243.

Montagnes, c'est à leur penchant, ou sur leur sommet, qu'on a découvert les nations les plus anciennement rassemblées en Amérique. 198. Si l'on peut vivre sur une montagne haute de 2446 toises. 318. *n*.

Montesquieu (Mr de), en quoi il s'est mépris. 107. Ce qu'il dit de la propagation des peuples Ichthyophages semble très-suspect. 264.

Montezuma, accusé par les Espagnols d'avoir égorgé 20000 enfants en un an. 208.

Montezuma (frere de l'Empereur), premier Américain, mort de la petite-vérole. 20.

Morera, ses avantures. 173.

Morts, pourquoi respectables. 214.

Mutilations, ne peuvent asservir la nature. 40.

N

Naires de Calicut, ont des jambes monstrueuses. 131.

Narborough, décrit les terres Magellaniques avec beaucoup d'exactitude. 300.

Nature, elle n'est morte qu'en apparence dans les terres arctiques. 248. Donne à l'Océan ce qu'elle refuse à la terre. 249. Si elle est encore en enfance au N. Monde. 307.

Naufrage (droit de), & *Strandrecht*, brigandage difficile à extirper. 172.

Nègres, préferent la chair des serpents & des lésards à toute autre 17. Ne se policeront jamais. 99. N'existent que dans la Zone torride. 178. Ne font pas la douzieme partie du genre humain, comme on l'a cru. *ibid*. La substance de leur cerveau, de leur moelle, de leur glande pinéale, de leur sang, de leur sperme, est noirâtre. 179. Leur épiderme vu au Microscope. 181. Leur sueur noircit le linge blanc. *ibid*. Leur peau paroît échauffée. 182. Pourquoi on en fait de bons esclaves. *ibid*. Cause de leur stupidité. *ibid*. Pourquoi ils se découpent la peau du visage. 206.

TABLE DES MATIERES.

Nègres dont les pieds sont faits en queue d'écrevisse, ce qui a donné lieu à cette fable. 134.

Nègres à physionomie de tigre, fabuleux. 216.

Négrillons & Négrittes, naissent blancs, & n'ont du noir qu'aux ongles & aux parties génitales. 182. 183. Explication de ces phénomenes, *ibid*.

Nodal (Garcie de), son voyage aux terres Magellaniques. 299.

Noé, où sa chaloupe s'arrêta suivant un Théologien. 31.

Nord-Câpre, destructeur des harengs. 249.

Nort (Olivier du), part pour les terres Magellaniques. 297. Son voyage écrit par un anonyme mauvais Logicien, qui fait des contes absurdes sur les Patagons. 297. 298.

Norvégiens, inquiets comme tous les peuples septentrionaux. 275. Découvrent le Grenland en 770. *ibid.*

Nunnez (Vasco), fait dévorer par ses chiens le Cacique de Quarequa & ses courtisans. 66. Est surnommé Hercule. *ibid*. Est sauvé par les Américaines. 70. Ce qu'il rapporte de la Cour de Quarequa. 194.

Nourriture des Américains tirée d'une plante empoisonnée. 6.

O

Odeur forte qu'exhale le corps des Américains, & pourquoi. 205.

Oiseaux aquatiques, incroyablement multipliés aux Terres polaires. 248.

Olearius, en quoi il s'est trompé. 263.

Ollum - Lengri (détroit de), bouché par les glaces. 257.

Or, regardé comme marchandise. 90.

Oreilles allongées, à la mode en Amérique. 153. Les sucs nourriciers de la tête favorisent l'allongement factice des oreilles. 154.

Orientaux, adonnés de tout temps a la magie astrologique. 141.

Orénoque, pourquoi les Jésuites s'y cantonnent. 164.

Os fossiles exhumés en Amérique. 104. Ce que les savants en disent. 311. Os fossiles de la Sibérie, ce qu'on dit de leur origine. 312. 314. Os fossiles déterrés au Canada. 311. 314. Apportés à Paris. 316. *n*. 319. Sentiment de l'Auteur sur ces découvertes. 317. Opinion ridicule d'un Théologien sur l'origine des grands os fossiles. 321.

Os du prétendu géant *Teutobochus* promenés en Europe, ce que c'étoit. 304. Os de baleine montrés pour ceux d'un géant. *ibid.*

Oviedo apprend la vertu du Gayac. 22.

Owen - Guineth, Prince de North-Galles, ses enfants s'embarquent, on ne sait pour où. 296.

TABLE DES MATIERES.

P

Pacha-Choui chef des Patagons, ce qu'il demande aux Anglais, & comme on le trompe. 287.

Page du Pratz (Sr le), son histoire de la Louisiane citée. 219. *n*. Donne la relation de la découverte des grands os fossiles sur l'Ohio. 316. *n*.

Panama affligé par des serpents. 8.

Papin, son Digesteur par le moyen duquel on peut tirer une nourriture saine des os. 232.

Paraguai, ses productions & sa situation défavorable au commerce interlope. 158.

Paresse, excessive dans les Américains. 123.

Parisiens, mangent du pain fait d'os humains. 232.

Parole remarquable de Tibere. 126.

Pasteurs (peuples), leurs mœurs. 99.

Pâtes alimentaires, leur composition & leur usage chez les Sauvages. 109.

Pattagons ou *Patagons*, comment on doit s'y prendre pour les connoître. 281. 282. Description de leur pays. 282. 283. Comment les voyageurs varient sur leur patrie. *ibid*. Ils ne forment plus une nation originelle. 284. Pourquoi ils ne sont pas si petits que les Eskimaux. *ibid*. Leur portrait. 284. Leur caractere moral. 286. Etymologie de leur nom. 289. Pourquoi les Espagnols n'ont jamais rapporté de leurs ossements. 290. Ne sont point des géants. 309.

Pays inconnu qu'on soupçonne être au Nord-Est de la Californie. 163. Pays le plus chaud en Amérique. 198.

Paysans du Palatinat, payent un tribut en têtes de moineaux. 8.

Peaux de bêtes adorées chez les peuples chasseurs. 143.

Pêche des perles, abondante en Californie. 161.

Pêche de la baleine, sa meilleure station. 251.

Pédérastie, en vogue au N. Monde & pourquoi. 63.

Perles dérobées par les Jésuites, & ce que le Roi d'Espagne pense de ce vol. 162.

Persépolis, jugement sur son architecture. 325.

Péruviens, payent un tribut en pucerons. 8. Leur population exagérée. 57. Leur taille & leur physionomie. 144. Beaucoup d'hommes défectueux parmi eux. *ibid*. Ils arrosent de sang humain leur pain sacré. 213.

Peste Egyptienne, sa marche. 47. Peste noire, ravage les terres Arctiques & le Grœnland au quatorzieme siécle. 276.

Peuples chasseurs, allaitent longtemps leurs enfants. 54. Peuples laboureurs, les premiers dans l'ordre moral parmi les Sauvages. 99. Peuples pêcheurs, leurs mœurs. 100. Peuples ha-

TABLE DES MATIFRES.

bitants entre le Tropique du Cancer & la côte des Patagons décrits. 145. Tous les peuples ont sacrifié des hommes dans leurs cérémonies religieuses. 121. Peuples qui se liment les dents. 216.

Peuple qui perfectionne ses mœurs, est à plaindre quand il ne peut perfectionner sa religion. 213.

Peyrere (le Sr la), place des Nègres dans le Grœnland. 178. Pourquoi il s'applique à l'histoire du Nord. 253. Jugement sur ses relations, *ibid.*

Peyresc (Mr de) reconnoît la nature des grands os fossiles envoyés du Levant. 305. *n.*

Philon, sa médaille passe pour la plus ancienne. 104. L'Auteur l'examine & la croit fausse. *ibid.*

Philippe II, ruiné. 88.

Philippeville, bâtie dans le détroit de Magellan. 293. Elle éprouve des désastres terribles. *ibid.*

Philosophie rurale citée. 91.

Physiciens du quinzieme siécle, ce qui les désespere. 175.

Pica, maladie. 215.

Pic Adam, son sommet est froid. 190.

Pic de Ténériffe, les voyageurs gelent sur son sommet, d'où l'on voit l'Afrique occidentale. 190. 191.

Pie II, Pape, attaqué du mal Vénérien. 238.

Pierre I (Czar), sa loi singuliere par rapport aux prophetes de Sibérie. 142.

Pigafetta, ce qu'il dit des Anthropophages de l'Amérique. 216. Répand le premier le faux bruit en Europe sur l'existence des géants Américains. 289. Ses relations sont absurdes. 290.

Pison cité. 9.

Pizarre, denombrement de ses troupes. 75. Son origine, son caractere. 83.

Plantes tendres de nos climats, ligneuses en Amérique. 7. Plantes parasites très-multipliées au nouveau Monde. 9. Plantes potageres, sont pour la plupart exotiques en Europe. 110.

Poëme épique sur une expédition de voleurs. 77.

Poëte qui compose le premier des vers sur le mal Vénérien. 21.

Poil singulier qui croît aux enfants sauvages en Amérique. 39. Sa végétation. *ibid.* Pourquoi laineux dans les Nègres. 181. Les Grœnlandoises n'en ont pas hormis à la tête. 263.

Poissons, extrêmement multipliés dans la mer du Nord. 248.

Pole Arctique, sa nature. 242.

Polygamie des Américains. 60. Preuve de leur tiédeur en amour. *ibid.*

Pontoppidan (l'Evêque), son hypothese sur les aurores boréales est fausse. 243. Jugement sur son Histoire naturelle de la Norvege. 251.

Porto-belo, affligé par des crapauds. 8.

Y 5

TABLE DES MATIERES.

Portugais, demandent à Rome la permission de doubler le Cap de bonne Espérance. 92. Leur métamorphose en Afrique. 186.

Portugal, ses finances. 87. Son agriculture & sa population. *ibid.*

Potosi, son produit. 85.

Pouls accéléré & vif des Nègres. 182.

Préjugés, excusent les vices, & ne pardonnent aucun ridicule. 148.

Présomption des Sauvages. 124.

Prise de possession ridicule. 82.

Prisonniers, traités de différentes façons chez différents peuples. 218.

Progression de la vie sociale. 112.

Pronostic sur la durée du mal vénérien. 21.

Propriété, excite des guerres. 114.

Pyrrhonisme historique, doit avoir des bornes. 233.

Q

Quadrupedes de la Zone torride de l'ancien continent, n'ont pu passer par le Nord pour aller en Amérique. 314. 315.

Querelles théologiques sur l'incarnation de la Divinité. 217.

Quinte-Curce, ne savoit ni le Persan ni le Scythe. 122.

Quiola, ses habitants ne sont pas Nègres, quoique situés près de l'Equateur, & pourquoi. 191.

Quivira (Pays de), chimérique. 171.

Quires, apporte le premier les rats & les souris au Pérou. 290.

R

Raleig, ce qu'il dit des peuples de la Guiane. 194. Cherche l'El-Dorado. *ibid.* Est décapité à Londres pour avoir appris à fumer le tabac aux Anglais. 294. Devroit avoir une statue. *ibid.*

Ramusio, sa collection, faite sans goût. 64.

Rapidité surprenante du mal vénérien. 21.

Rats & souris portés en Amérique. 290.

Recette des Sauvages de l'Amérique contre la folie. 148.

Recherches, pour connoître jusqu'à quel degré de latitude le globe est habité. 241.

Religions, idées affreuses sur lesquelles elles sont fondées. 211. Religion des Sauvages, ce que les voyageurs en disent est suspect. 269. 270. Elle est difficile à définir. 270. Les Patagons n'en ont pas. 287. 288.

Renaudot (Mr l'Abbé), on cite sa relation de la Chine. 212. *n.*

Réproduction, est très-rapide dans la mer du Nord. 249. 250.

Résine élastique, usage extraordinaire qu'en font les Sauvages. 65.

Riccioli, ses erreurs. 58.

Riz, si son usage favorise la multiplication de l'espèce humaine. 264.

TABLE DES MATIERES.

Rhennes, sauvages en Amérique, domptés en Lapponie. 111.

Rhinoceros, n'existe point en Amérique. 312.

Robinson Crusoë, ce qui a donné sujet à ce Roman. 303.

Rœmer (Mr), ce qu'il dit dans sa description de la Guiane. 214.

Roggers le navigateur, en quoi il se trompe. 196. Il délivre un solitaire de l'isle de Fernandez. 301. 302.

Romains, comment ils conquièrent l'Espagne. 77.

Rome, cause de son insalubrité. 28.

Roupies Indiennes, on ignore leur antiquité. 104.

Ruitz (le Jésuite), pourquoi les Sauvages du Paraguai veulent le manger. 225.

Russie, quand le mal vénérien s'y est déclaré. 237.

S

Sacrifice humain fait à Rome. 211. *n.*

Salvaterra, Provincial des Jésuites, son caractere. 160. Ses fripponneries. 161. Son Factum. 162.

Salsepareille, son usage. 47.

Samoyédes, naviguent annuellement à la nouvelle Zemble. 258.

Sang des Américains mélangé. 40. Mal-élaboré. 42. Visqueux. 46.

Sarmiento, croise sur les côtes des Patagons. 292. Il a des visions dans la terre Del-Fuego. 293. Conseil ridicule qu'il donne au Roi d'Espagne. *ibid.* Est enfin pris par les Anglais. 294.

Sauvages du Nord, tourmentent leurs prisonniers. 71. Ne perfectionnent rien. 123. Sont toujours enfants. *ibid.* Ils se ressemblent tous. 113. Maltraitent leurs vieillards. 125. Sauvages à queue, les auteurs qui en parlent. 131. Sauvages vivants dans les bois, moins basanés que ceux des plaines. 199. Se frottent le corps de graisse. 202. Craignent les spectres. 288.

Savants de la Suéde, leur opinion sur la retraite de la mer du Nord. 103. Sur l'origine des Grœnlandois. 254.

Savanois, on exagere leur barbarie. 219.

Schouten, son voyage aux terres Magellaniques. 299.

Scorbut, peu dangereux. 47. Endémique chez les nations polaires, & sa cause. 273.

Scorpions, leur morsure excite le priapisme. 65.

Scroton, sa longueur dans quelques sauvages de l'Amérique. 38.

Scultet, ce qu'il dit de la chair humaine. 231.

Scythes, leurs mœurs. 113.

Seba, son *Thesaurus R. N.* cité. 24.

Sel-Marin, propre à la propagation. 39. Les Sauvages n'en usent point. *ibid.* Contrepoison contre les flèches envénimées. 76. Le sel abonde dans le sang humain. 228.

TABLE DES MATIERES.

Selkirk (Alexandre), vit seul pendant 4 ans & 4 mois dans l'isle de Fernandez. 301. Ses avantures. 302. Oublie à parler. *ibid.* Devient sauvage. *ibid.*

Septentrionaux, adonnés à la Magie par inspiration. 142. Leur portrait & leur caractere. 277.

Sépulture, si elle se ressent du climat. 140.

Sépulveda, ennemi de Las-Casas, ne lui objecte pas son Mémoire sur la traite des Nègres. 121.

Serpents, très-multipliés en Amérique. 7. Ceux du Paraguai violent les filles, à ce que dit le P. Charlesvoix. 157.

Siamois, ont naturellement les oreilles longues. 154.

Sicile, laissée en friche. 89.

Soldats Espagnols, mécontents des Jésuites. 163.

Solis (Antonio), ses exagérations. 209.

Sotto (Ferdinand), conquiert la Floride par le moyen d'une fille. 71.

Spectacle de la Nature, l'Abbé Pluche y insulte Neuton & Descartes. 176. Son sentiment sur l'origine des Nègres. *ibid.* Ce qu'il dit dans son *Histoire du Ciel* sur les géants. 322.

Spilberg, son voyage aux terres Magellaniques. 298.

Spitzberg, il y a là des animaux quadrupedes. 248.

Squelettes éléphantins, montrés pour des squelettes de géants. 304.

St. Domingue, dévasté. 75. 76. Ses habitants empoisonnent l'air. *ibid.*

Strabon cité. 39.

Sucre, contre-poison contre les flèches envénimées. 76.

Suède, sa population & son étendue. 277. *n.*

Suicide, commun parmi les Américains. 74.

Suppression des regles, n'empêche pas la génération. 56.

Surgy (Mr de), rejette mal à propos le rapport des voyageurs. 270.

Susmilch (Mr), sa *Table des Vivants* vicieuse. 59.

T

Tabac sauvage, croît dans tout le nouveau Monde. 170.

Table généalogique des Métifs & des Nègres de générations mêlées. 180 *n.* & 199.

Tablier des Hottentotes exagéré. 54.

Tacite cité sur l'incarnation de la Divinité chez les Germains. 33.

Tapir, le plus grand quadrupede de l'Amérique meridionale. 317.

Tartares, divisés en tribus. 114. Leur réponse aux Ambassadeurs du Pape. 133.

Tartares (les petits), portent des chemises enduites de suif. 203. *n.*

Telephium, plante, les Groenlandois s'en servent contre le scorbut. 273.

Tempelman, ses calculs sur l'Asie. 59.

TABLE DES MATIERES.

Temples de Mexico, leur nombre exagéré. 209.

Terrein fétide de l'Amérique, produit plus d'arbres vénimeux que les autres parties du Monde. 6. Il est froid sous l'Equateur. 9. Terrein stérile, cause de la vie sauvage. 108. Son élévation contribue beaucoup à réfroidir l'atmosphere. 190. Terreins sablonneux, les plus grands sont en Afrique. 193. Sont plus exhaussés en Amérique qu'en Afrique. 194.

Terres, éternellement gelées dans la Zone glaciale. 262.

Terres Magellaniques, les Espagnols y font plusieurs voyages. 291. Bien décrites par Narborough & Wood. 300.

Terres des brûlés, ce que c'est. 310.

Têtes pyramidales. 146. Coniques. *ibid*. Têtes de boule, peuple de l'Amérique. *ibid*. Têtes plattes. *ibid*. Têtes cubiques. 147.

Théologiens, injustes envers leurs prédécesseurs. 176. Ce qu'ils disent du teint des Nègres. *ibid*.

Thermometre, dans les climats où il monte à 38 degrés, on rencontre des Nègres parfaits. 190.

Théorie des loix civiles par Mr Linguet, pleine de paradoxes. 118.

Tigres Américains, poltrons. 9.

Timberlacke, compare les harangues des Sauvages à celles de Démosthene. 121. Réfuté. *ibid*.

Tite-Live, accuse les Carthaginois d'être Anthropophages. 209.

Torquemada, veut débrouiller la mythologie des Péruviens. 310.

Torrubia (le moine), sa Gigantologie. 311.

Toscane, si elle a nourri des éléphants. 319. 320.

Tozzetti (Sigr), son opinion sur les éléphants. 319. 320.

Toynard (Mr), fait un conte à Mr l'Abbé de Longuerue. 222. *n*.

Tribus, tirent leur institution de la vie sauvage. 114. Sont ennemies les unes des autres. *ibid*.

Tschirikow, sa navigation. 171.

Tungufes, adonnés à la sorcellerie. 141. Leurs Schames, ce que c'est. *ibid*. Leurs mœurs. 139. Pourquoi ils portent un petit réchaud suspendu au bras. 203. 204.

Turcs, ont connu la foiblesse des Chrétiens. 305. *n*.

U

Ukraine, son climat favorable aux sauterelles. 203. *n*.

Ulloa (Dom Juan de), cité. 72. Ce qu'il dit du mont Chimboraço. 318. *n*.

Usage des septentrionaux d'offrir leurs femmes aux étrangers, son origine. 270. 272.

Usages bizarres, leur énumeration. 220. 221.

Utilité, elle a déifié différents objets. 143.

TABLE DES MATIERES.

V

Vaisseaux envoyés à la pêche de la baleine, leur nombre. 250.

Valle-Viridi (le Moine de la), son discours impertinent. 82. Sa friponnerie. 84.

Vapeurs de la mer, refroidissent l'air. 190.

Variétés dans l'espèce humaine en Amérique. 131. Elles ne sont pas circonscrites par une ligne réelle. 190.

Végétaux aquatiques, réussissent au nouveau Monde. 14.

Velleda, déifiée. 33. Son pouvoir. *ibid.*

Vengeance, vice commun aux Sauvages. 124.

Vénitiens, leur demande extravagante à Rome. 92.

Vent d'Est, ne rafraîchit pas tant l'air en Amérique qu'on l'a cru. 193.

Vérole (la petite), donnée en échange de la grande. 19. A son foyer au Paraguai. 49. Portée par les Hollandais chez les Hottentots. *ibid.* Chez les Grœnlandois par les missionnaires Danois. *ibid.* Y occasionne des ravages terribles. 50. Portée par les Suédois chez les Lappons, par les Russes chez les Tunguses. *ibid.* Par les Tunguses chez les Tartares. *ibid.* Fait le tour du globe. *ibid.* Se dessèche lentement sur le corps des Nègres. 181.

Vers rongeurs des vaisseaux, apportés de l'Amérique. 10.

Vers Ascarides & cylindiques, tourmentent les Américains. 45.

Vice secret qui arrête la population au nouveau Monde. 28.

Victime, étymologie de ce mot. 211.

Victimes humaines, combien on en avoit immolées sous le Regne de Montezuma. 212.

Vie sauvage, peut rendre l'amour périodique. 62.

Vignes, ne réussissent pas au nouveau Monde. 167.

Vin de la Californie, sa qualité 167.

Virginie, sa dépopulation. 57.

Volcans, ne sauroient échauffer les terres polaires. 244.

W

Walfisch-aas, ce que c'est. 249. *n.*

Weinland, trouvé par les Norvégiens. 275. Ce qu'en dit Adam de Breme. *ibid. n.*

Wert, (Sébald de), voyage aux terres Magellaniques. 296. Ramene une fille Patagonne en Hollande. 297.

Winter (le Capitaine), contredit les Espagnols sur la taille des Patagons. 292. Rapporte une écorce aromatique en Europe. *ibid.*

Witsen, sa relation de la Tartarie. 136.

Wood, bon observateur, décrit les terres Magellaniques avec exactitude. 300.

Woodwart, réfuté. 24.

TABLE DES MATIERES.

Wormius, son sentiment sur l'origine des Grœnlandois se trouve vérifié. 253.

X

Xanten, défendu par deux légions romaines, & pris par Claudius-Civilis. 33.

Ximenes, le Cardinal, rejette le projet de la traite des Nègres. 18.

Y

Yaws & Erabyaws, maladie des Nègres. 22.

Ysbrand-Ides, sa relation citée. 141. Il visite les sorciers en Sibérie. *ibid.*

Z

Zacharie, Pape, déclare que l'Amérique n'existe pas. 91.

Zarate, bon historien, cité. 26.

Zinzendorf (le Comte de), son projet sur la conversion des sauvages. 267.

Zinzendorfiens, vont prêcher leurs extravagances au Grœnland. 267. Se désesperent à leur arrrivée. 269. Publient des relations mensongeres. *ibid.* Disent que Dieu a fait plus de miracles sur les bords du détroit de Davis, que sur les rivages de la mer de Tibériade. *ibid.*

Zone glaciale, ses habitants aiment extrêmement leur patrie. 266. S'il est vrai qu'ils offrent leurs femmes aux étrangers. 270. Ils sont poltrons, & ne s'expatrient jamais. 279. En quoi consiste leur bonheur. *ibid.*

Zone torride, comment les Européans y vivent. 184. 185. Symptômes que les étrangers y éprouvent. 185. Son étendue & sa largeur. 190. N'est pas toute habitée par des peuples Nègres. *ibid.*

www.ingramcontent.com/pod-product-compliance
Lightning Source LLC
Chambersburg PA
CBHW050549170426
43201CB00011B/1629